日本労働法学会誌130号

委託型就業者の就業実態と法的保護
不当労働行為救済法理を巡る今日的課題
女性活躍推進と労働法

日本労働法学会編
2017
法律文化社

目　次

《特別講演》

労働政策の時代に思うこと………………………………… 菅野　和夫　3

《シンポジウムⅠ》　委託型就業者の就業実態と法的保護

シンポジウムの趣旨と総括………………………………… 鎌田　耕一　19

委託型就業者の法的保護…………………………………… 長谷川　聡　23
　　──最低報酬保障，解約・契約更新規制を中心に──

委託型就業者の災害補償…………………………………… 田中　建一　33

委託型就業者のハラスメントからの法的保護……… 内藤　忍　42

《シンポジウムⅡ》　不当労働行為救済法理を巡る今日的課題

シンポジウムの趣旨と総括………………………………… 石田　眞　55

労組法7条2号の「使用者」と派遣先・親会社……… 川口　美貴　60

不当労働行為意思の要否…………………………………… 古川　景一　74

労委救済命令の実効性と過小救済の裁量権逸脱……… 田中　誠　83
　　──「原状回復」の意義の再確認──

《シンポジウムⅢ》　女性活躍推進と労働法

シンポジウムの趣旨と総括………………………………… 野川　忍　95

女性活躍推進法の意義……………………………………… 小畑　史子　100
　　──労働時間・女性管理職比率を中心に──

資生堂における女性活躍推進取り組み実践事例……… 山極　清子　113

《個別報告》

公益通報者保護法制度の役割と
　活用に向けた課題………………………………… 日野　勝吾　127

労働者の個人情報の収集をめぐる規制………………… 河野　奈月　143
　──犯罪歴の調査に関する米仏の規制を中心に──

労働保険における労働者の
　「従前業務」に対する法的評価………………………… 地神　亮佑　157
　──アメリカ法を参考に──

フランスにおける合意解約法制化の意義……………… 古賀　修平　170

《回顧と展望》

NHK 地域スタッフの労契法上の労働者性
　及び労契法17条１項の類推適用……………………… 後藤　究　185
　── NHK 堺営業センター（地域スタッフ）事件・
　　大阪高判平28・７・29労判1154号67頁──

歩合給の計算に当たり割増金相当額を控除する
　賃金規定の有効性……………………………………… 松井　良和　194
　──国際自動車事件・最三小判平29・２・28労判1152号５頁──

有期労働契約の大学教員に対する雇止め……………… 大石　玄　203
　──福原学園事件・最一小判平28・12・１判タ1435号89頁──

《特別寄稿》

30余年に及ぶ友の思い出………………………………… 花見　忠　211
　── Roger Blanpain と Bob Hepple の早すぎた逝去を悼んで──

日本労働法学会第133回大会記事………………………………………… 215

日本労働法学会第134回大会案内………………………………………… 222

日本労働法学会規約……………………………………………………… 223

SUMMARY ………………………………………………………………… 227

《特別講演》
労働政策の時代に思うこと

菅 野 和 夫

《特別講演》

労働政策の時代に思うこと

菅 野 和 夫

（東京大学名誉教授，労働政策研究・研修機構理事長）

は じ め に

　私は，大学の教職を離れてからのこの10年間ほど，労働法学会にはご無沙汰しております。今回は，そのような退役者にも話をさせてやろうという有難いお招きをいただき，ご無沙汰をお詫びする良い機会と思って参上しました。現在は，労働政策研究・研修機構（JILPT）という労働政策の調査研究機関で細々と仕事を続けております。本日は，近況報告も兼ねて，最近の労働法の変化のなかでの思いをとりとめもなくお話しして，責めをふさぎたいと思います。

I　労働政策の時代

1　労働法は政策的変化の時代に

　御承知のように，現政権下では労働法の新法ないし法改正が盛んに行われており，4年間に労働立法は20本以上成立しております。政府の成長戦略の中心が労働政策となり，「失業なき労働移動」，「一億総活躍」，「働き方改革」などの政治スローガンのもと，政策立法が次々と生み出される時代となっております。「同一労働同一賃金」，「時間外労働の絶対的上限」など，従来は考えられないような思い切った政策が，矢継ぎ早に出される時代にあります。労働法はまさしく政策的変化の時代にあるといえようかと思います。

　正直にいえば，私のような老齢の労働法学者にとっては，このような「変化の時代」についていくのは誠にきついのでありまして，歴史や翻訳など変化の

特別講演

ない研究対象に耽溺したいという思いがわいてくるのであります。しかし，本日は，それはそれとして話を進めたいと思います。

まずは，現政権下の労働立法の展開がこれまでの労働法の展開とどのように異なっているかであります。

私が49年前（1968年）に研究室に入った頃の労働法は，戦後新憲法の勤労権（27条1項），勤労条件の基準の法定（同2項），団結権等（28条）に則してかたち造られた戦後労働法制そのままでありました。それは，一口でいえば，「労働は単なる商品にあらず」という1919年のベルサーユ条約での宣言から発して，市場経済における社会的弱者である労働者を保護する法制であった，といえようかと思います。その後しばらくは，労働立法はそれほど行われず[1]，労働契約関係と労使関係の双方について最高裁による重要な判例法理が次々と形成されていった「判例の時代」でありました。

しかし，1973年の石油危機の後，より本格的には1980年代半ばから，産業・労働市場の環境・構造変化に対応して戦後労働法制に新たな視点からの修正が加えられました[2]。戦後労働法制の第一次修正といえようかと思います。

次いで，1990年代からは，グローバル化のもと市場主義の風潮が世界的に強まり，日本でも90年代半ばから市場主義の規制改革が経済制度全般について大規模に行われて，労働法制も90年代末から規制改革が行われました[3]。戦後労働法制の第二次修正といえます。

---

1) 1968年最低賃金法改正，1972年労働安全衛生法制定，1976年賃金支払確保法制定が，この間の主な立法だった。

2) ①雇用労働市場の変化に対応しての，失業救済から雇用政策への転換（1974年雇用保険法），②国際的経済変動下の国内雇用問題への対応として，特定不況業種・地域の雇用対策立法（1977・78年の特定不況業種・地域離職者臨時措置法に始まり，1987年地域雇用開発促進法に至った），③国際的フェミニズムの高まりに対応して，男女雇用機会均等法制の整備（男女雇用機会均等法の1985年制定と1997・2006年改正），④貿易摩擦下の長時間労働批判とサービス経済化への対応として，労働時間短縮・労働時間制度の多様化（1987年労基法大改正），⑤サービス経済化に対応して，労働者派遣の限定的制度化（1985年労働者派遣法）及び1993年パートタイム労働法制定，⑥少子高齢化への対応として，高年齢者の雇用促進（1986年高齢者雇用安定法）及び育児・介護の支援（1991年育児休業法，1995年育児介護休業法）。

このような市場主義改革の結果のように、2000年代半ばには非正規労働者が雇用労働者の3分の1を超えて増加し、格差拡大が市場主義の弊害として社会問題化しました。そこで、2010年代当初にかけてその是正の社会政策として、非正規労働者保護の立法が開始されました[4]。これが、戦後労働法制の第三次修正に当たると思います。

2 現在の労働政策の特色

このような戦後労働法制の流れの中では、現政権（2013年～）下の労働法の政策的変化は戦後労働法制の第四次修正に当たるといえます。その特色は、①労働政策が政府の経済政策の中心に据えられ、官邸主導で推進されていること、②企業の人事労務・雇用労使関係への臆することのない介入が試みられ、まず政治目標が掲げられて、その具体化が図られていること、③政策理念としては、経済活動の担い手である労働力に着目した経済成長の促進策であること、とみております。

政策の中身は、ご存じのとおり、㋐「成長と分配の好循環」のための、春闘賃上げの要請、地域最低賃金の年平均3％ずつの引上げ方針、非正規労働者の処遇改善策など、㋑グローバル化、少子高齢化、技術革新に対応して企業再編や産業構造変化を促進するための「失業なき労働移動」政策[5]、㋒経済成長の制約要因としての人口・労働力減少への対策として、「一億総活躍社会」の標語のもと、育児・介護の支援強化や、女性・高齢者・若者・障害者等の参加と活躍の促進政策、㋓「同一労働同一賃金」および「時間外労働への罰則付き上限

---

3) 90年代末から、①労働市場の部分的規制緩和（1999年職業安定法改正、1999・2003年労働者派遣法改正）、②企業再編制度の整備（2000年会社分割に伴う労働契約承継法）、③労働紛争解決制度の改革（2001年個別労働紛争解決促進法、2004年労働審判法、2004年労働組合法改正）。

4) ①労働市場のセイフティ・ネットの補修（2010年雇用保険適用拡大、2011年求職者支援法、等）、②非正規労働者の保護の開始（2007年パート労働法改正、2012年労働契約法改正、2012年労働者派遣法改正）。なお、2007年労働契約法は第二次修正と第三次修正の端境期に制定され、両方の性格を兼ね備えている。

5) 雇用調整助成金から労働移動関連の助成金への予算のシフト、教育訓練給付の拡充、キャリアコンサルタントの制度化と活用、官民の職業紹介の連携など。

特別講演

設定」を目玉とする「働き方改革」，などであります。

　以上の政策は，具体的には，春闘賃上げの要請，地域最低賃金の継続的引上げ，「同一労働同一賃金」，「時間外労働への罰則付き上限設定」等々，多くが労働者にやさしい内容の施策でありまして，経済成長のための労働者保護政策というのが現政権の労働政策のもう一つの特色といえましょう。[6]・[7]

Ⅱ　労働政策の時代と労働法学の役割

　次に，以上のような労働政策の時代において労働法学がどのような任務をもち，どのような貢献をなしうるか（なすべきか）を，若干考えたいと思います。

1　労働政策の立法化における労働法学の役割

　法律学の専門的技法（discipline）の基本は，法の概念・原則・体系・論理を駆使して法規範を解釈し適用する，法解釈学であります。法の解釈・適用をきちんとできないのは正統（orthodox）な法学者とはいえないとされますが，労働法学もしかりのはずです。では，法解釈学基本の労働法学は，労働法の政策の立案・実施（いわゆる立法論）にどのように貢献できるのでしょうか。

　まず，いうまでもないこととして，法律学は立法作業にとっても基本的に必要な学問であります。つまり，既存の法制度の改革を議論する場合には，当該法制度の内容と実際の機能に関する正確な理解が必要ですので，法律家の参画[8]を必要とします。法技術性の強い政策課題であれば，[9]法律家が政策立案の主役となるわけです。また，いかなる政策であれ，その法案（条文）化に際しては，

6）　ただし，今後はどうかについては，成長戦略のための労働政策というその理念からすれば，先行き不透明と思われる。例えば，労働力流動化のために解雇規制の緩和を試みることにならないか，などは，経済・政治情勢によることとなろう。

7）　その他，様々な政策立法によって労働立法の性格が多様化（刑事法規，民事法規，行政法規に加えて，企業の計画策定義務を制度化する立法や，政府の責務・取組みを宣言する立法など）していることも，現政権下の労働政策の一つの特色といえる。

8）　後述のように，経済学者は，この点の理解をよくしないまま改革の議論をしていることがまま見受けられる。

9）　例えば，「解雇の金銭解決」の制度化は，そのような政策課題といえよう。

法体系や現行法規との整合性，裁判規範として機能するかなどを考える必要がありますので，法解釈学の思考が必須となります。

2　労働政策の形成における法律学の限界

しかしながら，労働政策の形成においては，法律学としての労働法学の役割には限界もあります。労働政策とは，労働市場や労働関係において政府が対応すべき問題状況が存在することを把握し，その是正のための対策を検討して，立法や行政施策に結実させることでありまして，まずは労働市場や労働関係における問題状況を把握することから始まります。そして，社会における問題状況の把握には，実態やその変化をできるだけ全体的かつ正確に認識し評価する必要があります。しかしながら，法律学がそのような事実認識のための専門的な知識や技法（discipline）をもっているかは，疑問であるからです。

法律学においても，事実の認識方法がないわけではないのですが，それは，裁判における事実認定の技法（典型的には民事裁判における当事者主義的な事実認定の手続）にとどまります。この方法においては，当該権利紛争に関わる事例は析出されますが，それらが全体的傾向を代表するのか，特殊な事例なのかは不明であります。例えば，「派遣切り」の裁判（命令）事例から得られる労働者派遣のイメージは，一口でいえば，「使い捨て可能な定型労働」というものでしょうが，派遣労働者全体にわたる調査結果からみると，製造業派遣では確かにその傾向がありますが，技術職派遣や事務職派遣においては，労働者派遣はキャリア形成の機能や，キャリア・ステップの機能を営んでいることがわかります。

---

10)　主張立証活動を原則として当事者の責任に委ねる弁論主義のもとで，法的争点を明確化して争点に即した証拠調べを行う方法。労働委員会における不当労働行為審査も基本的に民訴モデルである。また労働審判は，民訴モデルを労働紛争に即して簡易迅速化したといえる。

11)　判例集は権利紛争の事例集としての意義がある。

12)　例えば，「登録型派遣労働者のキャリアパス，働き方，意識―88人の派遣労働者のヒアリング調査」JILPT 労働政策研究報告書 No. 139-(1)（2011），「派遣労働者の働き方とキャリアの実態―派遣労働者・派遣先・派遣元調査からの多面的分析」JILPT 労働政策研究報告書 No. 160（2016），いずれも小野晶子研究員らによる。

特別講演

　ただし，裁判例も，同種事例の数が多く，社会がそれら事例を一つの問題と
みて対策を立てようとする場合には，問題状況把握の有用な素材となります。
例えば，裁判例で蓄積されたいじめ・嫌がらせの類型・態様を明らかにして，
その防止のためのガイドラインを作成するという場合，あるいは，過労死等防
止対策推進法における「過労死等」に関する蓄積された裁判例を分析して「過
労死等」の防止対策に役立てる場合，などであります。

3　労働政策の形成における労働経済学・産業社会学との協働の必要性

　社会における問題状況の客観的把握には，まずは既存の調査データや研究成
果を利用してマクロ・ミクロの状況の推論を行うと共に，新たなアンケート調
査やヒアリング調査によってより直接的な統計データや事例群を入手・分析し
て，マクロ・ミクロの状況の客観的把握に努めることが必要となります。

　例えば，AI，IoT 等のディジタリゼイションの進展によって，人や設備を
その都度入れ替えるプロジェクト型の事業組織が増加し，働き方もクラウド・
ワーク，プラットフォーム・ワーキングなど，ネットワークを用いて，時間・
場所にとらわれず，かつ複数の相手方と関係をもつ，雇用ではない（雇用類似
の）働き方が増加していくので，これらに対応した新たな保護法制が必要とな
る，などの議論が日本を含む先進諸国で広く行われております。けれども，少
なくとも日本については，ディジタリゼイション下の新たな働き方の類型と広
まり方や，それらと十数年前から認識されている通信機器発達下の新しい働き
方（テレワーク，オンコールワーク，各種専門業務従事の個人自営業者，等）との異
同，などに関する客観的なデータや分析は開始されたばかりです[13]。新しい法制
度の要否や，その具体的な姿を議論するには，まずは実態の具体的・客観的把
握（そのためのサーベイやヒアリング）が必要と思われます。

　ご存知のように，日本の経済，産業，労働の状況については，政府の統計部
門や，大学・調査機関などによって様々な調査・研究が行われており[14]，それら

---

13)　JILPT においても，技術革新下で生じている雇用類似の就業形態に係る実態調査を実施
　中である。

14)　JILPT はその一つ。

の既存のデータや研究成果を種々活用し利用することによって，関連状況の把握や分析が相当程度可能であります。しかし，労働法研究者はそれら既存のデータ・研究成果の所在や利用の仕方に関する知識を十分にはもちあわせず，他方，産業社会学・労働経済学などの研究者はより豊富な知識（理解）をもち，活用の手法にも長けております。そこで，労働政策の課題に直面した法学者は，既存の調査データや研究成果の発見と活用については，産業社会学者や労働経済学者の助けを借りる必要があります。

また，新たな政策課題については，既存の調査・研究において的確なデータが存在せず，合目的的に新たなアンケート調査やヒアリング調査を設計し実施する必要がある場合が多いといえます。その場合には，新たな調査を設計・実施し，得られたデータを分析するうえで，必要な専門的技法を身につけている産業社会学，労働経済学などの研究者の助けが不可欠となります。

4 労働経済・産業社会学との協働における労働法学の役割

それでは，労働関係に関する問題状況の客観的把握とその政策への活用において，労働法学が果たしうる（果たすべき）役割はどこにあるのでしょうか。

政策は，多くの場合，法制度の設計として行われますが，法制度の設計は具体化すればするほど経済学者や社会学者は十分になしえず，法律家の関与を必須とするはずです。

事例調査やアンケート調査に長けた産業社会学者は，実態把握にはきわめて有能であって，経済学者のような市場経済の法則への信仰をもたないだけ，ありのままの現実を析出してくれます。他方，私の経験では，多くの産業社会学者は法制度にあまり興味がありません。調査データを基に実態を分析・類型化すればそれで満足してしまい，その実態に問題を見出しても，政策によって変えるべし，それにはどのような政策がありうるか，という発想にはなりにくい。ましてや，具体的な法制度と結びつけた政策論にはもっとなりにくい傾向にあります。

---

15) 他に，労使関係論，労働心理学，経営学などの学問もある。
16) ディジタリゼイションによって必要となる労働政策もそうである。

特別講演

　他方，経済学者は，彼らが信じる市場経済の法則から外れる実態をみると，制度改革に強い関心を抱き，何らかの政策を提唱することが多いのですが，かつての制度派経済学者と違って，法制度の内容を細部や機能に至るまでは理解していないことが多い。したがって，法律家からみていささか奇妙な制度論が語られることがあります。

　また，前述のように，労働法制度の改革の要否と方向を探る実態調査は，産業社会学や労働経済学の技法を借りて行うとしても，法制度の内容を正確に把握したうえで調査方法を設計しないと，データの収集・分析が的確に行われないおそれがあります。したがって，その調査の設計には，制度内容を細部まで正確に理解している法律家も参画するのが望ましいように思われます。[17]

　さらに，アンケート調査や事例調査で用いられる各種の専門的技法（相関分析，各種の回帰分析，等）も，具体的設計（例えば説明変数の組み方）によって異なる結果となるなど，的確性や正確性には限界があり，絶対的に優位な認識方法とはいえないように思われ，結局のところは，さまざまな知識を動員しての洞察力が決め手となると考えております。

　要するに，労働政策形成における問題状況の客観的把握と政策立案については，一つの学問の技法に頼り切ったり，一つの学問の技法を優越したものと取り扱ったりするのは不適切でありまして，労働法学，産業社会学，労働経済学などの労働に関する諸学問が，各々の限界をよくわきまえつつ，文字通りの共同作業を行うことが適切であります。

Ⅲ　わが国の雇用システムの変化と行方

1　日本的雇用システム改革の働きかけとしての現行労働政策

　最初に垣間見た現政権の労働政策は，視点を少し変えますと，長期雇用慣行を中心とする「日本的雇用システム」を，グローバル化し，労働力減少社会へ

---

17)　JILPT の行う各種の調査研究のうち，厚生労働省の依頼によって行う要請研究や緊急調査においては，調査の企画段階から，調査を担当する研究員・調査員と要請元である厚労省担当者との綿密な打ち合わせが行われる。

移行し，新たな技術革新が進行しているわが国経済社会に適合しない時代遅れのものとみて，その全体的改革を試みているように見受けられます。

例えば，その労働力の流動化政策は，日本的雇用システムに沿った従来の雇用維持政策へのアンチ・テーゼとして，政権当初に打ち出されました。春闘賃上げ要請も最低賃金の引上げも，正社員の安定的雇用を重視して，企業収益を賃上げや投資に回さず内部留保してしまう日本企業の体質を，デフレの有力要因とみての，その改革の働きかけとみることができます。「同一労働同一賃金」と「時間外労働の絶対的規制」を目玉とする「働き方改革」も，正社員と非正規労働者の分断や長時間労働など，日本的雇用システムの負の側面への改革の働きかけでもあります。

要するに，現政権の労働政策は，「日本的雇用システム」をトータルで改革し環境変化に適合させようとする試みとみることができるように思います。

現政権のような雇用システム改革に関わる労働政策については，雇用システムの実態から乖離した政策を進めても機能しないのであって，その客観的把握を行いつつ進めることが望ましいといえましょう。

2　日本的雇用システムの歴史と現状を把握するプロジェクト

JILPT では，「日本的雇用システムの変化と行方」についてのプロジェクト研究」を 3 年前に開始しており，まずは，第一段階として，官庁統計等の既存のデータを総合して見えてくる日本的雇用システムの状況をまとめつつあります。[18] まだ進行途中の研究なので，ここでは，私が理解した概要を，私個人の責任で少しだけ紹介しておきたいと思います。

総務省・就業構造基本調査に示される労働力の需給構造の変化，厚労省・雇用動向調査に示される入職率・離職率の変化，厚労省・賃金構造基本調査に示される平均勤続年数の変化，JILPT による勤労者の意識調査や企業のステー[19]クホルダー観・人材の育成・活用方針の調査，[20] その他を分析し総合しますと，[21]新卒者を一括採用し長期的にそのキャリア形成を図ることを基本とする長期雇

---

18) JILPT『日本的雇用システムのゆくえ』（高橋康二研究員ほか，プロジェクト研究シリーズ）2017年11月刊行予定。

特別講演

用慣行は，大企業では，製造業・非製造業を通じ，労使双方に支持されて，中途採用方法を併用しつつ維持されており，中堅・中小企業セクターでも，長期雇用慣行を形成しつつある企業が少なくないのであります。しかも，離職率の趨勢的高まりも見られませんし，女性の管理職昇進も長期雇用慣行に伴う内部労働市場の仕組みのなかで行われているといえます。ただし，産業構造の変化の中で非製造業への転職が増加しているという状況です。

雇用調整の動向に着目して厚労省の労働経済動向調査をみましても，1997年金融危機後および2001年ITバブル崩壊後の時期には，正社員に対する希望退職者の募集・解雇が多発しましたが，2008年リーマンショック後には企業は主として非正規雇用者の削減によって雇用調整を行っており，製造大企業が正規雇用者の雇用削減に踏切りやすくなったとは即断できないと考えられます。

以上に対し，厚労省・賃金構造基本統計調査でみる年功的な賃金プロファイルは，年齢・勤続給から職責・役割給へのシフトや，定年・継続雇用年齢の引き上げのなかで，勤続との相関度を低下させつつあります[22]。また，厚労省・能力開発基本調査でみますと，正社員の教育訓練については，正社員全体の能力向上重視を多数派企業としつつ，海外展開企業を中心に次世代の部課長・経営層の選抜育成に力を入れる企業も相当割合で存在しております[23]。

近年，労働政策の対象となってきた非正規労働者問題については，総務省・労働力調査（詳細集計）によりますと，非正規労働者の割合は団塊の世代の定年到達もあって雇用労働者の4割近くに増加してきましたが，5年超え継続の

---

19) JILPT　勤労者意識調査，1999年・2011年に6回実施。

20) 「企業のコーポレートガバナンスと人事戦略・CSR及び人材活用方針に関する調査」労働政策研究報告書 No. 74（2007），「『人材マネジメントのあり方に関する調査』および『職業キャリア形成に関する調査』」JILPT 調査シリーズ No. 128（2015）。

21) その他，企業による資本調達方法の変化のデータ（日本銀行「資金循環統計」による法人企業部門の資金調達の構成，東京証券取引所「2015年度株式分布常用調査の調査結果について」による投資部門別株式保有割合の推移）。

22) 注20)掲記の JILPT 調査シリーズ128によれば，月例賃金の構成要素は職能，役割・職責，成果，業績など多様化し，年齢給，業績給の比重は特に大企業において大きく低下している。

23) 「人材育成と能力開発の現状と課題に関する調査結果（企業調査）」JILPT 調査シリーズ No. 172（2017）も参照。

有期労働契約への無期転換権付与などを定めた2012年労働契約法改正の翌年以降は，非正規労働者を正社員へ転換する動きが進んでおります。最近のJILPTの調査[24]によりますと，その動きの背景（要因）としては，法改正の他には，人手不足化，労働組合の取組み，等があり，大企業，サービス産業を中心として，有期雇用者を無期化すると共に，その受入れ先として既存のないし新形態の正社員に転換する動きが広まりつつあります。つまり，雇用区分の再編成と正社員割合の再上昇が開始しているとみられます。

　他方で，従業員の多様化，管理職の繁忙化，個人主義的ライフスタイル志向の傾向[25]などによって，上司・先輩によるOJTや，キャリア・人間関係に関する相談・助言などの職場集団の機能が弱まっており，いじめ・嫌がらせなどの職場のトラブル続出[26]の背景となっているとみられます。

　以上要するに，日本的雇用システムは環境変化のなかですでに変化中であり，その方向は，私なりに要約しますと，①長期雇用慣行（新卒一斉採用と内部労働市場）は保持しつつも，中途採用併用と，年功的賃金・処遇制度につき職責と役割重視・早期選抜併用の方向へ修正中であり，②非正規（有期雇用）労働者については，正社員を多様化し有期雇用者をそれに統合して，正社員を再拡大する方向へ向い始めていますが，③職場においては，上司・先輩によるOJTや，相談・助言などの，日本的雇用システムを支えてきた職場集団機能が弱まり，いじめ・嫌がらせなどのトラブルが増加している，ということになります。

24）「改正労働契約法とその特例に対する対応状況及び多様な正社員に関する活用状況に関する調査」（2016年実施）（JILPT調査シリーズNo. 171（2017））では，改正労働契約法18条への対応として，通算5年を超える有期労働者から無期化していくとする企業がフルタイム有期で29.1%，パートで35.0%，適性を見ながら5年を待たずに無期化していくとする企業がフルタイム有期で27.7%，パートで19.1%，雇い入れ段階から無期契約にするがフルタイム有期で3.8%，パートで5.1%を占めている（なお，フルタイム有期につき，29.2%，パートにつき31.6%が対応方針未定と回答）。そして，無期転換の場合の形態については，フルタイム有期の36.3%，パートの17.4%につき，既存の正社員ないし新形態の正社員へ転換すると回答し，フルタイム有期の5.7%，パートの4.4%につき新たな正社員区分に転換すると回答している。

25）NHK放送文化センター「日本人の意識調査」（5年毎，最近は2013年）。

26）厚労省・労働局の相談・あっせん業務統計。

特別講演

　以上を，労働政策の課題という観点からみますと，従業員にとっては，年功的処遇が弱まっていくことによって長期雇用のメリットの低下と正社員同士の処遇格差の拡大が進み，他方，企業にとっては，非正規雇用の統合によって雇用調整の柔軟性が縮小していく方向が，JILPT のプロジェクトでは看取されています。そこで，私見では，専門学校等の職業訓練プロバイダーや技能評価・資格制度の整備，職業紹介・キャリアコンサルティング・サービスの充実，教育訓練給付の拡充，等々の転職支援の仕組みを整備していくことが，やはり必要となっていくと思います。また，職場における（労使コミュニケーションも含む）労使協議制度の再構築と，簡易迅速な苦情処理や個別紛争解決のサービスの充実が必要となっていく，ということではないかと考えています[27]。

　JILPT は，他方で，日本的雇用システムの形成や変遷の歴史的経路を，明治維新以来の経済社会の変化の中で繰り広げられてきた，労働市場，人事労務管理，組合運動，労使関係，労働政策等の相互に関連した営みとして，全体的に描き出す文献研究プロジェクトを遂行しております[28]。

　その結果見えてくるのは，日本的雇用システムの諸制度・諸要素が，第一次大戦後の産業近代化の過程，第二次大戦下の統制経済体制，戦後の経済復興過程と高度成長過程，の中で徐々に形成され，強化・拡大され，変容してきたことであります。

　例えば，職員と現場技能者の双方にわたる長期雇用慣行の原型は，第一次大戦後の重化学工業（大企業）において形成されましたが，そこでみられた定期昇給，成績査定，賞与，定年制，退職金制度などの賃金制度は，第二次大戦時の労務統制下における，労働者の定着と生活安定を重視した定期昇給・家族手当・住宅手当等の国家的指導によって普及し，戦後の混乱とインフレ下で，労

---

27)　JILPT としては，これからも，①医療福祉，情報通信などの成長産業の大企業における雇用システムの実態，②国際展開している製造業におけるグローバル人材の選抜と育成の仕方，③再編されつつある社員区分の中で何が起きていくか，などについて，アンケート調査や事例研究を行って，「雇用システムの変化と行方」の調査研究プロジクトを続けていくこととなっている。

28)　戦前から今日まで膨大に蓄積された労働研究の成果を渉猟し整理する文献研究プロジェクトであり，草野隆彦相談役が担当。

使それぞれの思わく（組合は生活の安定，経営側は経営秩序の樹立）に乗って，「年功序列」の「生活賃金体系」として発展したこと，その後，経営側による職務給導入の試みが挫折し，これに代えて能力主義のかけ声による職能給制度の構築となり，その年功的運用，バブル崩壊後の成果主義的修正の試みを経て，近年の勤続給・職能給と併存した職責・役割給への流れとなっていること，などがみえてきます。

　要するに，日本的雇用システムの構成要素は長い歴史的経路をたどって形成され修正されてきたのであって，政策的な働きかけは，それら経路を踏まえて行う必要があるというのが，私の実感です。

　なお，わが国の雇用システム改革の政策内容を検討するには，「日本的」といわれる雇用システムが国際的にみてどれほど（どの点で）独自なのか共通なのかを，雇用システムの国際比較によって確かめることも必須と考えております[29]が，今日は時間の関係で省略させていただきます。

お わ り に

　本日の拙いお話しの要約としては，(ア)現代は，人口構成，産業，技術，労働力等の大変化の時代にありますので，労働関係についても，企業労使のミクロの観点とは別に，マクロの観点から改革が望まれることもありうる時代となったこと，(イ)労働関係は，企業活動，労働生活，取引慣行等がからみ合うので，急激な変革は困難だが，企業も労使も環境変化には対応して必要な修正はしていくという二面性があること，(ウ)したがって，労働政策については，まずは，日本の雇用労使関係がどのように変化しつつあるかを，科学的観察，歴史的照査，国際比較などによって，客観的に見据えること，その上で，現場で対応し

---

29)　この雇用システムの国際比較は，①学校教育制度と企業の人材育成の関係，②雇用の安定性ないし流動性，③内部労働市場・外部労働市場の様相と関係，④賃金・処遇管理の基準と手法，⑤労働組合の組織・交渉形態，従業員代表制度，⑥非典型の労働形態の規模と類型，などの事項を有機的に関連させた比較の枠組みをまず構築したうえで，文献調査と現地ヒアリングとによって行う必要があるが，まずは枠組みの構築に難渋している。

特別講演

ていける方策について，労使を加えて良く議論することが肝要であること，となろうと思います。

　また，労働法学の役割という観点から要約しますと，今日のように労働政策が多岐にわたり大規模に行われていく時代には，政策内容の具体的検討も重要ですが，日本の雇用社会の変化を科学的観察，歴史的照査，国際比較によって客観的に明らかにするという，腰を据えた基礎研究（学際的な共同研究）こそが重要ではないか，ということであります。

　最後に，日本労働法学会の発展と会員の皆様のご活躍を，心からお祈りいたします。

（すげの　かずお）

《シンポジウム I 》

委託型就業者の就業実態と法的保護

シンポジウムの趣旨と総括　　　　　　　　　　　　　　　　　鎌田　耕一

委託型就業者の法的保護　　　　　　　　　　　　　　　　　　長谷川　聡
　　——最低報酬保障，解約・契約更新規制を中心に——

委託型就業者の災害補償　　　　　　　　　　　　　　　　　　田中　建一

委託型就業者のハラスメントからの法的保護　　　　　　　　　内藤　忍

《シンポジウムⅠ》　委託型就業者の就業実態と法的保護

シンポジウムの趣旨と総括

鎌　田　耕　一

（東洋大学）

Ⅰ　シンポジウムの趣旨

　本シンポは，業務委託又は請負など労働契約以外の役務提供契約の下で，報酬を得るために事業主から委託を受けて主として個人で業務に従事する者（仮に「委託型就業者」と呼ぶ）の就業実態と法的保護の在り方を検討することを目的としている。

　本シンポは，報告者グループが科研費助成を受けて2015年に実施した委託型就業者に対するアンケート調査（委託型就業者調査），2017年2月に実施した韓国現地調査及び国内でのヒヤリング調査の結果をふまえて，委託型就業者の法的保護に関して立法的対応を含めた検討の必要性があることを明らかにし，その場合，保護の在り方に関する課題を提起している。

　委託型就業者の就業実態は多種多様である。報告者グループは，委託型就業者すべてを保護の対象とするのではなく，そのうちでも，委託企業との2者間関係においてなんらかの従属性（組織的又は経済的従属性）が認められる者（雇用類似の者）を対象とすべきだとしている。ただし，クラウドワーカーなど3者間関係を伴う就業形態は対象から除外している。

　保護の在り方については，現行法の労働者概念の解釈によって委託型就業者に労基法等を適用する立場もありうるが，これは結論の予測可能性が低いという問題がある。また，保護規範の趣旨・目的にそって労働者を相対的に定義し，保護対象を拡大するという立場もあるが，こうした立場をとっても，多様な委託型就業者全体を労働者として包括することは困難であるだけではなく，そも

日本労働法学会誌130号（2017.10）　19

そも労働者概念とは何かという根本的な問題を避けることができない。

そこで，本シンポでは，労働者でも個人事業主でもない中間的な概念（使用従属性はないが，組織的又は経済的従属性が認められる者）を第三のカテゴリとして導入して労働法の保護を拡大するという立場から，いくつかの課題ごとに法的保護の仕組みを検討している（ただし，中間的概念といっても，保護の内容・仕組みに応じて，保護されるべき委託型就業者の定義は異なっている）。

II　各報告の内容

冒頭，鎌田は本シンポの趣旨について説明し，併せて，2015年に実施した委託型就業者調査の集計結果を紹介した。

長谷川聡会員は，これまでの労働者概念に関する学説と対比させながら，委託型就業者の保護の必要性と「委託型就業者法」の立法化の提言を行い，そのうえで，最低報酬保障制度と解約・契約更新拒否に対する規制の在り方について検討を行った。

田中建一会員は，特別加入制度などの現行の制度と対比して，委託型就業者に対する特別の災害補償制度が必要であることから，韓国の産業災害補償保険法における特殊形態勤労従事者に対する災害補償規定を参考に，現行の労災保険制度と別枠で委託型就業者を対象とする災害補償保険制度の立法提言を行っている。

内藤忍会員は，委託型就業者のハラスメントに対する法的保護の必要性と保護の枠組みを，ヒヤリング調査結果を紹介しながら報告した。

III　議論の概要

討論開始にあたって，まず，報告者グループの村上義昭（日本政策金融公庫総合研究所）が，委託型就業者の人口推計（82万6千人と推計）と委託型就業者調査の方法を解説した。

鎌田報告に対して，安西愈会員（弁護士）から，立法化の方向性について家

内労働法の改正を構想しているか，次に，雇用類似の就業に対する諸外国の法的対応について質問があった。立法化の方向としては，現時点では各報告の通りであり，家内労働法の改正も選択肢の一つであるが，委託型就業者には適さない部分もあるとの回答があった。

　次に，長谷川報告に対して，畠中信夫会員から，労働安全衛生法における委託型就業者に適用される規定の有無について質問があったが，そうした規定があるとの回答であった。

　田中報告に対して，岩村会員（社労士）から，韓国産業災害補償保険法における「特殊形態勤労従事者」の保険加入率が11％であることの理由及び現在の加入者数に関する質問があった。田中会員から，加入率が低いのは，委託型就業者自身による保険制度の適用除外を認める制度があるからである旨の回答があった。委託型就業者の災害保険への強制加入と保険料の就業者・委託企業による折半を提言する田中報告に対して，濱口桂一郎会員（労働政策研究・研修機構）から，委託企業が加入を義務付けられ，保険料を支払う責任を負担することの法的根拠は何か，仮に国民保険の様な保険制度を構想するのであれば，なぜ委託企業が保険料負担するのかという質問がなされた。これに対して，田中会員から，委託型就業者の組織的・経済的従属性に基づいて，委託企業には一定の補償責任を負うと考えているが，法的根拠についてはさらに検討したいとの回答があった。また，水口洋介会員（弁護士）から，田中報告が災害補償の保護対象である「特殊従事者」を，一つの事業・事業所において就業する者に限定しているが，複数の事業で就業する者をなぜ定義から外すのか質問があった。これに対して，田中会員は，韓国の産業災害補償保険法の「特殊形態勤労従事者」の定義に従ったのだが，今後，さらに検討したいとの回答があった。

　内藤報告に対しては，黒岩容子会員（弁護士）から，どのような場面での法的救済を想定しているのか，マタニティ・ハラスメントの事例はなかったか，さらに，自由度の高い働き方を選んでいる委託型就業者について育児中断後の再契約をどう考えているのかという質問があった。これについては，内藤会員から，ヒヤリングから得られた事例にはマタハラはなかったこと，再契約の問題については今後の検討課題とする旨の回答があった。

シンポジウムⅠ

また，報告全体について，水口会員（弁護士）から，委託型就業者の保護のために委託型就業者法という包括的立法を提言する長谷川報告と，他の報告者との立場の違いがあるのかという指摘があった。長谷川会員は包括的立法を志向しているが，田中会員は個別立法を想定していると回答があった。清水洋二会員（弁護士）から，多くの委託型就業者の保護は，労働者概念の拡大で対処できるが，そこにはいろいろな形態があり，準労働者として位置づける立法も構想できるのではないかとする意見があった。さらに，中村会員（弁護士）から，クラウドソーシングと仲介事業の違い，クラウドソーシング企業の責任と使用者責任をどう捉えるかとの質問があった。これについては，鎌田から，プラットホーム提供事業と，いわゆる仲介事業とは3者関係において違いがあり，また昨年10月のイギリス雇用審判所がウーバー・ドライバーに対して労働者性を認めた事例もあり，なお，検討する必要性があると感じているとの回答があった。

Ⅳ ま と め

フロアからの質問，意見は，概ね①保護されるべき委託型就業者の範囲と定義に関するもの，②各報告の提言する立法化の必要性とその法的根拠と在り方を問うものであった。

委託型就業者の就業実態は多種多様であるので，労働者概念に関する立場の違いから，法的保護が必要な委託型就業者の範囲をどう画定するかについて意見の相違がみられた。本シンポでは第三のカテゴリを提唱しているが，これは，労働者概念と労働法の適用範囲を分離することにより，労働者概念をめぐる議論を回避しながら，実質的に労働法の適用範囲を拡大することを提案するものであった。

立法化の必要性について肯定する意見が多かったが，法形式については，長谷川報告が委託型就業者法という包括的立法を提唱しているのに対して，他の報告者は個別の保護すべき領域ごとに立法を目指す立場をとり，統一されていなかった。今後の検討課題であろう。

（かまた　こういち）

委託型就業者の法的保護
──最低報酬保障，解約・契約更新規制を中心に──

長 谷 川　　聡

（専修大学）

I　問題意識と目的

　情報社会化やサービス労働化の進展に伴い，相手方からの指示や場所的・時間的拘束の程度が低い働き方が増加している。また，非正規労働やアウトソーシングの増加に見られるように，企業が従業員を抱え込んでその生活保障まで担う雇用スタイルが次第に縮小するなど，企業と働き手の関係も変化している。こうした変化に対して個別的労働法は，規制の内容や方法を多様化させて対応してきたが，契約の相手方に対する人的従属性を軸にその適用対象を画定するという前提に無理があることが指摘されてきた。

　本稿は，こうした働き方の変化に対応する労働法制の射程や内容のあり方という大きな課題について，労働者に類する特定の就労形態，すなわち本報告で言う「委託型就業者」を検討対象として取り出し，2つの就業条件に限定して個別的労働法領域における立法的解決を提言することを目的とする。

II　働き方の変化と労働者概念の射程範囲

1　働き方の変化と法制度の展開

　労基法の制定当時は，正規労働者が工場などの職場で使用者の具体的指揮命令を受けながら業務に従事することが働き方の典型例であった。しかし冒頭で指摘したような変化が進み，働き方の多様化が進んでいる。

　この変化に対して個別的労働法制は，詳細な指揮命令の不存在を前提とする

シンポジウムⅠ（報告①）

制度の導入や，労働者集団を用いた適用除外の許容，ソフトローの活用などを
通じて対応してきた。だが最高裁は，これらの人的適用対象を人的従属性の有
無を中心に総合的に判断して画定するという枠組みを基本的に維持して[1]，こう
した変化に目立った対応をしてこなかった。

2　学説における労働者概念拡大の模索

他方学説では労働者概念の広がりが模索されてきた。

古くは下井隆史が，労働者性は法目的に照らして相対的に判断されるべき法
的問題と指摘し[2]，この視角が広い支持を得てきた。例えば西谷敏は，労基法の
定めを指揮命令関係に関わる条項と労働者の経済的地位に着目した条項に分類
し，後者については経済的従属関係にある者にも適用を認め，立法論としては
この者を「準労働者」と整理すべきと主張する[3]。また川田知子は，労基法の労
働者と労契法のそれを区別して，後者については，広義の指揮監督を受け，組
織的・経済的従属性を帯びる者も含めるべきとする[4]。労契法について類推適用
を認める荒木尚志の主張も[5]，労働者概念を相対化させるものではないが，法制
度の趣旨・目的に照らして適用対象を画定するという視角を持つ。

他方，川口美貴のように，人的従属性論から離れて，報酬により生活を維持
する実態，人権保障を内包した雇用・労働条件保障の必要性などを指摘して経
済的従属関係にある者を広く労働者と評価する立場もある[6]。また，柳屋孝安は，
労働者性を否定する当事者の意思に価値を認めて従属関係にあることの意義を
変える主張を展開する[7]。

1）　竹内（奥野）寿「労働者の概念」土田道夫＝山川隆一編『労働法の争点〔第4版〕』（有
　　斐閣，2014年）4頁，5頁。以下紙幅の都合上，文献の引用は最少限にとどめた。
2）　下井隆史『労働契約法の理論』（有斐閣，1985年）56頁。
3）　西谷敏「労基法上の労働者と使用者」沼田稲次郎＝本田淳亮＝片岡昇編『シンポジュー
　　ム　労働者保護法』（青林書院，1986年）3頁，9頁以下。
4）　川田知子「個人請負・委託就業者の契約法上の地位—中途解約・契約更新拒否を中心に」
　　日本労働法学会誌118号（2011年）8頁，18頁。
5）　荒木尚志『労働法〔第3版〕』（有斐閣，2016年）60頁。
6）　川口美貴『労働法』（信山社，2015年）4頁以下。

3 本報告の検討対象

規定の趣旨等に対応して当該規定の人的適用範囲を画定するという考え方から素直に発想すれば，個別条文の趣旨等に対応して労働者性を判定するのが筋である。趣旨等の相違とその類型化を考慮要素に含めて，労働法制は再構成されるべきである。

もっとも現行法を前提とした解釈論として考える限り，「使用」の語を用いて労働者が定義されていることや，この概念が形成された経緯などからすれば，指揮命令関係が一切無い者に労基法等の適用を認めたり，同一の立法の中で人的適用対象を解釈によって分けたりすることは，理論的な無理や適用の不明確さを生じさせることは否めない。

他方，相手方と交渉力格差の下にあるすべての個人を労基法等の個別的労働法の下に置くことも適切ではない。個別的労働法は，経済的なリスク配分等公正競争の保障を超えて労働者の生存や働く権利の実現を図るために，主に当該個人の契約の相手方の負担になる形で契約自由に介入する。国等他の主体も担いうるこれらの権利を実現する負担を相手方に課すためには，その負担を基礎づけるだけの関係性，すなわち当該個人が相手方の組織の一員として組み込まれている関係性が必要と考えられる。

以上により，本稿では相手方との交渉力格差の下にあって，相手方に組み込まれている個人を「委託型就業者」と呼んで，なお従来型の規制枠組みによる対応が可能な者として検討対象とする。この委託型就業者は，「事業者から委託を受けて，報酬を得るために，成果物の作成又は役務の提供を行う個人。ただし，事業者である場合を除く」と表現することができる。これに該当するか否かは就労の実態に着目して判断されるが，労働者性が認められない在宅ワーカーや芸能実演家などを例に挙げることができる。

7） 柳屋孝安「雇用関係法における労働者性判断と当事者意思」西村健一郎＝小嶌典明＝加藤智章＝柳屋孝安編集代表『新時代の労働契約法理論―下井隆史先生古稀記念』（信山社，2003年）1頁，19頁。

シンポジウムⅠ（報告①）

Ⅲ　委託型就業者の就業上の課題と法的保護の枠組み

1　報告グループによる調査の示唆

　委託型就業者の就業実態について，本報告グループはインターネットを用いた調査（以下「本調査」という）を行った。紙幅の都合上，ここでは調査結果の一部のみを示し，概要については本誌の鎌田論文を，その基礎となるデータ等については別に発表する科研費研究成果報告書（冊子版）を参照されたい。

　本調査は，半数以上の委託型就業者が仕事継続に不安を感じ，仕事の安定的確保や報酬額の低さを3分の1以上が悩むなど，全体的には委託型就業者と関連する先行調査に類する実態を示した。[8]

　本稿で扱う報酬と関連しては，委託型就業の収入が世帯収入に占める割合が低いほど相手方が報酬額を決定する傾向にあること，報酬額を委託者が決定する割合が半分を切るのは時給単価が1500円を超えてからであること，報酬単価が上がるほど報酬の支払時期や納期などをめぐるトラブルが増加する傾向にあることなどが明らかになった。これらは，特に低報酬層について最低報酬保障の必要性が高いこと，報酬額決定に関するルールは広く必要とされていることを示唆する。

　また，業務に専門性・裁量性の低い者は時間給，そうでない場合でも出来高給と時間給を併用することが多いことも明らかになった。

　もう一つのテーマである就業継続に関連しては，比較的収入の高い年収600万円から699万円の層を中心に一定以上の収入がある層，正社員並みかそれ以上の長時間労働している層ほど仕事の継続に不安を感じていること，通常の取引先の数が3社から9社の層の方が，取引先が1社の時よりも仕事の安定的確保が課題となっていることなどが明らかになった。

8）「個人請負型就業者に関する研究会報告書」（2010年）や「今後の在宅就業施策の在り方に関する検討会報告書」（2014年）など。

2 非労働者の役務提供者の法的保護に関する法と学説

こうした実態や要保護性を個別規定に具体化するにあたり，いかなる視点が用いられるべきか。この点については，前述した保護の趣旨等から保護の人的対象を確定する視点をこの場でも用いる見解がいくつか存在する。

例えば島田陽一は，フランスのシュピオ教授の「社会法の4つの同心円」モデルを参考に，男女平等が全ての領域を対象とすることを前提として，①就業にかかわらず普遍的に保障される権利，②無償労働に対して保障される権利，③自営も含む有償労働に対して保障される権利，④従属労働固有の権利に分類して，従属的就業者固有の課題は③と④の境界線上の領域と整理する[9]。また，大内伸哉は，労働保護法を①労働者の人的保護を目的とする強行規定群と②労働契約における実質的対等性の欠如に着目したルールである半強行的規定群，③契約の自由を制限するデメリットの大きい任意的規定群に分け，自営的就業者については半強行的規定を適用のうえ一定の要件の下で労働者の同意により適用除外を認める仕組みを提唱する[10]。

他方，労働者ではない役務提供者を適用対象に含む立法は既に存在する。その趣旨は公正競争や役務提供者の生存の保障等にあり，これを実現するための規制を当該適用対象に及ぼす根拠は，労働者との類似性（特別加入制度）や労働者保護法の実効性確保（家内労働法），一定の支配的関係性（安全配慮義務，下請法）などに求められている。

3 委託型就業者に対する法的保護の枠組み

以上の理論状況をふまえると，委託型就業者に対する法的保護の仕組みを構想するときも，規制の趣旨等と，その規制を適用する当事者の関係性に着目して法制度を構築する方法が候補に挙がる。

---

9) 島田陽一「雇用類似の労務供給契約と労働法に関する覚書」西村健一郎＝小嶌典明＝加藤智章＝柳屋孝安編集代表・前掲注7）書27頁，60頁。

10) 大内伸哉「従属労働者と自営労働者の均衡を求めて―労働者保護法再構成のための一つの試み」土田道夫＝荒木尚志＝小畑史子編『労働関係法の現代的展開　中嶋士元也先生還暦記念論集』（信山社，2004年）47頁。

シンポジウムⅠ（報告①）

　しかし，報酬額の規制が就業者の生存保障とともに公正競争の保障としての
意味も持つように，趣旨等に基づいて就業条件に関する規制を整理することが
容易でないこともある。相手方への組み込みという限定された役務提供者を対
象とする場面においては，当事者が当該就業関係に着目して自身の法的立場を
理解することが一般的であること，当該就業関係の特徴を反映した法整備が容
易であることなどを考えると，人的適用対象を基準とする整理の限界の一つと
して，「委託型就業者法」のような仕組みを用いることもなお有効であろう。[11]

　委託型就業者法の構想においては，限りある自身の役務提供を交渉材料とす
る委託型就業者は相手方に対して対等な交渉の場に載りがたいことから，一つ
には，他の経済活動主体と同様，公正な競争を保障するという観点が必要であ
る。また，個人が主体であることからは，生存や働く権利を保障するという観
点，そして委託型就業者であることを言うまでもなく，人格を持つ個人として
尊重されるべき普遍的権利を保障するという観点が導かれる。

　人的に適用対象を画する法では，そこに含まれる規定の趣旨等が必然的に多
様化するため，その法の中で法的効果や実効性確保方法の多様化を認める必要
がある。公正競争の保障に関する規制は，その競争の場に存在することを根拠
に当事者に及び，委託型就業者の生存保障に関する規制は，当該委託型就業関
係が発注者にこれを保障させる責務を負わせるに足りる範囲において具体化さ
れる。人格保障に関する規制は，その価値の普遍性から委託型就業関係にも及
ぶが，本来あらゆる領域を対象とした法律を制定し，その中で適用の場や関係
性の特徴をふまえた仕組みとすべきである。

Ⅳ　立法の具体像

1　立法の特徴

　委託型就業者法の全体像を論じることは本稿の目的を逸脱するが，以下2つ
のテーマについて論じるにあたり必要な限りでこの点に言及する。

---

11)　労働者，非労働者の区別に新たな人的適用対象類型を加える「第三のカテゴリ」論につ
　　いては，鎌田耕一『契約労働の研究』（多賀出版，2001年）。

講じられる保護の内容の決定にあたっては，労働者を対象とする法の実効性確保も意識した，労働者に講じられる保護とのバランスや，一定の契約内容を強制することにより生じるコストやリスクの負担を発注者や国等が分担する割合などが考慮される。経済的活動の主体としてある委託型就業者に要保護性があることと，それを特定の契約関係への介入によって実現することは直接結びつかない。

また，委託型就業者の生存を保障するためには，直律的効力等契約内容を強制する場面が生じることが避けられない。

そして，委託者の法違反行為を十分に申告できない立場に委託型就業者が置かれることから，行政が実効性確保に関わることが必要である。

2　最低報酬保障

最低報酬保障制度は，一定水準以上の報酬支払を公正競争の場として設定し，委託型就業者の生存が保障される水準の報酬を実現するとともに，最低賃金制度の実効性を高める役割を担う。

最低報酬保障制度の構築における技術的な論点の一つに最低報酬額の定め方がある。最低賃金法は，指揮命令による拘束を基礎に支払うべき時間あたりの金額を設定しているが，この拘束が存在しない委託型就業では同様の方法を取ることが困難であるためである。

利用可能な方法として，最低工賃制度類似の仕組みを挙げることができる。委託型就業者の就労実態の多様さから網羅的規制は困難だが，業務内容に応じた報酬の計算方法のモデルなど，報酬額の決定にあたって参照することができる仕組みを設ける方法や，単位あたりの報酬額を算出しやすい分野の業務を優先的に法整備する方法が提案されている。[12] 単価が安い，おそらく比較的作業が単純な業務については出来高による計算が行われることが多く，金額の設定方法に関するトラブルは少ないという報告グループの調査結果によれば，報酬額に不満を持つ委託型就業者層については，このアプローチを用いることが相対

---

12)　「今後の在宅就業施策の在り方に関する検討会報告書」（2014年）。

的に容易であるといえる。

　網羅性を実現しようとすれば，委託型就業者の就業時間を何らかの形で考慮して，最低報酬額を設定する余地もある。委託型就業者は相手方から就業時間のコントロールを受けていないが，ある業務を委託された際にそれを遂行するために実際に必要となる時間を考慮して報酬額を決定する実態は広く存在する。個人の役務提供を契約履行の基礎に置く限り，ある業務の遂行を委託者が委託型就業者に求めたことと，委託型就業者がこれを実現するために一定の就業時間を要することとの結びつきが，間接的ではあるが，最低報酬を設定する程度には考慮可能であろう。

　例えばイギリスの最低賃金制度は一つの例を提供している。同制度は，例えば，標準，最短・最長の労働時間が設定されていない出来高払い制で働いている場合，①全従業員あるいは代表者を基礎に時間あたり平均して問題の業務をどのくらいこなせるかを当該使用者が算出し，②当該労働者が行った業務量を，上記平均値を使って労働時間に直し，③その労働時間に1.2をかけて（イギリス最低賃金規則（National Minimum Wage Regulation 1999）24条2項，26条），時間あたりの最賃制度を適用する基礎とするという方法を規定する。

　働き方の多様さに使用者の関与で対応するこうした方式は，平均的な労働者が時間あたりこなすことができる業務量の計算の妥当性をいかに担保するかを課題とする。これについては，例えば，業務あたりの平均単価の公開や報酬を記録する制度などの委託者への義務づけ，計算に不満がある場合に利用することができる行政機関によるチェックシステムの整備といった対応方法が考えられる。最低工賃制度類似の仕組みをこの場面でも活用し，代表的な委託型就業について算出可能な範囲で最低単価を設定することも可能である。

3　解約・契約更新規制

　民法は，役務提供契約関係の解消について損害賠償の可能性は認めつつ，解約自体の制限は設けていない（民641条，651条）。委託業務が一回的な場合には，損害賠償の支払をもって十分な救済となることが多いであろう。だが業務を継続的に委託する契約が締結されている場合，あるいはこのような契約はないも

のの，当該業務を定期・随時に受託する実態が存在している場合といった当該委託型就業に一定の継続性が見込まれる場合には，当事者が関係性の継続を前提として行動することなどから必ずしもそうとはいえない。民法や当事者が設定した解約ルールを超えて，解約事由等の制限をかけ，この継続性を保障すべきかがここでの課題である。

　この点について，民法レベルでも，投下資本回収の必要性や取引上の依存性等の観点から，委託者からの解約に一定の事由を求める裁判例[13]が存在する。委託型就業者にも同様の論理が当てはまるが，加えて，委託型就業契約の解消により委託型就業者が被る生存に対する脅威を排除する必要性が類型的に認められるとともに，委託者はこの必要性に対応すべき義務を負う程度に委託型就業者を自らのシステムに組み込んでいる。労働者が解雇されるときの問題状況との類似性と解雇規制とのバランスを考慮して，委託型就業者との契約関係の終了についても解雇規制に相当する規制を講じることがこの問題構造に適合的である。解約予告制度は既に在宅ワークガイドラインに規定されており，解約事由についても解雇規制類似の解約事由が必要と解される。

　当該業務を定期・随時に受託する実態や期待が存在する一方で新たな契約が締結されない場合についても，自動更新条項が存在した事案であるが，業務の恒常性，更新手続の不存在，継続的関係の存在を前提とした投資行為などに着目して継続的関係を認め，更新拒否に一定の理由を必要としたうえ，約定よりも長い予告期間の必要性を指摘した裁判例[14]がある。委託型就業者についても同様の視角を用いることが可能であるが，ここでの継続性は委託型就業者の生存保障を実現する視角からも判定される点で異なる。

　自動更新条項が存在する場合には，これを基礎として更新に対する期待の存在が補強され，更新しないことについて，前述したような観点から，解雇類似の理由が必要となると解することになる。このような条項が無い場合であっても，契約の更新を期待しうる事実が存在する場合には，同様に解することになろう。

---

13)　三光丸事件・東京地判平16・4・15判タ1163号235頁。
14)　江崎グリコ事件・仙台地決平6・9・30判時1553号126頁。

シンポジウムⅠ（報告①）

Ⅴ　むすびにかえて

　以下，残された課題を示すことでむすびにかえることにしたい。

　まず，本稿が検討対象から除外した，三者間関係にある委託型就業者に関す
る法的規制のあり方を考察する必要がある。委託型就業者の諸権利を保障する
責任を担いうる主体が増えることは，法的関係を複雑化させて本稿の議論に新
たな議論を加える必要を生み出しつつも，一層多様化する委託型就業者ほか役
務提供者の就業条件を保護する制度を構築する起点が増えることを意味する。

　また，委託者に組み込まれていない，契約の相手方との関係がより断片的，
一時的等の特徴を持つ役務提供者に対する法的保護も検討しなければならない。
この種の役務提供者はその実態すら十分に把握されておらず，把握された一部
の就業条件は，法形式的に委託者就業者より契約の相手方から独立しているが，
必ずしも役務提供者の意思を十分に反映していないように見える。[15]

　こうした検討は現行労働法制の仕組み自体の問い直しに結びつく。労基法に
限っても働き方の多様化に伴って規制目的や規制手段も多様化し，労働者概念
を用いて適用範囲を人的に画定することに限界が見える。労働者，非労働者と
いう二分法の融解は，集団的労働法等，他の労働法領域のみならず，競争法，
社会保障法等他の法領域との関係性を問い直す必要も生み出している。

（はせがわ　さとし）

---

15)　例えば，「クラウド・ワーカー意識調査」（連合，2016年）。

委託型就業者の災害補償

田 中 建 一

(東洋大学)

I はじめに

1 問題の背景

多様化する雇用形態の中にあっても，委託型就業者[1]は，請負・委任という雇用契約ではない契約方式をとるため，いわゆる2分法による労働者性判断においては，「労働者ではない」との判断がなされ，労働基準法を中心とした包括的な労働者保護の対象からは外されている。労働者災害補償保険法（以下，「労災保険法」という。）上の労働者性判断も，労働基準法（以下，「労基法」という。）9条の労働者と同一であるとされ，実態的な使用従属関係が認められない限り補償の対象とならないことになる。

そのため，〔1〕藤沢労基署長（大工負傷）事件（最小一判平19・6・28判時1979号158頁），〔2〕横浜南労基署長（旭紙業）事件（最小一判平8・11・28判時1589号136頁），〔3〕新宿労基署長（映画撮影技師）事件（東京高判14・7・11労判832号13頁）など，行政機関の不支給決定処分の取消を求める訴訟が繰返し提起されているが，委託型就業者にとって厳しい判断となる傾向が見られる。

2 問題提起

これまでの委託型就業者の労災補償の議論は，労働者性をめぐる解釈論的議論を中心に進められてきた。そのため，新規性の強い委託型就業者が次々と出

---

1) 鎌田耕一「個人請負・業務委託型就業者をめぐる法政策」季労241号（2013年）57頁により，「業務委託・請負などの労働契約以外の労務提供契約の下で，委託者・注文者のために自分で労務を提供し，その報酬で生活する就業者」と定義づける。

シンポジウムⅠ（報告②）

現する今日にあっても，従来型の委託型就業者の公的保険に関する具体的提言
はあまり見られない。

そこで，この問題こそが先行的重要課題であると捉え，具体的な立法提言を
行うことで議論を喚起したい。

本稿は，以下で，委託型就業者の災害補償の必要性と特別加入制度の問題点
（Ⅱ），委託型就業者の災害補償の在り方をめぐる議論（Ⅲ），それらを踏まえた
うえで，韓国の「特殊形態勤労従事者」から示唆を受けながら，「特定就業者
災害補償保険制度」創設の試論（Ⅳ）を提示し，むすびにかえて（Ⅴ）で終え
る。

Ⅱ　委託型就業者の災害補償の必要性と特別加入制度の問題点

1　「委託型就業者」の災害補償の現状

委託型就業者の就業中の災害リスクは，労働者と何ら変わるものではなく，
とりわけ，建設業，運輸業などは危険職種であるといえる。しかしながら，一
部の委託型就業者が加入できる特別加入制度を除いては，委託型就業者のため
の公的な災害補償制度がない。そのため，委託型就業者は，個人個人で民間の
傷害保険や共済に加入することにより災害に備えている。こうした実態のなか，
芸能社団法人日本芸能実演家団体協議会は，2002年9月に，芸能実演家を対象
とした独自の労災補償制度の創設を政府に要望している[2]。

2　特別加入制度の問題点

現行においても，特別加入制度[3]は，一部の委託型就業者の特別加入を認めて
いるが，発展的に，加入範囲を拡大することにより，委託型就業者の災害補償

2）　社団法人日本芸能実演家団体協議会「平成22年度文化庁芸術団体人材育成支援事業・芸
　　能家等の社会保障・地位に関する研究報告書」2頁。

3）　労働調査会出版局編『労災保険特別加入制度の解説』（労働調査会，2005年）27頁，昭和
　　40年4月22日衆議院社会労働委員会での石黒政府委員の答弁は，特別加入制度は，契約保険
　　的なものであると説明している。

の受け皿としての役割の期待が持たれている[4]。果たして，特別加入制度がそのような役割を担うことのできる制度かどうか，下記の問題点の検討が必要となってくる。

(1) 任意加入・保険料加入者全額負担　特別加入制度の一番の特徴は，任意加入方式を採り，保険料を全額加入者負担としていることである。そのため，特別加入者の加入状況に大きな偏りが見られる[5]。また，特定作業従事者のなかには，加入者が極端に少ない作業種類が見られ逆選択の懸念が生じかねない加入状況となっている[6]。

(2) 加入業種の制限　一人親方等特別加入者として特別加入できる事業は，個人タクシー・個人貨物運送業者，建設業の一人親方など7事業種類だけである（労災保険法第33条第3号及び第4号，労災保険法施行規則第46条の17）。また，特定作業従事者として加入できる作業も，特定農作業従事者，家内労働者，労働組合等常勤役員，介護作業従事者など7作業種類（労災保険施行規則第46条の18第1号～第5号）に制限されている。そのため，たとえ，加入を希望したとしても多くの委託型就業者は，特別加入することができない[7]。

(3) 団体加入方式　一人親方等特別加入者及び特定作業従事者として特別加入するには，特別加入団体を通じて加入しなければならない。特別加入団体は一人親方等の事業主とみなされ，保険料の納付など事業主に課せられた労働保険に関する事務処理を行うことになる。

---

4) 岩村正彦「第2章労災保険政策の課題」日本労働法学会編『講座21世紀の労働法　第7巻　健康・安全と家庭生活』（有斐閣，2000年）37頁。西村健一郎「第2章　労災保険の発展と労災補償についての荒木理論」良永彌太郎＝柳澤旭編『労働関係と社会保障法─荒木誠之先生米寿祝賀論文集』（法律文化社，2013年）56頁。

5) たとえば，一人親方等特別加入者全体（7事業種類）の中で，建設業の一人親方での加入が約97％を占め，他の6事業種類での加入を圧倒する（業種別，事業及び作業の種類別中小事業主等特別加入状況・厚生労働省平成27年度末時点速報）。

6) 家内労働者としての特別加入者が546人，労働組合等常勤役員としての特別加入者が25人となっている（同上）。

7) 前述の〔2〕事件では，白ナンバーの貨物トラックであるため，〔3〕事件では，加入事業，作業種類にないため特別加入することはできない。

シンポジウムⅠ（報告②）

Ⅲ　委託型就業者の災害補償の在り方をめぐる議論

1　委託型就業者の災害補償の在り方をめぐる三つの選択肢

　委託型就業者の災害補償の在り方をめぐって，概ね，以下の三つ選択肢が考えられる。第一の選択肢は，労働法の労働者概念を委託型就業者にまでを拡大するという方法である。この方法の対象としては，労基法と労災保険法の二つが考えられる。

　まず，労基法の労働者概念を拡大するという方法であるが，この方法をとると労基法を中心とした労働法規が一括して適用されることになり，委託者側の拒否反応はもちろん，自由な働き方を望む委託型就業者のニーズの面から支持を得ることは難しいことになる。[8]

　次に，やや緩やかに，労災保険法上の労働者概念だけを拡大するという方法が考えられる。しかし，この方法であっても，労基法の使用者災害補償責任との切断が前提となるため，行政実務へ与える影響は少なくない。加えて，委託型就業者にも保険料負担をさせるのであれば，労災保険の使用者の保険料全額負担という基本構造との抵触が避けられないことになる。[9]

　第二の選択肢は，特別加入制度をベースとした補償対象の拡大の方法である。この方法であれば，現行の制度を維持したままで，労働者概念に手をつけずに制度設計することが可能であるため，「最も問題の少ない選択肢」であるとして有力に主張されている。[10]

　しかし，前述の検討のとおり，現行の特別加入制度には，任意加入と保険料加入者全額負担など，複数の制度的問題点が存在する。この方法をとるとするならば，特別加入制度の抜本的な見直しが避けられないことになるであろう。

---

8)　2015〜2017年科研費研究代表者鎌田耕一「業務委託型就業者の就業実態と法的保護の研究」における2015年委託就業者調査で，「委託就業を選択した理由について」という質問に対し，「働く時間を自分で決められるから」（42.9%），「働く場所を自分で決められるから」（26.7%）という回答（複数回答可）が高い割合を示している。

9)　岩村・前掲注 4)36頁。

10)　岩村・前掲注 4)37頁。

第三の選択肢は，要保護性の強い労働者類似の者を第三のカテゴリとして位置づけ，立法により労働者と異なる法的地位を与えて保護の拡大を図るという方法である。

この方法は，労働者概念と労災保険法の適用範囲を分離するため，労働者概念の議論をする必要がなく，第三のカテゴリの再定義も可能とすることより，委託型就業者の就業形態の多様化にも対応しやすいというメリットを持っている[11]。一方，デメリットとしては，第三のカテゴリの定義づけが難しく，従来の2分法と同様に，カテゴリごとの境界の問題が残るのではないかという指摘がなされている。

2 韓国の産業災害補償保険法改正による第三のカテゴリの導入

(1) 韓国の第三のカテゴリの導入までの経緯　　韓国では，1990年後半頃より，雇用と自営の境界領域に位置する就業者に勤労基準法上の勤労者としての地位を要求する組合運動が活発化し，労使の激しい対立が続いていた。しかし，政権交代を機に双方が譲歩した結果，勤労基準法上の勤労者としての全面的な保護ではなく，災害補償だけに限定した保護を行うという妥協的な合意点を見出すことに至った。

このような経緯を経て，2007年に産業災害補償保険法（以下，「産災保険法」という。）の改正により，保護の必要な労働者類似の就業者を「特殊形態勤労従事者」と定義づけ，具体的職種を大統領令で定め[12]，勤労者と同一の産災保険法上の保護を与えることとした[13]。

(2) 「特殊形態勤労従事者」の定義　　「特殊形態勤労従事者」について，①

---

11) 大内伸哉「労働法のニューフロンティア？―高度 ICT 社会における自営的就労と労働法」季労255号（2016年）103頁で，第三のカテゴリ導入に注目する。

12) ①「保険募集人」，②「ゴルフ場キャディ」，③「学習誌会社の訪問教師」，④「自己所有のレミコン運転手」，⑤「宅配業務従事者」，⑥「クイック宅配便従業者」，⑦「金融貸出し募集人」，⑧「クレジットカード募集人」，⑨「代理運転業務者」である（産業災害補償保険法施行令第125条）。

13) 鄭永薫「韓国における特殊形態勤労従事者の保護―2007年産業災害補償保険法の改正に至るまでの議論過程と法改正の内容」労旬1674号（2000年）36頁。

シンポジウムⅠ（報告②）

勤労者と類似して労務を提供すること，②「勤労基準法」の労働者でないこと，
③業務上災害から保護する必要があること，④主に一つの事業，又は事業場に
おいて，その運営に必要な労務を常時提供し，報酬を受けて生活すること，⑤
労務を提供するに当たって他の者を使用しないこと，と定義づけている。

(3) 保険締結と保険料負担　「特殊形態勤労従事者」の労務の提供を受け
る事業所を強制締結事業所とするため，原則的には強制保険であるといえるが，
特殊形態勤労従事者側からだけの適用除外を認めている[14]。保険料は，原則とし
て，事業主と「特殊形態勤労従事者」が折半することとしている。ただし，特
例的に，大統領令で定めた場合に限り，事業主が全額負担するという規定を設
けているが，現在は定められていない。

Ⅳ　「特定就業者災害補償保険制度」創設の試論

1　「特定就業者災害補償保険制度」の基本設計

これまでの本稿の検討を踏まえ，要保護性の強い委託型就業者に，労災保険
法に準じた保護を与えるため，労災保険法とは別枠で[15]，委託者の災害補償責任
を基礎づける「特定就業者災害補償保険法」を制定し[16]，第三のカテゴリとして
「特定就業者」を定義づけたうえで，保護の必要な具体的職種を定めることを
提案する。

その他の基本設計は，以下の通りとする[17]。①委託者に強制加入を義務づける。
②保険料は委託者と「特定就業者」の折半とする。③労災保険と同様の保険加

---

14)　適用除外制度は，「特殊形態勤労従事者」の低加入率（約11％）の原因であると強く批判
　されている。

15)　岩村・前掲注4)37頁注20で，保険料を分担するのであれば，「労災保険とは別個独立の
　制度を作るほかない」とする。

16)　鎌田・前掲注1)66頁。有田謙司「第10章　安全衛生・労災補償の法政策と法理論」日本
　労働法学会編『講座労働法の再生　第3巻　労働条件の課題』（日本評論社，2017年）222頁。

17)　青野覚「特別加入制度における業務上外認定」社労士総研研究プロジェクト報告書（平
　成23年）『労災保険法上の特別加入制度に関する諸問題の検討』33頁で，使用者にも保険化
　のメリットがあるため，強制加入と保険料分担の個人請負就業者を対象とした「第三の労災
　保険」の創設を提案している。

38　日本労働法学会誌130号（2017.10）

入方式とし，団体加入方式をとらない。④労災保険に準じた保険料徴収及び保険給付を行う。

2 「特定就業者」の定義と具体的職種

(1) 「特定就業者」の定義　「特定就業者」とは，業務委託又は請負など労働契約以外の役務供契約の下で，委託者に労務を提供し，その報酬で生活する就業者であって，就業上災害の保護を必要とする者で，次の各号すべてに該当する者のうち厚生労働省令で定める職種に従事する者をいう。また，その労務の提供を受ける事業又は事業場は，この法律の適用を受ける事業又は事業場とする。①主に一つの事業又は事業場に，継続的に労務を常時提供し，総収入の半分以上の報酬を受けて生活すること。②労務を提供するに当たって他の者を使用しないこと。③事業又は事業場への組込みが認められること。

(2) 「特定就業者災害補償保険制度」の具体的職種　厚生労働省で定める特定職種として，①建設一人親方，②芸能実演家，③貨物輸送運転手（持込み含む），④バイシクルメッセンジャーが考えられる。また，組織への組込みについは具体的通達を発出する。

3 「特定就業者災害補償保険法」の制定

(1) 社会保険方式の限界　労働者を保護対象とする労災保険は，もともとは，労基法上の使用者の災害補償責任の担保のための保険として制定された。1970年代からの，数次の制度改正により，生活保障を強め社会保障への接近が見られるが，一貫して，責任保険的性格を失うことはなく，使用者が保険料を全額負担するという特徴を持つ。一方，労働者類似の「特定就業者」を保護対

---

18) 水口洋介会員より，一つの事業又は事業場に限定する理由についての質問がなされたが，今後，有田・前掲注16)223頁を参考に，保険負担と絡めて積極的に検討したい。

19) 水野勝「労災補償制度の理論的課題」日本労働法学会誌76号（1990年）40頁で，給付の面から複合的性質を唱える。

20) 荒木誠之『労災補償の研究―法理と制度の展開』（総合労働研究所，1981年）260頁で「労災補償が社会保障法へ位置づけられる意味を考えるとき，それは災害補償が本来持っている労働関係的基盤と特質とを捨像された上で社会保障法へ統合されるのではない」とする。

象とする「特定就業者災害補償保険」も，労災保険と同様に，社会保険方式を採用するが，要保護性の強い者を「特定就業者」として定義づけることだけでは，委託者の保険料負担の根拠を導き出すことはできない[21]。

　また，社会保険では，強制加入を当然のように前提とし，その根拠として，逆選択の防止が挙げられている[22]。しかし，逆選択防止の理論からだけの説明では，強制加入の根拠として十分ではないとの批判がある。そこで，本試論では，「特定就業者災害補償保険法」制定を立論し，「特定就業者」の従属性から導き出される委託者の災害補償責任を以下のように基礎づける。

　(2)　委託者の保険料負担と保険強制の根拠　　委託者は，経営上の利益のために「特定就業者」を経営組織に組入れ組織的一体性を求める（以下，「組織従属性」という。）。また，「特定就業者」がその企業から受ける報酬が主たる収入となる場合は，「経済的従属性」があることになる。このような立場に置かれた「特定就業者」は，「組織従属性」と「経済的従属性」を通じて，委託業務に内在するリスクに晒されることになる[23]。

　したがって，「特定就業者」に，委託業務に起因した災害が生じた場合には，委託業務に内在するリスクの現実化であるということになる。このような理由から，委託者は，委託型就業者の「組織従属性」と「経済的従属性」によって，災害補償責任が基礎づけられ，「特定就業者」のリスクを引受けなければならない立場に立つ。

　以上により，委託者に災害補償責任が基礎づけられるため，それを根拠として，委託者は保険料を負担する立場となるとともに，要保護性の強い「特定就業者」を対象とした保険への加入が強制されることになる[24]。

　(3)　保険料と負担割合　　社会保険では，一般的に，保険給付の対象者とな

---

21)　近藤文二『社会保険』（岩波書店，1971年）26頁で，社会政策としての社会保険の分析は，「費用をだれが負担するか」から始めるべきとする。

22)　倉田聡「逆選択の禁止と強制加入」週刊社会保障2290号（2004）46頁は，詳細に検討している。

23)　鎌田・前掲注１)66頁。

24)　学会報告において，濱口桂一郎会員から，「事業主保険料半額負担と保険強制の根拠の説明がなされていない」との指摘があった。

る者が保険料拠出義務者となる[25]。雇用と自営の境界領域位置する「特定就業者」は，「特定就業者災害補償保険」の給付対象であるため，保険料を負担しなければならない。

委託者の保険料負担部分は，「特定就業者」の組織従属性と経済的従属性に根拠を求めているため，「特定就業者」の労働者的性質に対応する保険料の含意を，「特定就業者」が負担する保険料は，自営業的性質部分に対応する保険料の含意を，それぞれ持つと考えることができる。委託型就業者の中間的性質を根拠に，委託者と「特定就業者」のどちらか一方が保険料を負担するというのではなく，双方が保険料を折半するのが最も妥当な方法となる。

V　むすびにかえて

学会報告では，委託型就業者の災害補償の具体的立法提言として，特別加入制度をベースした保護拡大の方法を批判的に検討しながら，要保護性の強い委託型就業者を第三のカテゴリに位置づけた社会保険として「特定就業者災害補償保険制度」の試論を提示した。

これに対する学会での議論状況を踏まえ，さらに，検討を進めた結果，労災保険法の外枠に，委託者の責任を基礎づける「特定就業者災害補償保険法」を立法することが必要であるとの結論に至った。

最後に，多くの貴重なご意見を頂いた方々，韓国調査でご協力頂いた方々に，こころより感謝申し上げます。

（たなか　けんいち）

---

25)　社会保険の保険料拠出義務については，荒木誠之『社会保障の法的構造』（有斐閣，1983年）106頁。

委託型就業者のハラスメントからの法的保護

内　藤　　忍
（労働政策研究・研修機構）

I　はじめに——本稿の趣旨・目的

　業務委託・請負などの労働契約以外の労務提供契約の下で，自ら労務を提供し，報酬を得る者がいる。こうした者たち（以下，委託型就業者という）について，労基法等の労働法規上の「労働者」に該当するかどうかの法的判断を裁判所に仰ぐことはできるが，労働者性が肯定される場合も否定される場合もあり[1]，結果の予測が難しい。

　一方，委託型就業者も，実態として，委託者・発注者（以下，委託者等という）やともに就労する仲間と，仕事上接触し，一定の継続的な人間関係を形成している場合がある。そうした関係性において，雇用関係と同様に，不利益なもしくは不愉快な行為を受ける場合もある。ヒアリング調査によれば，委託型就業者も，セクシュアルハラスメント，属性等に関連するハラスメント，もしくは，報酬，納期や成果物の質等に関連した暴言などの言動を受けている。

　しかし，委託型就業者に対するこうした行為に関する法的保護は，現状では司法的救済にほぼ限定される。また，「労働者」と認められるかどうかに関する予測可能性が低い現状では，雇用関係における使用者に向けた，均等法等のハラスメントの規制の適用も期待できない。

　そこで，本稿では，委託型就業者に対するハラスメントを取り上げ，特に，

1）　否定された例として，例えば，英字新聞編集部で翻訳，記事執筆の業務に就き報酬を得ていた記者ら3名が，契約打ち切りの通告を受け，雇用契約に基づく地位確認及び賃金の支払いを求めたが，雇用契約が成立していたとはいえないとして控訴が棄却された事案として，朝日新聞社（国際編集部記者）事件・東京高判平19・11・29労判951号31頁。

委託型就業者に対する(1)セクシュアルハラスメント（性的な言動），(2)性別・人種などの差別事由（一定の属性）に関連する不快なもしくは就業環境を害する言動，(3)差別事由に関連しない不快なもしくは就業環境を害する言動（(1)〜(3)を合わせて，以下，ハラスメントという）について，いかなる新たな法的保護や規制が必要かを論じることを目的とする。そして，その前提として，委託型就業者が受けているハラスメントの実態を明らかにする。

　なお，本稿では，本誌鎌田論文と同様に，「業務委託又は請負など労働契約以外の役務提供契約の下で，報酬を得るために事業主から委託を受けて主として個人で業務に従事する者」を「委託型就業者」と称し，検討対象とする。

II　委託型就業者が受けるハラスメントの実態

1　セクシュアルハラスメント

　委託型就業者のハラスメントの実態はこれまで明らかにされてこなかった。そこで筆者は，出版業界のフリーランスを組織する労働組合の「出版ネッツ」から，複数の組合員のハラスメントの体験談を聞くとともに，その後，当事者である組合員やその友人の計4人から直接もしくはメールで，追加の情報収集を行った（以下，ヒアリング調査という）。

　まず，セクシュアルハラスメントについては，複数の女性就業者から体験談が寄せられた。Aさん（女性，校正者）は，発注者である出版社の社員より男女の付き合いを強要され，断ったところ，約束していた仕事がなくなった（その会社での仕事の一切の打ち切り）。その社員の強い勧めにより，既に校正プロダクションを辞めて，フリー校正者となっていたため，その後の生活は困難を極めた。本件は，いわゆる対価型のセクシュアルハラスメントに相当する。

　Bさん（女性，ライター）は，60歳前後の大学教授（男性）への取材後，編集者も交えて一緒に飲食をし，編集者が手配した帰りのタクシー内で大学教授に抱きつかれて胸や尻を触られそうになった。Cさん（女性，ライター）の場合は，編集者から，打ち合わせと称しての食事の席でお酒が入り，手を握られて，なかなか離してくれず，セクハラと感じた。

シンポジウムⅠ（報告③）

　Bさんと C さんが行為を受けたのは，仕事後の飲食時であったが，これら
は，接待もしくは打ち合わせといった，その後の仕事を考える場合，事実上避
けにくいものであった。また，Bさんの事例の行為者は，委託者である編集者
ではなく，第三者である大学教授（取材先）であった。均等法の通達によれば，
第三者もセクシュアルハラスメントの行為者になり得る（第3，1(2)イ②）とさ
れており，雇用関係であれば，本件のような第三者による行為も，均等法のセ
クシュアルハラスメントの措置義務の対象となっている。

2　差別事由(一定の属性)に関連する不快なもしくは就業環境を害する言動

　一定の属性（性別，人種・国籍（出身），障害，年齢，宗教・信条，性的指向，性自
認等）に関連する不快なもしくは就業環境を害する言動についても，体験談が
寄せられた。「次の仕事は男性にやってもらうからといって，仕事をもらえな
かったことがある。編集者側に性別役割意識があると感じた」（D さん，女性，
フォトグラファー），「両親は日本人で，日本国籍を持っているが，海外生まれ，
海外育ち。その後，日本在住30年以上にもなるのに，仕事で，『君は日本に生
まれていないから（わからない）』などと否定的な言動をされることがあり，日
本人として認められていないと感じる時がある」（E さん，男性，フォトグラフ
ァー）といったものである。

3　差別事由に関連しない不快なもしくは就業環境を害する言動

　(1)　報酬や成果に関連するトラブルに付随して起こる言動　　本報告グルー
プが科研費の助成を受けて2015年に実施した委託型就業者に対するアンケート
調査（委託型就業者調査）によれば，「取引先（委託者・発注者）との間で実際に
トラブルが生じた」と答えた委託型就業者は，32.4％（273人）であり，そのう
ち，最も多かったトラブルは，①「報酬の金額」（12.3％，104人），続いて，②
「仕事の打ち切りや一方的縮小」（10.4％，88人），③「報酬の支払時期」（9.1％，

---

2)　妊娠・出産等に関する不快なもしくは就業環境を害する言動については，ヒアリング調
　査では事例に接することができなかったが，女性のみが妊娠・出産することから，性別に基
　づく言動に含める。

77人），④「人間関係」（7.8%，66人），⑤「仕事の質・成果」（5.8%，49人）が挙がった（複数回答）。

　これらのトラブルに関しては，嫌がらせや報復的な言動が付随して行われる場合がある。ヒアリング調査によれば，上記①「報酬の金額」や⑤「仕事の質・成果」に関連する行為として，「すでに出版物に掲載されていた写真について，出版社から，『ほかになかったから我慢して使ってやった』『本当はあんなひどい写真は使いたくなかった』などと暴言を吐かれてギャラを値切られた」（Dさん，フォトグラファー）といった例や，「担当編集者レベルでは原稿が通り，ほぼそのまま掲載されて雑誌は発行されたが，請求書の決裁時に編集長が突然，原稿に難癖をつけ，『あんなものにはギャラを払わない』と言い出し，ハンコを押してくれなかった」（Bさん，ライター）といった例が聞かれた。

　また，特定の出版社に常駐して校正業務を行うFさんは，業務も責任も増大していたにもかかわらず7年間も時間当たり報酬を据え置かれたので，契約先の校正プロダクション事務所の社長にそろそろ賃上げしてほしいと要望したら，社長に激怒され，辞めさせられそうになったという。本件は報酬増額要求への報復と考えられる。

　(2)　暴言，侮辱　ヒアリングで最も多く聞かれたのは，暴言，侮辱等の「言語的な攻撃」に類型化できる言動であった。これは，雇用関係における言動と同じ傾向となっている。ヒアリング調査では，上記(1)で紹介した暴言のほか，出版社の担当者に請求書を渡そうとしたら「フリーはあわれだ，金のために働いているのか」「そんなだからロクなものを作れないんだ」などと蔑んだようにいろいろ言われた上，なかなか請求書を受け取ってもらえなかったという例（Dさん，フォトグラファー）や，出版社社員から取材現場で，「フリーランスの誰か，（クライアントの）箸を買ってきて」と命じられたが，誰も動かないでいると「誰に金もらっていると思っているんだ」とすごまれたという例（同）が聞かれた。

　同じDさんは，ある仕事の際，無理な要求をされ，受け容れなかったところ，「嫌なら二度とウチの仕事をしないでいい。フリーなんていくらでもいるし，もっと腕のいい人たちが皆タダでもいいからやらせてほしいと言ってい

る」と言われ，脅しと感じたという。貯金がないフォトグラファーの場合，仕事の打ち切りや今後の契約がなくなるかもしれないことを仄めかされれば，それは事実上の脅しとなり，受け容れざるを得ないだろう。

(3) 席の隔離，仲間外し　　出版社に常駐する校正者は，自席の隔離，仲間外しなどの行為を受けたという。具体的には，通常，常駐の校正者を含め，担当雑誌ごとにチームで一つの島を作って座っているが，一人だけ担当雑誌の島から外されたり，見本誌をわざと自分の分だけ数日後に配布されたり，飲み会のメンバーから外されるなどされた（Fさん，校正者）。

(4) 遂行不可能な量・スケジュールの仕事を要求　　支払いが「日当」扱いの時，1日＝24時間労働ととらえているようで，睡眠時間，食事や休憩時間もほとんど確保されずに，スケジュールを組まれることがある。そして，そのスケジュールを消化できなかった場合は，「能力不足」とののしられたり，別の日に無償でカバーすることを命じられたりすることがあったという（Dさん，フォトグラファー）。

(5) 共有のものを使わせない（仕事の妨害），仕事を回さない　　校正者のFさんは，管理職から嫌がらせとして，いつも使用していた共用の端末を使うなと自分だけ言われたり，また別の管理職から，仕事が少ないときは必ず自分だけが仕事を外され，何時間も待機させられることが3年続き，ストレスから胃を壊し帯状疱疹になったという。

Ⅲ　委託型就業者のハラスメントに対する現在の救済と問題点

1　行政的救済

委託型就業者が受けるハラスメントについて，現状では誰にいかなる法的責任を追及でき，どのような救済の手段があるのか。そして，その問題点は何か。[3]

(1) 労働局の紛争解決制度　　まず，労働局の紛争解決制度は，相談，あっせん，調停等でよく使われている制度であるが，「労働者，求職者」を対象に

---

3) 委託型就業者がハラスメントによって精神疾患等に罹患もしくは自殺した場合の災害補償の検討については，本研究グループの本誌田中論文を参照のこと。

していることから（個別労働紛争解決促進法1条等），委託型就業者の場合，労基法等の「労働者」であると判断できる実態を備えている場合を除き，対象とならず，利用できない。

(2) 均等法・育児介護休業法上のハラスメントの措置義務 雇用関係においては，均等法にセクシュアルハラスメントの措置義務の規定があり（11条），また，妊娠・出産・育児休業等に関するハラスメントに関する事業主の措置義務が2017年1月1日に施行された（均等法11条の2，育児介護休業法25条）。これらも，委託型就業者が「労働者」と判断されない限り，委託者等に同義務は課されず，労働局による行政指導等も不可能である。現状の措置義務の規定からは，委託型就業者の就業環境の改善の根拠とすることは難しいものとなっている。

2 司法的救済

(1) 行為者の法的責任 司法的救済では，ハラスメントの行為者や事業者（委託者等を含む）に対して，ハラスメントの損害に関する責任追及が可能である[4]。まず，行為者に対しては，民法709条に基づく不法行為の損害賠償請求ができる。行為者としては，委託者の役員・管理職・労働者，委託事業者の労働者でない第三者，すなわち全ての者を含む。

(2) 事業者の法的責任

(a) 使用者責任（不法行為） 委託型就業者のハラスメントに関する事業者（委託者等を含む）への責任追及は，第一に，行為者の使用者責任（不法行為，民法715条）に基づく損害賠償請求である。行為者を雇用する事業主（委託者等の場合と，それ以外の事業者の場合とがある）に対して請求することが可能である。

問題は，行為者が事業者と雇用関係にない就業者（委託型就業者等）である場合に，委託者等に対し，使用者責任が問えるかという点である。民法716条では，「注文者は，請負人がその仕事について第三者に加えた損害を賠償する責任を負わない」とするが，元請人と下請人の被用者の関係において，実質的な

4）暴力や脅迫を伴ういじめの場合，加害者が刑法上の責任を追及されることもあるが，本稿では民事上の責任追及に限定する。

シンポジウムⅠ（報告③）

指揮命令関係が認められる場合には，この限りではなく，715条の使用者責任を認めた例もある。[5]

　(b)　職場環境配慮義務（債務不履行）　委託型就業者のハラスメントに関する事業者（委託者等）に対するもう一つの法的責任の追及は，職場環境配慮義務違反に基づく損害賠償（民法415条）の請求である。従来，職場環境配慮義務は，労働契約に付随する義務として観念されてきたが[6]，障害福祉サービスを行う NPO における非雇用型就労者がハラスメントを受けた事案で，NPO の職場環境配慮義務違反を認め，損害賠償を命じた事例[7]もあり，委託や請負といった形で就労する委託型就業者のハラスメントについても，委託者等に同義務違反が認められる可能性がある。事業者と被害者の関係が，労働契約上の法律関係と類似している場合には，行為者が誰であれ，委託者の契約責任（職場環境配慮義務）を問いうる。

3　現行の救済の問題点

　上述したように，委託型就業者のハラスメントについては，「労働者」のみを対象とした労働法規に基づく現行の行政の紛争解決制度や措置義務規定では対処することが難しいが，一方，司法的には行為者に不法行為責任を問えるだけでなく，事業者（行為者の事業主もしくは委託者等）に対しても，使用者責任（不法行為）や契約責任（職場環境配慮義務の債務不履行）を問いうることがわかった。しかし，現実には，委託型就業者のハラスメントが争われた裁判事案はほとんど見当たらない（例外として，福祉的就労の事案ではあるが，前掲注7)事例

---

5)　最二小判昭37・12・14判時325号17頁。

6)　職場環境配慮義務について詳しくは，滝原啓允「職場環境配慮義務法理の形成・現状・未来─行為規範の明確化にかかる試論」法学新報121巻7・8号（2014年）参照。

7)　障害福祉サービス事業等を行う被告 NPO と原告（障害者）は指定就労継続支援（Ｂ型・非雇用型）のサービス利用契約を締結し，原告は工賃を受領していたところ，「原告と被告NPO とは，労働契約上の法律関係と類似し，更に障害者に対する福祉施設としてより密接な社会的接触がある関係にあるということができる。したがって，被告NPO は，原告に対し，上記契約上，施設が利用者にとって働きやすいないし利用しやすい環境を保つよう配慮する義務（以下「職場環境配慮義務」という。）を負う」とした事例。長崎地判平29・2・21 D1-Law.com 判例体系 ID28250817。

がある）。

　ヒアリング調査の対象者は限定されていたが，就業のあり方とハラスメント
を受けた後の行動には，大きく分けて二つの類型があった。第一のパターンは，
委託者等がほぼ一社で，その社屋に出向いて就業かつ就業場所がほぼ一定，そ
の委託者等での就業が長く継続する，といった特徴の就業の形態である。こう
した働き方をする者がハラスメントを受けた場合，報復としての契約更新拒否
等を避けるため，ハラスメントについて一切問題提起しないことが多い。我慢
し続けるため，メンタルヘルスを患うこともある（典型例は，本ヒアリング調査
で出版社に常駐する校正者のＦさん）。

　第二のパターンは，委託者等が多数，就業場所は様々，委託者等との関係
（契約）はその都度かつ比較的短期といった就業の形である。この場合，ひと
たびハラスメントが起きると，将来の被害を避けるため，「この仕事が終わる
までは我慢して，今後はこの委託者等とは仕事をしないでおこう」と考える傾
向にある。業界が狭いこともあり，仕事が終了しても問題提起はしない。する
と，ハラスメントが顕在化せず，問題視される契機を失い，対象者を替えて繰
り返される可能性がある。また，被害者は，ハラスメント発生の委託者等を避
けていくため，契約相手が少なくなり，収入が減っていく。

　この二つの類型化によれば，いずれにしても，委託型就業者がハラスメント
への対応として司法的救済を選択する理由・動機がないことが見てとれ，実際
上，救済方法はないと言ってよい。

Ⅳ　ハラスメントに関する委託者等の措置義務の提案

　フリーランスといっても，上記の第一のパターンのように，委託者等と継続
的な関係を持ち，経済的にも組織的にも従属的な関係を持つ者もいる。このよ
うに雇用類似の関係にある場合にはもちろん，第二のパターンでも，一部の者
を除いては圧倒的に経済的に従属的であるから，いずれにせよハラスメントか
ら逃れることは容易でなく，何らかの保護が必要であると考えられる。そして，
前述の現状の課題を踏まえると，予防により重きを置いた法制度を導入するこ

シンポジウムⅠ（報告③）

とが最も重要であると考えられる。

　また，一般的にハラスメントはメンタル症状を引き起こし，回復に時間がかかり，結果として離職につながることが多いタイプの紛争であることからも，早期の発見・介入が求められる。この観点からは，まずは，ハラスメントに適切に対応する管理上の責任を，支配的な立場に立つユーザー側の責任の一つとして，委託者等にも負わせることを提案したい。

　具体的には，雇用関係において既に導入されている，均等法のセクシュアルハラスメントの措置義務や，均等法・育児介護休業法の妊娠・出産・育児休業等に関するハラスメントの措置義務に類似した，ハラスメントの予防・対応義務を想定している。義務の内容は主に，①事業主の方針の明確化及びその周知・啓発，②相談（苦情を含む）に応じ，適切に対応するために必要な体制の整備，③職場におけるハラスメントに係る事後の迅速かつ適切な対応の３点である（均等法セクハラ指針等）。

　そして，これらの措置義務のエンフォースメントとしては，措置義務履行に関する行政による相談体制・義務履行の監督・不履行の指導が重要である。しかし，現状の行政の体制に鑑みれば，行政による取締りのみでは限界があるだろうから，自社の措置義務への対応状況を自ら公表することにより，労働組合や株主などのステークホルダーによる監視とチェックのしくみを導入する。ハラスメントがメンタルヘルス疾患の大きな要因となっていることから，労使委員が参加する衛生委員会の議題とするしくみとしてもよい。また，企業外において簡易に救済が得られる機関として，実際のハラスメント行為の違法性の法律判断と，行為の中止などの救済命令の発出ができる，専門家で構成された行政救済委員会を設けることも重要である（非雇用に限らずに有用なしくみと考える）。

8）　労働政策研究・研修機構『職場のいじめ・嫌がらせ，パワーハラスメントの実態―個別労働紛争解決制度における2011年度あっせん事案を対象に』資料シリーズ No.154（2015年）34-35頁。

9）　措置義務以外には，欧州各国のように，ハラスメントの禁止規定の導入も必要であると考えているが，日本においては雇用関係においても未だ導入されていないこともあり，この点は別稿で論じる。

なお，防止を中心としたハラスメントの措置が法定されることは欧州では珍しくなく，例えば，包括的なワークハラスメントの法規制をもつベルギーの2007年法改正においては，ハラスメントの禁止に加え，事業主は，防止措置を実施するために必要な措置全般を講じる責任を負うとされた。また，事業主は，委託型就業者のような第三者がハラスメントで受ける心理・社会的負荷に特別な注意を向けなければならないとされている。[10]

Ⅴ ま と め

以上，委託型就業者のハラスメントの実態をみたうえで，現行の救済制度の問題点を踏まえ，委託者等に対するハラスメントに関する予防・事後の対応などの措置義務を導入し，行政等による救済を充実化することなどの提案を行った。

日本においては，雇用労働者に対するハラスメント規制でさえ，未だ十分な段階ではないと考えられるが，今回取り上げた委託型就業者を含む，より広い適用対象に対する保護のあり方とその根拠が今後の課題と考えている。

(ないとう　しの)

---

10)　大和田敢太『職場のいじめと法規制』（日本評論社，2014年）116頁。

《シンポジウムⅡ》

不当労働行為救済法理を巡る今日的課題

シンポジウムの趣旨と総括	石田　眞
労組法7条2号の「使用者」と派遣先・親会社	川口　美貴
不当労働行為意思の要否	古川　景一
労委救済命令の実効性と過小救済の裁量権逸脱 ──「原状回復」の意義の再確認──	田中　誠

《シンポジウムⅡ》　不当労働行為救済法理を巡る今日的課題

シンポジウムの趣旨と総括

石　田　　眞

(早稲田大学名誉教授)

Ⅰ　シンポジウムの趣旨

　労働委員会による救済手続を通じて不当労働行為からの救済を図る現行の不当労働行為制度は，創設以来70年近くが経過した。日本の不当労働行為救済制度は，周知のように，アメリカ法とくに1935年の全国労働関係法（ワグナー法）の影響を受けながらも，独自の制度設計をもって制定された。また，そうした制度的条件の下で展開したわが国の不当労働行為救済法理は，理論と実務が密接に関連する領域として，労使関係法の中でも重要な位置を占めてきた。

　ところが，近年，不当労働行為救済法理に関する本格的な論争や研究がなされているかというと，必ずしもそうとは言えない状況にある。その背景としては，労働組合の組織率の低下とそれに伴う組織労働者の影響力の弱化などが挙げられるが，労使関係や労働法実務の現場においては，時代の変遷による問題状況の変化はあるものの，不当労働行為からの救済ニーズが弱くなっているわけではない。むしろ，近年においては，不当労働行為の主体たる「使用者」の範囲の問題や救済命令のあり方とその内容の不十分性や適法性などの新たな理論問題が提起されると同時に，不当労働行為意思の意義と内容の問題など，古くから議論されているにもかかわらずいまだ決着をみていない問題の再検討も労働法実務の現場から提起されている。

　これらの課題を検討し，現在の社会状況と労働法制度の下で労働者の団結権を十分に保障する不当労働行為救済法理を構築するためには，労使関係や労働法実務の現場の具体的問題に精通している実務家と研究者との共同研究と議論

シンポジウムⅡ

が不可欠である。本シンポジウムの報告者グループは，不当労働行為救済法理
をめぐる今日的課題について，以上のような問題関心から共同研究を進めてき
た実務家と研究者であり，本シンポジウムの各報告はその成果を世に問うもの
である。

Ⅱ　報告の概要

　「労組法7条2号の『使用者』と派遣先・親会社」と題する川口美貴会員の
報告では，近年，様々な角度から問題となっている労組法7条2号により団体
交渉義務を負う「使用者」とは誰であるのかという問題が扱われた。とくに，
労組法制定当時には想定されていなかった派遣先や親会社の使用者性が正面か
ら議論された。

　「不当労働行為意思の要否」と題する古川景一会員の報告では，従来から議
論のあった不当労働行為意思の問題に対して新たな視点から光があてられ，当
該意思の要否と内容についての再検討が行われた。論点は二つ。一つは，不利
益取扱い（7条1号）における「の故をもって」の解釈，もう一つは，支配介
入（7条3号）に関する不当労働行為意思の要否と内容であった。

　「労委救済命令の実効性と過小救済の裁量権逸脱―『原状回復』の意義の再
確認」と題する田中誠会員の報告では，労働委員会の救済命令に関して，従来，
「過大な救済命令」の裁量権逸脱が議論されてきたが，実効性のない「過小な
救済命令」も裁量権の逸脱ではないかという問題関心から，救済命令のあり方
の再検討がなされた。

Ⅲ　議論の概要

　川口報告をめぐっては，まず，労組法7条の意義について，なぜ「共通説」
ではなく，「個別類型説」をとるのか，またそのことと労働契約基準説や支配
力説とはどのような関係に立つのかという質問がなされた（鎌田幸夫会員，豊川
義明会員，中窪裕也会員）。これに対して川口会員は，①「共通説」か「個別類

型説」に関しては，学説・判例・命令の見解は分かれていることを指摘したうえで，新規採用拒否の事例を挙げて7条1号と2号では，その使用者性を別異に考えざるをえないが故に「個別類型説」をとること，②そのうえで，団体交渉義務を負う者を使用者と考える自身の立場は，労働契約基準説とも支配力説とも異なるアプローチであるとの回答がなされた。

　次に，派遣先が雇用・労働条件の維持改善等に関する事項について単独で又は派遣元と共同で支配決定できる地位にある場合，派遣先が単独又は派遣元と共同で使用者性をもつとするのが川口会員の見解であるが，なぜそのように言えるのかという質問がなされた（鎌田幸夫会員，井上耕史会員）。これに対して，川口会員は，自身の見解の根拠は，法構造上，労働者派遣契約に基づいて決定される派遣労働者の労働条件については派遣元と派遣先が合意しなければ変更できないことにあると応答した。

　さらに，団体交渉権の意義から団体交渉を求めるうる事項（交渉事項）を抽出し，交渉事項の類型毎に使用者性を判断するとするのが川口報告の見解であるが，そこには，使用者性の問題と義務的団交事項性の問題の理論的混同があるのではないかという質問がなされた（本久洋一会員）。これに対して，川口会員および共同研究者である古川会員は，川口報告の趣旨は，使用者が先にあって団交義務を負うという議論ではなく，団交義務があって使用者が決まってくるとする議論であって，従来の議論を逆転させたところにその意義があるとの回答がなされた。

　古川報告をめぐっては，労組法7条1号の不利益取扱いの成立要件に使用者の反組合的意図（主観的要素）は必要ではなく，「労働者が労働組合の組合員であること」等の認識で足りるとする古川報告の立場に対して，現実の実務では，反組合的意図の立証をおこなわれなければならないのではないかという質問がなされた（鎌田幸夫会員）。これに対して，古川会員は，労働者側の代理人として使用者の反組合的意図を立証することは必要であるかもしれないが，それはあくまで，事実認定の問題であって，それがなければ，不利益取扱いの不当労働行為が成立しないという意味での判断基準ではないとの回答があった。この点に関して，フロアから，古川報告は，反組合的意図が認められないと不当労

シンポジウムⅡ

働行為が成立しないというような風潮に警鐘を鳴らすものであるとの指摘があった（井上幸夫会員）。

次に、古川報告にあるように、昭和36年の八幡製鉄最高裁判決で「決定的動機説」が排斥されたのだとすると、なぜその後も同説が実務を席捲してきたのかという質問がなされた（中島光孝会員）。これに対して、古川会員は、自らも、つい最近まで「決定的動機説」の呪縛に囚われており、おかしいなと思いながら苦労してきたので、いまだ囚われの原因究明にはいたっていないとの回答があった。

田中報告めぐっては、まず、「原状回復」概念を強調する田中報告に対して、最高裁判例でも、あえてその概念を使わないことによって労働委員会の広い裁量権を強調したのであるから、なぜいま「原状回復」概念を持ち出すのかという疑問が呈された（中窪裕也会員）。これに対して、田中会員は、「原状回復」とは、不当労働行為を是正し、それがなかったのと同様の状態を作り出すことを意味するが、過小救済とみられる労働委員会命令では、そのような意味での「原状回復」がないがしろにされ、「将来にわたる正常な労使関係の回復・確保」ということだけに焦点があたることによって、それが引き算の論理として使われているので、あらためて「原状回復」の意義を確認し、「将来にわたる正常な労使関係の回復・確保」は「原状回復」に対するプラスアルファであることを強調したかったとの回答があった。

次に、過小な救済命令は単に不当であるというだけでなく違法であるとする田中報告に対して、違法であると言い切るためには、当該事案の具体的な労使関係のあり方に対する当該労働委員会の判断の中身にまで分け入って検討する必要があるのではないかという質問があった（鎌田幸夫会員）。これに対して、田中会員は、過小な救済命令の例として挙げた神奈川県総合リハビリテーション事業団事件神奈川地労委命令に言及しつつ、地労委の判断は、まさに当該事実関係の中では、使用者の善意に期待するだけで、不当労働行為の効果の実際の除去・是正になっていないので過小救済であると判断したとの回答があった。

最後に、過小救済が裁量権逸脱で違法となった場合の本来の救済命令の実現について、取消訴訟を提起するのか義務付け訴訟を提起するのかという質問が

なされた（早津裕貴会員）。これに対して，田中会員は，単純な取消訴訟でよいと考えていること，その際，参考になるのは労働災害における後遺障害等級に不服である場合の取消訴訟であるとの回答がなされた。

Ⅳ　ま　と　め

　本シンポジウムでは，不当労働行為の救済に関する理論的な問題の中でも，派遣先・親会社との関係での労組法7条の「使用者」性の問題（川口報告），不当労働行為意思の要否の問題（古川報告），そして労働委員会の救済命令における過小救済の裁量権逸脱の問題（田中報告）が取り上げられ，それぞれ完成度の高い報告がなされた。また，これらの報告を踏まえて，参加者と報告者の間で活発な質疑応答が展開された。

　不当労働行為救済法理を巡る諸問題は，労使関係法の中でも，理論と実務が密接に関連する領域であり，シンポジウムでは，研究者，実務家の双方から鋭い質問が相次いだ。長時間にわたる討論において，なお今後の検討に委ねられなければならない課題は残されたが，全体としては，報告者グループが本シンポジウムに込めた意図は十分に実現されたと言えるであろう。

（いしだ　まこと）

労組法7条2号の「使用者」と派遣先・親会社

川　口　美　貴

(関西大学)

I　問題の所在と検討対象

　労組法7条2号は,「使用者」がその「雇用する」労働者の代表者と正当な理由なく団体交渉を拒否することを禁止する。しかし,同条文は1949年に制定されたものであり,現行法では,労働者派遣の利用,又は,分社化・持株会社化等による企業グループ(集団)の形成により,当該労働者と直接労働契約を締結せずにその労務を利用することが可能である。したがって,労組法7条2号の「使用者」は,労働契約の枠を超えて,団体交渉権と整合的に解釈する必要がある。また,会社法,金融商品取引法等においては,株主・債権者・投資家等の保護の観点から,法人格の枠を超えた親会社の責任が整備されつつある。したがって,労働法においては,労働者の保護と団体交渉権保障の観点から,法人格の枠を超えて,親会社の「使用者」性を解釈することが必要であろう。

　本稿は,以上のような問題意識から,労組法7条2号の「使用者」の判断基準を検討し(→II),次に,当該労働者の,①「派遣先」(→III),及び,②「親会社」(→IV)の,労組法7条2号の「使用者」性を検討する。[1]

　本稿の検討対象とする「派遣先」は,「労働者派遣の役務の提供を受ける者」(派遣2条4号)とし,「親会社」は,会社法2条4号所定の「親会社」(「持株会社」〔独禁9条4項1号〕を含む)とする。ただし,「派遣先」又は「親会社」が,労働契約締結の申込みのみなし(派遣40条の6),法人格否認の法理,黙示の労働契約の成立等により「労働契約上の使用者」と認められる場合は,労組法7

---

1)　紙数の制約上,先行研究や判例・命令の引用が限定されることをご容赦いただきたい。

条2号の「使用者」であることは明らかなので，本稿ではこれを除外する。

Ⅱ　労組法7条2号の「使用者」の判断基準

1　論点①：労組法7条の「使用者」の意義──個別類型説

　労組法7条2号の「使用者」の判断基準は，その前提として，労組法7条の「使用者」を，1）労組法7条各号に共通の概念と解するか（「共通説」），それとも，2）不当労働行為の類型毎に判断するか（「個別類型説」）に規定される。

　学説は「共通説」も多く，「労組法7条の使用者」の判断基準として，①労働契約基準説，②支配力説[2][3][4]等が提示されている。また，中労委（朝日放送）事件・最高裁判決[5]も「共通説」であり，「当該労働者の基本的な労働条件等について雇用主と部分的とはいえ同視できる程度に現実的かつ具体的に支配，決定することができる地位にある」場合は「労組法7条の使用者」であるとする。

　しかし，労組法には「使用者」の定義規定がなく，「使用者」は各条文・各号毎に合理的に解釈され，現実に異なる。例えば，労組法6条の「使用者」と14条の「使用者」は，任意に団体交渉を行い労働協約を締結することも可能であることに鑑みれば，当該労働組合等に対し団体交渉義務を負う者に限られず，労組法7条の「使用者」とは異なる。また，労組法7条各号の「使用者」[6]も，1号の「使用者」には労働契約締結過程にある者全てが含まれるが，2号の「使用者」には全くの新規採用の場合で労働契約締結過程にある者は含まれず，

2）　菅野和夫『労働法〔第11版補正版〕』（弘文堂，2017年）954頁（「労働契約関係ないしはそれに近似ないし隣接した関係を基盤として成立する団体的労使関係の一方当事者」），荒木尚志『労働法〔第3版〕』（有斐閣，2016年）673頁，土田道夫『労働法概説〔第3版〕』（弘文堂，2014年）422頁等。

3）　本多淳亮ほか『不当労働行為論』（法律文化社，1969年）30頁，岸井貞男『不当労働行為の法理論』（総合労働研究所，1978年）148頁，西谷敏『労働組合法〔第3版〕』（有斐閣，2012年）150頁〔第2版は個別類型説〕（「労働関係に対し不当労働行為法の適用を必要とするほどの実質的な支配力ないし影響力を及ぼす地位にある者」）等。

4）　「対抗関係説」外尾健一『労働団体法』（筑摩書房，1975年）209頁等。

5）　最三小判平7・2・28民集49巻2号559頁（最判解説（民事編）平7年度224頁〔福岡右武〕）。

シンポジウムⅡ（報告①）

類型により「使用者」は異なる。

　また，不当労働行為は類型毎にその性質・内容を異にするので，それを禁止される「使用者」も類型毎に判断すべきであり，個別類型説が妥当である。[7]

　そこで次に，「労組法7条2号の使用者」の判断基準を検討する。

2　論点②：「労組法7条2号の使用者」の判断基準

（1）「労組法7条2号の使用者」——団体交渉権を行使しうる相手方　　労組法7条は憲法28条の実効性を確保する規定であり，2号は特に団体交渉権を保障する。したがって，労組法7条2号にいう，①「労働者」（労組3条）は，団体交渉権の一次的享受主体，②「労働者の代表者」は，団体交渉権の二次的享受主体，③「使用者」は，労働者がその代表者を通じて「団体交渉権を行使しうる相手方」であり，団体交渉権の意義に照らし合理的に解釈される。

（2）団体交渉権の意義と保障される交渉事項　　団体交渉権の意義は，①労働関係法規違反の現実かつ迅速な是正と実効性の確保，②労働関係上の権利紛争の自主的解決と労働者の権利の現実かつ迅速な実現（未払賃金の支払，安全配慮義務の履行等），③労働者の雇用・労働条件の維持改善等の要求と実現，④集団的労使関係ルール（手続・便宜供与等）についての，権利紛争の解決及び利益紛争における要求の実現等である。[8]

6）　川口美貴『労働法』（信山社，2015年）721頁。労組法全体の使用者概念は同一との見解（菅野・前掲注2）952頁・955頁，土田道夫「労働法の解釈方法についての覚書—労働者・使用者概念の解釈を素材として」菅野和夫ほか編『労働法の目指すべきもの—渡辺章先生古稀記念』（信山社，2011年）173頁等）は支持できない。

7）　朝日放送事件・中労委昭61・9・17中労委DB：M-S61-030，中労委（朝日放送）事件・東京地判平2・7・19労判566号17頁，富士通・高見澤電機製作所事件・長野県労委平17・3・23中労委DB：M-H17-135，協立ハイパーツ・住友電装事件・宮城県労委平19・6・22別冊中労時1363号44頁，矢野昌浩「集団的労使関係法における使用者概念」日本労働法学会誌114号（2009年）42頁，竹内（奥野）寿「企業組織再編と親会社の『使用者』性・団体交渉義務」毛塚勝利ほか編『企業組織再編における労働者保護—企業買収・企業グループ再編と労使関係システム』（中央経済社，2010年）133頁，本久洋一「第三者労働力利用と集団的労使関係—派遣先の団交応諾義務」毛塚勝利編『事業再構築における労働法の役割』（中央経済社，2013年）234頁，川口・前掲注6）869-874頁，水町勇一郎『労働法〔第6版〕』（有斐閣，2016年）407頁等。

図表1 「労組法7条2号の使用者」

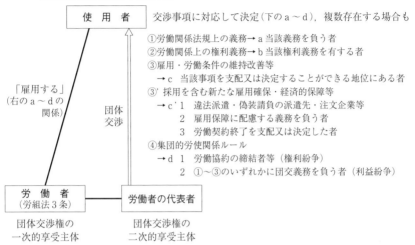

したがって，団体交渉権により保障される交渉事項は，当該労働者に関わる，①労働関係法規上の義務（公法上の義務・努力義務を含む），②労働関係上の権利義務，③雇用・労働条件の維持改善等，及び，④当該代表者との集団的労使関係ルールに関する事項である。

(3) 交渉事項の類型と「使用者」の判断基準　団体交渉権により保障される交渉事項は類型毎にその性質・内容を異にするので，「使用者」の判断基準も交渉事項の類型毎に設定すべきである。

①「労働関係法規上の義務（労組法7条2号は除外）」については，a「当該労働関係法規上の義務を負う者」[9]が「使用者」となり，②「労働関係上の権利義務」については，b「当該権利義務を有する者」[10]が「使用者」となる。

---

8) 詳細は，川口・前掲注6) 646-648頁。

9) 現在の労働契約上の使用者，過去の労働契約上の使用者（労基22条1・3・4項，23条等），派遣先（→後記Ⅲの1），元方事業者（安衛29条1・2項，30条の3第1項），建設業の元方事業者（安衛29条の2），特定元方事業者（安衛30条），製造業の元方事業者（安衛30条の2），発注者（安衛30条2項），鉱業権者（鉱山保安法5条～12条等）等。

シンポジウムⅡ（報告①）

③「雇用・労働条件の維持改善等[11)]」については，その要求を実現するために
は，c「当該事項を支配又は決定することができる地位にある者[12)]」を「使用
者」と解する必要がある。支配又は決定することができる地位にあるのは「当
該事項」についてで足り，「基本的な労働条件全般」である必要はない[13)]。また，
「支配又は決定することができる地位」の根拠は，現在の労働契約のみならず，
将来の労働契約，労働契約上の使用者との契約（労働者派遣契約，業務委託契約
等），法律上の権限（会社法等），定款，資本・人的関係等も肯定される。

ただし，③'「採用を含む新たな雇用の確保，経済的保障等」については，
誰でもなしうるところ，契約締結の自由等と団体交渉権との調整に鑑みれば，
c'1 違法派遣・偽装請負の派遣先・注文企業等（違法状態の是正要求）（前記①），
c'2 当該労働者に対しその雇用保障に配慮する義務を負う者[14)]（配慮義務の履行要
求）（前記②），c'3 当該労働者の労働契約の終了を支配又は決定した者（その雇
用の維持・確保につき信義則上団体交渉義務を負う[15)]）に限り，団体交渉を求めうる
と解すべきである[16)]。

④「集団的労使関係ルールに関する事項」については，権利紛争は，d1
「当該労働協約等に基づく権利義務を有する者」が，利益紛争は，d2「前記①

10)　現在の労働契約上の使用者，当該団結体との労働協約締結当事者，過去の労働契約上の
使用者，賃金支払義務の重畳的債務引受者，当該労働者と「特別な社会的接触の関係」にあ
る者，派遣先・親会社（→後記Ⅲの2・Ⅳの2）等。
11)　契約更新，定年後の継続雇用等，実質的に労働契約の維持・継続であるものを含む。
12)　現在の労働契約上の使用者，将来の労働契約上の使用者（将来の労働条件について），派
遣先・親会社（→後記Ⅲの3・Ⅳの3）等。
13)　前掲注5）中労委（朝日放送）事件・最高裁判決も「部分的とはいえ」と述べ，基本的な
労働条件全般を支配，決定する地位まで要求しておらず，これを要求する高見澤電機製作
所・富士通コンポーネント・富士通事件・中労委平20・11・12中労委DB：M-H20-023，中
労委（高見澤電機製作所・富士通コンポーネント・富士通）事件・東京地判平23・5・12判
時2139号108頁，同事件・東京高判平24・10・30中労委DB：H-H24-014等は支持できない。
14)　現在の労働契約上の使用者，労働者が新たな労働契約の締結に合理的な期待を有してい
る者，派遣先・親会社（→後記Ⅲの2・Ⅳの2）等が該当しうる。
15)　現在の労働契約上の使用者，派遣先・親会社（→後記Ⅲの3・Ⅳの3）等が該当しうる。
16)　c'2の場合は「雇用保障への配慮」義務を負うので義務違反についての損害賠償請求も可
能であるが，c'3の場合は「団体交渉」義務だけで，誠実に団体交渉をすれば雇用確保措置
がなされなくても損害賠償請求はできない。

～③のいずれかに団体交渉義務を負う者」が「使用者」であると解されよう。

以上のように，「労組法7条2号の使用者」は，当該交渉事項に対応して決定され，1）当該労働者の代表者が団体交渉を求めうる「使用者」が複数存在する場合や，2）一つの交渉事項に「使用者」が複数存在する場合もある。

Ⅲ 「派遣先」と「労組法7条2号の使用者」性

1 論点①：労働関係法規上の義務に関する事項

派遣先は，派遣労働者に関し，労基法，安衛法，じん肺法，作業環境測定法，均等法，育介法の規定の一部に基づく義務を負い（派遣44条～47条の3），また，派遣法上，派遣労働者の均等待遇（教育訓練・施設利用等）・雇用保障への配慮，適正な派遣就業の確保等のための様々な義務を負う。

したがって，派遣先は，「派遣労働者に関し労働関係法規上負う義務（公法上の義務・努力義務も含む）の内容・履行の確認，履行要求，違反の場合の損害賠償請求等」については，団体交渉義務を負う。[17]

なお，当該事項についての派遣先の使用者性は，労働関係法規上の義務を負っていることにより肯定され，さらに，「基準の違反の存在」「当該事項につき派遣先が現実的かつ具体的に支配していること」[18]を要件とする必要はない。

2 論点②：労働関係上の権利義務に関する事項——信義則上の義務

派遣先は，第一に，派遣労働者に関し多くの労働関係法規上の義務を負い（→前記1），第二に，労働者派遣契約に基づき，派遣労働者の役務の提供を受ける権利を有し，その労務を事業に利用して利益を享受するものであり，①か

---

17) 直接雇用申込義務（派遣旧40条の4，平27法73により削除）の発生を理由に派遣先に直接雇用や金銭補償の団体交渉を求めた事案（ショーワ事件・中労委平24・9・19別冊中労時1436号16頁，兵庫県・兵庫県労委（川崎重工業）事件・神戸地判平25・5・14労判1076号5頁，パナソニックホームアプライアンス事件・中労委平25・2・6中労委DB：M-H25-124等）では，このように解し団交義務を肯定すべきであった。

18) これを要求する見解（菅野・前掲注2）402-403頁，中労委（阪急交通社）事件・東京地判平25・12・5労判1091号14頁等）は支持できない。

シンポジウムⅡ（報告①）

図表 2　「派遣先」と「労組法 7 条 2 号の使用者」性

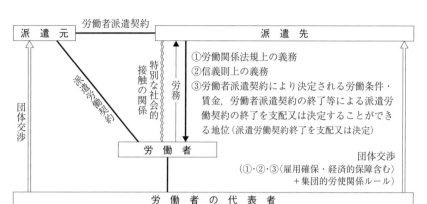

かる義務，及び，②かかる権利と利益享受の地位は，派遣先と派遣労働者の「特別な社会的接触の関係」を基礎付ける。

それゆえ，派遣先は，派遣労働者に対し，信義則上の義務（民1条2項）として，①労働関係法規上の義務をその具体的内容の最低基準とする配慮義務，及び，②安全配慮義務，職場環境調整義務，雇用・労働条件保障に配慮する義務[19]等を負う。[20][21]

したがって，派遣先は，「前記①・②の信義則上の義務の内容・履行の確認，履行要求，違反の場合の損害賠償請求等」については，団体交渉義務を負う。

3　論点③：雇用・労働条件の維持改善等に関する事項

派遣労働者の労働条件等は，派遣元との派遣労働契約により決定・変更され

---

19)　派遣労働者のセクシュアルハラスメント問題につき派遣先の使用者性を肯定したものとして日本製箔事件・滋賀労委平17・4・1中労委DB：M-H17-128。
20)　具体的には，労働者派遣契約の終了は派遣労働契約の終了又は契約内容の変更（休業・派遣先の変更）を招来するので，「労働者派遣契約の中途解除はやむを得ない場合に行い，労働者派遣契約の契約更新拒否は，派遣労働者が労働者派遣契約と派遣労働契約の更新に合理的な期待を有する場合はやむを得ない場合に行い，労働者派遣契約の中途解除又はやむを得ない事由がない更新拒否の場合は派遣労働者の雇用確保や経済的保障等に配慮する義務」である。
21)　ただし，義務違反の効果は，労働契約上の使用者である場合を除き損害賠償となろう。

派遣労働契約は派遣元による解雇又は契約更新拒否等により終了する[22]。

　しかし，第一に，派遣労働契約の内容の多くは労働者派遣契約に基づき決定され（派遣26条1項・派遣則22条参照），派遣労働者の賃金は労働者派遣契約所定の派遣料を基礎として決定されるので，派遣先は，a「労働者派遣契約に基づき決定される派遣労働者の労働条件及び賃金」については，派遣元と共同で，支配又は決定することができる地位にある。

　第二に，労働者派遣契約の終了又は派遣労働者の交代により，直ちに派遣労働契約の終了又は内容の変更（休業若しくは他の派遣先への就労）が招来されるので，派遣先は，b「労働者派遣契約の解除・更新拒否，派遣労働者の交代要請等」により，派遣労働契約の終了又は内容の変更について，単独で又は派遣元と共同で，支配又は決定することができる地位にある。

　したがって，派遣先は，「①前記aの維持改善等，②前記bの説明・撤回，③前記bにより派遣労働契約が終了した場合の雇用確保・経済的保障等」について，団体交渉義務を負う[23]。

　なお，派遣先の使用者性は，当該労働条件・派遣労働契約の終了等につき支配又は決定することができる地位（前記①②），又は，派遣労働契約終了を支配・決定したことに伴う信義則上の義務（前記③）により肯定され，前記③につき，「当該労働者の一連の雇用管理（採用，配置・雇用の終了）に関し雇用主と同視できる程度の現実的かつ具体的な支配力」や「近い将来当該労働者との間に雇用関係が成立する現実的かつ具体的な可能性[24]」を要件とする理由はない。

　また，憲法の下位にある派遣法の立法趣旨により，労組法7条2号の「使用者」の範囲を縮減し団体交渉権を実質的に限定することはできず[25]，派遣法上の苦情処理手続（派遣40条）を団体交渉に代替させることはできない[26]。

---

22)　そのため，就業条件の変更についても団交義務を負うのは派遣元で派遣先ではないとの見解（菅野・前掲注2）402頁等）も存在するが，以下本文で述べる理由により支持できない。

23)　なお，派遣先が派遣労働者の将来の労働契約上の使用者となる現実的かつ具体的な可能性がある場合（直接雇用の決定等）は，派遣先は将来の労働条件につき団交義務を負う。

24)　違法な労働者派遣の事案でこれを要件とするものとして，中国・九州地方整備局事件・中労委平24・11・21中労委DB：M-H24-018，中労委（中国・九州地方整備局）事件・東京地判平27・9・10判時2295号35頁，同事件・東京高判平28・1・14中労委DB：H-H28-039。

シンポジウムⅡ（報告①）

4　論点④：集団的労使関係ルールに関する事項

派遣先は，①派遣労働者の代表者と労働協約を締結している場合等は，当該労働協約の解釈・履行等（権利紛争）について，団体交渉義務を負う。また，派遣労働者に関し団体交渉義務を負うので（→前記1〜3），②集団的労使関係ルールの新たな設定・変更（利益紛争）についても，団体交渉交義務を負う。

5　論点⑤：派遣元の使用者性（団体交渉義務）との関係

派遣労働者については，労働契約上の使用者である派遣元も，前記Ⅱの2で検討した基準に基づき団体交渉義務を負うところ，派遣法31条及び信義則上，派遣労働者の派遣先での法違反のない就労と雇用・労働条件保障に配慮する義務を負うので，派遣先の労働関係法規上・信義則上の義務及び派遣先のみが支配・決定しうる雇用・労働条件の維持改善等についても団体交渉義務を負う。

したがって，①派遣元と派遣先，又は，派遣先のみが義務を負う労働関係法規，②派遣先が負う信義則上の義務，③労働者派遣契約に基づき決定される労働条件・賃金の維持改善，派遣先による労働者派遣契約の終了等とそれに伴う派遣労働者の雇用確保・経済的保障等については，派遣元と派遣先の双方が，労組法7条2号の使用者として，団体交渉義務を負う。[27]

また，労働者派遣制度の複雑さから，当該交渉事項の「使用者」を特定する

---

25)　ショーワ事件・中労委平24・9・19中労委DB：M-H24-048等の見解（派遣法の枠組みで行われる労働者派遣の派遣先は立法趣旨に照らし原則として労組法7条の使用者ではないが，例外的に，①労働者派遣が派遣法の枠組み又は労働者派遣契約所定の基本的事項を逸脱して行われ，派遣先が当該労働者の基本的な労働条件等につき雇用主と部分的とはいえ同視できる程度に現実的かつ具体的な支配力を有している場合，又は，②派遣法の枠組みに従って行われているが派遣法上の責任・義務違反があり，当該事項について現実的かつ具体的な支配力を有している場合は使用者である）(中労委（阪急交通社）事件・東京地判平25・12・5労判1091号14頁もほぼ同旨）は，このように限定する理由がなく支持できない。

26)　西谷・前掲注3）152頁注13（苦情処理手続が尽くされない限り派遣先を使用者とする救済申立はできないとの山口浩一郎『労働組合法〔第2版〕』（有斐閣，1996年）82頁を批判）等。

27)　1）派遣元のみが団体交渉義務を負うのは，①派遣元のみが負う労働関係法規上の義務，②派遣元のみが有する労働関係法上の権利義務，③派遣元のみが支配又は決定することができる雇用・労働条件の維持改善等，④派遣元との集団的労使関係ルールであり，2）派遣先のみが団体交渉義務を負うのは，派遣先との集団的労使関係ルールである。

ことが困難な場合も多いが，団体交渉権の実質的保障，及び，制度の複雑さの
リスクは労働者ではなく労働者派遣を利用する派遣先と派遣元が負担すべきこ
とから，派遣労働者の代表者は，当該事項について又は前提となる交渉配分等
の説明を求めて，派遣元，派遣先，又は双方に対し団体交渉を求めることがで
き，相手方は誠実に対応し交渉する義務を負う。

Ⅳ　「親会社」と「労組法7条2号の使用者」性

1　前提的検討

(1)　「親会社」の定義と判断基準　　「親会社」とは，「会社等が株式会社の
財務及び事業の方針の決定を支配している場合における当該会社等」（会社2条
4号・会社則3条2項）であり，「財務及び事業の方針の決定を支配している場
合」については，当該株式会社（子会社等〔会社2条3号の2〕）の「株主総会に
おける議決権の過半数の支配」を中心としてその判断基準が詳細に規定されて
いる（会社則3条3項）。

(2)　子会社等の財務及び事業の方針の決定に関する支配　　親会社は，①議
決権の過半数を支配している場合は，株主総会の普通決議（会社309条1項）事
項（子会社等の役員の選任，解任，報酬〔会社329条，339条1項，361・379・387条〕
等），②3分の2を支配している場合は，特別決議（会社309条2項）事項（定款
の変更，事業の全部又は重要な一部の譲渡・事業全部の譲受，解散，合併，会社分割，
株式交換・株式移転〔会社309条2項11・13号〕等），③完全親会社等（会社847条の
3第2項）であれば全ての決議事項について決定権を有するものであり，当該
子会社等の財務及び事業の方針（労働者の雇用・労働条件も含む）の決定につい
て，1）株主総会決議事項については，決議により直接決定又は支配し，2）株
主総会決議事項以外の方針の決定についても，子会社等の役員の選任・解任，
報酬決定，子会社等との業務委託契約等を通じて支配し，3）持株会社であれ
ば，まさに当該子会社等の株式保有によりその事業活動を支配又は管理するこ
とをその目的とする旨定款に記載されている。

(3)　企業集団の内部統制・財務経営状況報告義務等　　親会社は，子会社等

図表 3 「親会社」と「労組法 7 条 2 号の使用者」性

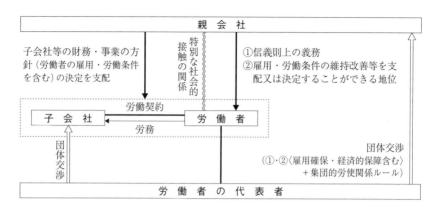

の財務及び事業の方針の決定について，親会社の利害関係者（株主や債権者等）に責任を負い，①大会社（会社 2 条 6 号）等の取締役（会）は，企業集団の内部統制システムの整備と子会社の業務の監督義務を負い（会社348条 4 項・362条 5 項・399条の13第 2 項・416条 2 項，会社則98条 1 項 5 号・100条 1 項 5 号・110条の 4 第 2 項 5 号・112条 2 項 5 号），②有価証券報告書等の提出義務を負う会社（金融商品取引24条 1 項，主に上場会社）は，連結財務諸表（企業内容等の開示に関する内閣府令 1 条21号・連結財務諸表規則 1 条 1 項）の作成・公示等（金融商品取引193条の 2 第 1 項・24条・25条，企業内容等の開示に関する内閣府令21条）により，そのうち大会社は加えて連結計算書類（会社計算規則61条）の作成・株主総会への提出・報告等（会社444条 3 ～ 7 項）により，子会社等を含む企業集団全体の財務状況・経営成績の報告義務を負う。また，③親会社の株主等は，子会社の財務・経営関係書類等の閲覧請求（会社31条 3 項，125条 4 項，318条 5 項，394条 3 項，433条 3 項，442条 4 項，378条 3 項）等をなしうる。

2　論点①：労働関係上の権利義務に関する事項──信義則上の義務

　親会社は，子会社等の財務及び事業の方針の決定について，支配し，親会社の利害関係者に責任を負い（→前記 1 ），その支配権を行使して子会社等の労働者の労務を親会社又は企業グループの事業に組み入れるものであり，かかる地

位は，親会社と子会社等の労働者との「特別な社会的接触の関係」を基礎付ける。それゆえ，親会社は，信義則上の義務として，企業グループや子会社等の財務及び事業の方針の決定を支配するにあたり，当該子会社等の労働者の雇用・労働条件保障に配慮する義務を負う[28]。

　したがって，親会社は，「信義則上の義務の履行要求（子会社等の労働者の雇用・労働条件に関わる財務及び事業の方針の説明・協議・撤回・変更，雇用・労働条件の維持改善，雇用確保・経済的保障），信義則違反に基づく損害賠償請求等」につき，労組法7条2号の使用者として団体交渉義務を負う。

　なお，親会社の使用者性は，信義則上の義務を負うことにより肯定され，子会社等の労働者の採用や労働条件の具体的な決定が子会社等の業務執行機関に委ねられていたとしても，使用者性を否定する理由とはならない。

3　論点②：雇用・労働条件の維持改善等に関する事項

　子会社等の労働者の労働条件は子会社等との労働契約により決定・変更され，その労働契約は子会社等による解雇又は契約更新拒否等により終了する。

　しかし，親会社は，子会社等の財務及び事業の方針の決定について，支配し，利害関係者に責任を負い，子会社の労働者の雇用・労働条件の決定も支配している（→前記1）。

　したがって，親会社は，「①子会社等の労働者の雇用・労働条件の維持改善等，及び，②労働契約終了の場合の当該労働者の新たな雇用確保・経済的保障等」については，労組法7条2号の使用者として，団体交渉義務を負う。

　なお，当該事項についての親会社の使用者性は，「親会社」としての子会社等の財務及び事業の方針の決定の支配（前記①），及び，労働契約終了の決定の支配に伴う信義則上の義務（前記②）により肯定され，子会社等の労働者の採用や労働条件の具体的な決定が子会社等の業務執行機関に委ねられていても，使用者性を否定する理由とはならず，「子会社等の労働者の基本的な労働条件

---

28)　親会社の雇用保障義務の規範的根拠検討の必要性を論じるものとして，本久洋一「親子会社と労働法―子会社の廃業・解散に際しての親会社の雇用保障義務に関する問題提起」石田眞ほか編『労働と環境』（日本評論社，2008年）86頁。

シンポジウムII（報告①）

等について雇用主と（部分的とは言え）同視できる程度に現実的かつ具体的に支配，決定することができる地位にあること[29]」を判断基準とする理由はない。

4　論点③：集団的労使関係ルールに関する事項

親会社は，①子会社等の労働者の代表者と労働協約を締結している場合等は，当該労働協約の解釈・履行等（権利紛争）について，団体交渉義務を負う。また，子会社等の労働者に関し団体交渉義務を負うので（→前記2・3），②集団的労使関係ルールの新たな設定・変更（利益紛争）についても，団体交渉義務を負う。

5　論点④：子会社等の使用者性（団体交渉義務）との関係

子会社等の労働者については，労働契約上の使用者である子会社等も，前記IIの2の基準に基づき団体交渉義務を負うところ，信義則上，子会社の労働者の雇用・労働条件保障に配慮し親会社に対応する義務を負うと解されるので，親会社の信義則上の義務及び親会社のみが支配又は決定することができる雇用・労働条件の維持改善等についても，団体交渉義務を負う。

したがって，当該子会社等の労働者の雇用・労働条件に配慮する義務，及び，

29）　これを判断基準とするものとして，ツムラ化粧品・ツムラ事件・大阪地労委平12・4・11中労委 DB：M-H12-056，甲府月星商事・東京月星・月星化成事件・山梨地労委平13・7・23中労委 DB：M-H13-053（「採用」も付加），中労委（大阪証券取引所）事件・東京地判平16・5・17労判876号5頁，ブライト証券・実榮事件・東京都労委平16・7・6労経速1029号15頁，東京都労委（ブライト証券・実榮）事件・東京地判平17・12・7労経速1929号3頁，シマダヤ事件・中労委平16・12・15中労委 DB：M-H16-003，中労委（シマダヤ）事件・東京地判平18・3・27労判917号67頁，大仁事件・北海道労委平21・1・9中労委 DB：M-H21-116，中労委（高見澤電機製作所・富士通コンポーネント・富士通）事件・東京地判平23・5・12判時2139号108頁，同事件・東京高判平24・10・30中労委 DB：H-H24-014（高見澤電機製作所・富士通コンポーネント・富士通事件・中労委平20・11・12中労委 DB：M-H20-023もほぼ同旨）等があり，土田道夫「フランチャイズ・システムにおける労働組合法上の使用者」季労255号（2016年）121頁は，「親会社がその地位を超えて（逸脱して）労働条件を実質的に決定していると評価できるほどの強度の支配力を行使している場合は，朝日放送事件が説く『雇用主と同視できる程度の現実的かつ具体的な支配・決定』を肯定し，労組法上の使用者性（部分的使用者性）を肯定すべき」とするが支持できない。

雇用・労働条件の維持改善等（雇用確保・経済的保障を含む）については，親会社と子会社等の双方が，労組法7条2号の使用者として，団体交渉義務を負う。[30]ただし，雇用・労働条件の決定の具体的な権限配分やプロセス等は，当該企業グループにより多様なので，子会社等の労働者の代表者は，当該交渉事項の団体交渉の有益な進め方を判断するために，具体的な権限配分・決定システム等の説明につき，親会社，子会社等，又は双方に団体交渉を求めうる。

　また，会社法制の複雑さ，親会社が複数存在しあるいは親会社が派遣先でもある可能性等から，当該交渉事項の「使用者」を特定することが困難な場合も多いが，団体交渉権の実質的保障，及び，制度の複雑さのリスクは労働者ではなく企業グループにより事業展開する親会社と子会社等が負担すべきことから，子会社等の労働者の代表者は，当該事項について又は前提となる制度等の説明を求めて，親会社，子会社等，又は双方に対し団体交渉を求めることができ，相手方は誠実に対応し交渉する義務を負う。

V　結　　び

　派遣労働者及び子会社等の労働者の団体交渉権を部分的にではなく完全に保障するためには，前記Ⅲ・Ⅳで述べた事項について「派遣先」及び「親会社」の労組法7条2号の使用者性を肯定すべきであり，そのように解しても，「派遣先」及び「親会社」は明確な概念であるから，「使用者」の範囲は明確である。

　しかし，立法論的には，派遣先及び親会社の団体交渉義務，さらには雇用・労働条件保障義務とその具体的な内容を法律の条文上明記すべきであろう。

（かわぐち　みき）

---

30)　1）子会社等のみが団体交渉義務を負うのは，①子会社等のみが負う労働関係法規上の義務，②子会社等のみが有する労働関係上の権利義務，③子会社等との集団的労使関係ルール等，2）親会社のみが団体交渉義務を負うのは，親会社との集団的労使関係ルール等。

不当労働行為意思の要否

古 川 景 一

（弁護士）

Ⅰ　はじめに──本稿の目的・問題意識

　本稿においては，不利益取扱い（7条1号）の条文中にある「の故をもつて」の文言の解釈（→後掲Ⅱ），及び，支配介入（7条3号）における「不当労働行為意思」の要否の解明（→後掲Ⅱ）を試みる。

Ⅱ　不利益取扱い（7条1号）における「の故をもつて」の文言の解釈

1　「の故をもつて」の文言の意味内容

　労組法7条1号（不利益取扱い）の条文中の「の故をもつて」の文言は，同条4号にある「を理由として」と同義であり，ある事象を認識し，当該事象を理由として不利益取扱いをなすことを意味する。その理由は次のとおりである。

　(1)　現行日本法令における「の故をもつて」の用語例　「ノ故ヲ以テ」又は「の故をもつて」の文言が使用されている現行日本法令は，労組法7条及びこれに類似する内容の地方公務員法56条以外には，明治22年法律第34号（決闘罪ニ関スル件）5条，及び，地方公務員法36条4項しか存在しない。この二つの条文にある「ノ故ヲ以テ」又は「の故をもつて」の文言は，いずれも，「AなくばBなし」の関係[1]，具体的には，ある事象を認識し，当該事象を理由として誹毀又は不利益取扱いをなすことを意味しており，故意，加害意思，又は，弱体化意図等の存在を必要とはしない。

---

1)　条件関係と解するが，広義の因果関係と解することも可能である。

(2) 「の故をもつて」（1号）と「を理由として」（4号）の併存に至る経緯

現行労組法7条1号は，立法時に文語体の「ノ故ヲ以テ」の文言（旧労働組合法〔昭和20年法律第51号〕11条）が使われ，昭和24年制定の新労組法で平仮名表記の「の故をもつて」に改められた。労組法7条4号は，立法時点で「ノ故ヲ以テ」と同義の口語体である「を理由として」の文言が使われ（労働関係調整法〔昭和21年法律第25号〕40条），新労組法制定の3年後に現行労組法7条4号に条文が移された。このため，7条に「の故をもつて」（1号）と「を理由として」（4号）の二つの文言が併存するに至ったが，この二つの文言は同義である。

(3) 旧労組法の「ノ故ヲ以テ」の意味内容　大濱炭鑛事件・最二小判昭24・4・23刑集3巻5号592頁は，現行労組法7条1号の原型である旧労組法11条に関して，同項所定の事由以外の理由が存在することは，同項に該当するか否かの判断を左右せず，同項所定の事由以外の理由が存在しても，同項所定の理由と不利益取扱いとの間に因果関係が存在しさえすれば，同項に該当する[2]旨を判示した。現行7条1号は，旧労組法11条と異なり刑事罰の構成要件ではなくなったから，これに違反するとして違法評価を受ける範囲は，旧労組法11条に関する上記最高裁判決より広くなりこそすれ，狭くなることはない。

(4) 条文の解釈・適用上の具体的相違　「の故をもつて」の文言の意味内容について，「AなくばBなし」の関係，すなわち，ある事象を認識し当該事象を理由として不利益取扱いをなすことと解するときには，不当労働行為該当事由と使用者主張の正当化事由との相対的比重の差異は，不当労働行為該当性の結論を左右しない。例えば，不当労働行為該当事由より正当化事由が極端に重く1点対59点であり，合計点数が60点以上の者は不利益取扱いを受け，59点以下の者は不利益取扱いを受けない場合において，決定的動機説又は一部の相当因果関係説を採るときには，不当労働行為該当性を肯定するのは困難である。しかし，この場合でも，「AなくばBなし」の関係は肯定されるから，不当労働行為該当性が肯定される。

---

2) この最高裁判決でいう「因果関係」は，法的な意味での狭義の「因果関係」（結果に対する責任の範囲を画するもの）ではなく，事実の連鎖における原因と結果の関係を意味すると解される。

2 不利益取扱い（7条1号）における使用者の「主観的要素」の要否

前掲1記載のとおり，不利益取扱いに関する労組法7条1号の条文にある「の故をもつて」の文言は，7条1号所定の「労働者が労働組合の組合員であること」等の事由がなければ「不利益な取扱い」という結果が生じなかったという関係の存在を意味する。この関係が肯定されるために必要な使用者の「主観的要素」は，7条1号所定の「労働者が労働組合の組合員であること」等の事由の認識で足りる[3]。その理由は次のとおりである。

(1) 従前の学説　現行7条1号が制定された直後の昭和24年に刊行された労働省労政局長賀来才二郎『改正労働組合法の註解』（研文社），及び，東京大学労働法研究会『註釋労働組合法』（有斐閣）では，「意思」や「意図」に言及していない。7条1号の中に「意思」や「意図」の必要性を窺わせる文言がない以上，当然のことである。法施行後に明文規定に基づかずに条文の趣旨解釈で認定要件を加重し「意思」「意図」を必要とする解釈が登場するが，合理的根拠はないと思われる。

(2) 不当労働行為救済制度の目的・規制対象　不当労働行為救済制度に関する日本法令の条文中に，使用者の差別意思の規制を目的とすることを示す文言は，存在しない。日本における不当労働行為救済制度は，使用者の反組合的意思・意図・評価・嫌忌等の規制を目的とするものではなく，集団的労使関係ルールの確立を目的として，団結権を侵害する使用者の行為を規制するものである[4]。相手方に対して否定的な評価や否定的感情を有すること自体は，違法行為に及ばない限り，内心の自由の領域に属する。

(3) 解雇理由が明示的に告知された場合との対比　使用者が解雇理由は組合員であることを明示して解雇した場合，この告知だけでは7条1号該当性を肯定できず，反組合的意思・意図・評価・嫌忌等が存在しなければ7条1号に該当しないと解すべき条文上の根拠は，存在しない。したがって，使用者が解雇理由について明示せずに沈黙している場合に関しても，同様に解するのでなければ平仄が合わない。

---

3) 同旨，道幸哲也『不当労働行為の行政救済法理』（信山社，1998年）80-81頁。
4) 同旨，道幸・前掲注3）書80-81頁。

(4) 使用者の反組合的意思・意図・評価・嫌忌等の位置付け　個別事案において，使用者の反組合的意思・意図・評価・嫌忌等の存在が肯定される場合，これは「の故をもつて」を推認させる間接事実の一つであるが，これらの存在が肯定されなければ「の故をもつて」を充足しないという性質のものではない。

3　不利益取扱い（7条1号）を巡る「決定的原因」「決定的動機」の位置付け

「決定的動機」は，7条1号該当性の判断基準とはなり得ず，「AなくばBなし」の関係が肯定できるか否かを判断する過程の事実認定の中で摘示されることのある事象の一つにすぎない。その理由は次のとおりである。

(1) 下級審裁判例における「決定的原因」論（昭和25〜35年）　昭和24年後半以降『企業整理』に伴う整理解雇が頻発し，昭和25年7月末からレッドパージが始まり，労働者側からの仮処分申請が増えた[5]。これらの事件のうち，「不当労働行為関係事件[6]」においては，解雇が不当労働行為によるものか，整理解雇基準該当によるものか，それとも，政党所属・活動によるものかが争点となった。この争点に関し，昭和25年以降の下級審裁判例では「決定的原因」の文言が頻繁に使用されるようになった。

「決定的原因」について判示した下級審裁判例は大きく二つの類型に分けることができる。第一は，不利益取扱い（7条1号）該当性の判断の結論を左右する判断基準として「決定的原因」を位置付け，その旨を判決理由中に明示的に判示しているものである[7]。第二は，「決定的原因」を不利益取扱い（7条1号）該当性の判断基準とすることを判決理由中で明示しないか，又は，別の判断基準を示した上で，事実認定の中の事象の一つとして「決定的原因」について認定判断をするものである。昭和25年以降の下級審裁判例では，「決定的原因」を判断基準扱いする類型が多数であり，これを事実認定中の事象の一つと

5）「座談会　東京地方裁判所における労働裁判の回顧」判タ25号（1952年）1頁における柳川・古山発言。

6）慶谷淑夫「昭和26年度における労働判例（民事・行政）の回顧」判タ17号（1952年）13頁によれば，「不当労働行為関係事件」の受理件数は，昭和24年6月1日から26年12月31日までに全国の地裁で合計518件である。

シンポジウムⅡ（報告②）

して扱う類型は少数である。

(2) 判断基準としての「決定的原因」の排斥（昭和36年最高裁判決）　八幡製鉄事件・最一小判昭36・4・27民集15巻4号974頁は、レッドパージ事件に関して整理解雇基準のどれに該当するかを判示することなく7条1号該当性を否定した原判決には理由不備の違法があるとの上告理由に対し、「不当労働行為の成否に対する裁判所の判断としては、解雇が正当な組合活動を理由とするものでない旨を証拠によって認定判示すれば足り、必ずしも解雇が正当な組合活動以外のいかなる事由によってなされたものであるかを、逐一具体的に確定判示しなければならないものではない。」と判示した。

当該事件の調査官解説によれば、「本判決の論拠は、解雇が不当労働行為を構成するかどうかという主要事実の認定にあたり、使用者が解雇の正当理由として主張する事実は、不当労働行為の成立を否認する単なる一事情に過ぎず、その存否如何によって不当労働行為の成否を推認させる重要な間接事実ではない、という見解に基づくものである。」とされている。

この最高裁判例によれば、不利益取扱い（7条1号）事案における使用者主張の正当化事由は、不当労働行為の成立を否認する単なる一事情にすぎないのであり、敢えて7条1号所定の事由と使用者主張の正当化事由のいずれが有力・支配的・優越的かについて判断する必要はない。

(3) 「決定的動機」を巡る学説と裁判例との乖離　上記八幡製鉄事件・最一小判以降も、学説には、不利益取扱禁止事由と不利益取扱正当化事由のいずれが有力・支配的・優越的かによって「の故をもつて」に該当するか否かを判断することとする決定的動機説が存在する。しかしながら、人濱炭鑛事件最高

7）「決定的原因」の意味内容は裁判例毎に多様であり、①「組合活動等がなかったならば解雇をしなかったであろうという関係」（高岳製作所事件・東京地決昭25・12・23労民1巻5号770頁等）、②「他の原因とのいずれがより支配的なりやの観点から決すべき」（池貝鉄工〈仮処分〉事件・東京地決昭25・6・15労民1巻5号740頁等）、③「解雇基準に該当することが、それだけで十分に解雇に値するものであれば、それが解雇の決定的原因をなすものとの推定」（東京急行電鉄事件・東京地決昭25・5・11民集5巻5号220頁等）、④判示していないもの（大阪屋事件・東京地決昭25・8・19労民1巻4号598頁等）がある。

8）　渡部吉隆「48事件」『最高裁判所判例解説　民事篇　昭和36年度』（法曹會、1962年）144頁。

裁判決と八幡製鉄事件最高裁判決について分析・検討し批判を加えた上で，決
定的動機説の正当性を論じるものは見当たらない。

また，昭和36年以降の下級審裁判例の圧倒的多数では，「決定的原因」又は
「決定的動機」に関して，「の故をもつて」に該当するか否かの判断基準として
論じるのではなく，事実認定中の一事象として摘示するにすぎず，決定的動機
説を採用した裁判例は少数の例外的なものしか見当たらない。[10]

Ⅲ　支配介入（7条3号）に関する「不当労働行為意思」の要否と内容

1　学説と判例の乖離

学説には，支配介入（7条3号）該当性を肯定するために支配介入意思を必
要とするものが少なからず存在する。これに対し，最高裁判所事務総局は，昭
和63年時点で，下級審裁判例の全般的状況に関し，「支配介入の意思が必要で
ある旨明言する最近の裁判例は見当たらない。」と断言している。[11]

2　7条3号の保護法益

昭和24年制定の新労組法は，自作農創設特別措置法及び独占禁止法と並んで
憲法秩序の基盤を形成する法律として作られた。この立法目的実現のために，
労働委員会制度は，農地委員会制度（現農業委員会制度），及び，公正取引委員
会制度と並ぶ独立行政委員会制度として設けられた。この立法経緯に照らし，
現行7条3号は，国民全体の公益的観点から，憲法秩序の基盤たる団結体の主
体性・自主性を擁護するために作られた規定である。このため，使用者が団結

9）　千種達夫「不当労働行為意思の認定」石井照久＝有泉亨編『労働法大系　4巻』（有斐閣，
　　1963年）48頁。

10）　中労委（東京焼結金属）事件・東京高判平4・12・22労判622号6頁，同事件・東京地判
　　平3・4・17労判589号35頁。

11）　最高裁判所事務総局『労働関係民事行政裁判資料集第37号　労働関係民事裁判例概観
　　下巻　集団的労使関係・訴訟上の諸問題編』（法曹會，1988年）480頁。「最近の」と限定し
　　ているのは，過去に，使用者の意図・認識を必要と判示した三井生命事件・東京高判昭32・
　　11・28労民集8巻5号1008頁があるためであろう。

体の主体性・自主性を脅かす危険のある行為に及ぶことは憲法秩序の基盤を脅かす行為と評価され，独立行政委員会たる労働委員会が行政救済命令を発することにより憲法秩序の基盤を修復・形成させることとしたというべきである。

3 反組合的意思・意図・評価・嫌忌等の主観的要素の位置付け

前記のように保護法益を整理することにより，使用者の反組合的意思・意図・評価等の主管的要素については，二つの場合に分けて検討すべきことが明らかになる。まず，第一に，労働者個人又はその集団が決定すべき団結結成，又は，団結の組織構成・方針に直接働きかける使用者の言動に関しては，前掲2記載の保護法益に照らし，使用者の反組合的意思・意図・評価・嫌忌等の主観的要素を問うまでもなく，憲法秩序の基盤を脅かす危険のある行為として禁止される必要がある。これに対し，労働組合の要求や行為への対応行為であって，所有権や諾否の自由に基づくものに関しては，所有権や契約自由の原則に基づく諾否の自由は憲法上保護されるべき権利であるので，かかる権利行使の外観を備えていれば正当性が推認される。しかし，その内実において正当な権利行使と評価できず，権利行使に藉口して憲法秩序の基盤である団結体の主体性・自主性を脅かす危険のある行為に及ぶという特段の事情があれば，憲法秩序の下での正当性は否定され，この特段の事情の存在を裏付けるものの一つとして反組合的意思・意図・評価・嫌忌等の主観的要素を位置付けることができる。

4 支配介入の典型例の分析と判断枠組み

前掲1から3の検討により，支配介入（7条3号）の典型例・判断枠組み，不利益取扱い（7条1号）との関係，及び，侵害行為と代表的裁判例に関して，図表1及び図表2記載のとおり整理することができる。図表1中に記載した①から⑩は，次の裁判例である。①滋賀労委（山岡内燃機）事件・最二小判昭29・5・28民集8巻5号990頁。②京都労委（大映）事件・大阪高判昭45・3・31労判100号58頁。③公労委（延岡郵便局）事件〔差戻後〕・東京高判昭53・4・27労民29巻2号262頁。④中労委（大分銀行）事件・東京地判昭45・12・21労民

図表1 支配介入（3号）の典型例・判断枠組み・具体例，及び，
不利益取扱い（1号）との関係

7条各号			支配介入（3号）			
判断枠組 具体例			支配介入の典型例(1) 労働者個人又はその集団が決定すべき団結結成，又は，団結の組織構成・方針に直接働きかける言動	支配介入の典型例(2) 労働者個人又はその集団の要求又は行為への使用者の対応であって，使用者の所有権・施設管理権等の権利行使，又は諾否の自由に基づくもの	支配介入の典型例(3) 労働者個人に対する不利益取扱い	
					不利益取扱い（1号）に不該当	不利益取扱い（1号）にも該当
3号該当性の判断枠組			特段の正当化事由が存在しない限り，支配介入であることが肯定される	i）信義則違反や権利濫用を構成し得る事実，又は，ii）組織の動揺・弱体化の意図の有無	「組合員であること等を理由として」に該当する事実の有無	
					3号のみ該当	1，3号該当
憲法28条により保障される行為への侵害行為	団結活動に対して	団結の結成・加入	①上部団体加入に関する否定的見解表明 ②不加入・脱退の勧奨 ○別組合の結成援助 ○組合結成・加入に関する見解表明			組合員であること又は組合結成・加入しようとしたことを理由とする解雇等の不利益取扱い
		対内的団結活動	③組合役員の庁舎入構禁止 ④人事管理方針発表 ○対立する一方組合を非難 ○特定候補の支持・不支持 ○方針の立案指示 ○特定組合員・役員の見解への支持・不支持 ○正当な対内的団結活動への不利益取扱いの示唆 ○使用者への要求事項以外の決定事項（議案を含む）に関する見解表明	⑥⑦組合事務所・掲示板貸与・チェックオフ・在籍専従等の便宜供与の拒否・廃止 ○宣伝活動への規制 ○施設利用の規制 ○就業時間内団結活動の規制 ○使用者への要求事項（議案も含む）に関する見解表明 ○複数組合併存時における便宜供与等に関する中立義務違反となる不作為	⑨「正当な行為」を充足しない対内的団結活動に対する不利益取扱い	⑩労働組合の正当な行為をしたことを理由とする解雇等の不利益取扱い
		対外的団結活動	○正当な対外的団結活動への不利益取扱いの示唆 ○使用者への要求事項以外の決定事項（議案を含む）に関する見解表明	○使用者への要求事項（議案も含む）に関する見解表明	「正当な行為」を充足しない対外的団結活動に対する不利益取扱い	労働組合の正当な行為をしたことを理由とする解雇等の不利益取扱い
	争議行為に対して		⑤ストライキを批判する声明 ○正当な争議行為への不利益取扱いの示唆	○ロックアウト	「正当な行為」を充足しない争議行為に対する不利益取扱い	労働組合の正当な行為をしたことを理由とする解雇等の不利益取扱い
	団体交渉に対して		○正当な団体交渉への不利益取扱いの示唆	⑧差し違え条件の固執，形式的な団体交渉の結果に基づく行為 ○労働協約の解約，更新拒否 ○団体交渉拒否・打切 ○併存組合との団体交渉の操作による格差等の招来	「正当な行為」を充足しない団体交渉をしたことに対する不利益取扱い	労働組合の正当な行為をしたことを理由とする解雇等の不利益取扱い

図表2　不利益取扱い（1号）と支配介入（3号）との相互関係

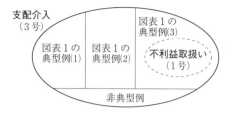

集21巻6号1603頁。⑤中労委（プリマハム）事件・東京地判昭51・5・21労判254号42頁。⑥中労委（済生会）事件・最二小判平元・12・11民集43巻12号1786頁。⑦東京労委（日本アイ・ビー・エム）事件・東京地判平15・10・1労判864号13頁，及び，同事件・東京高判平17・2・24労判892号29頁。⑧中労委（日産・全金プリンス支部）事件・最三小判昭60・4・23民集39巻3号730頁。⑨神奈川労委（JR東・神奈川国労バッジ）事件・東京高判平11・2・24労判763号34頁（上告不受理で確定）。⑩三井生命保険事件・東京地判昭32・11・28労民8巻6号1003頁。

Ⅳ　まとめ

　裁判所の判断は，不当労働行為に該当する事実の有無に関する認定判断に問題のあるものが少なくなく，この点について厳しい批判が必要であるが，不当労働行為該当性の結論を左右する判断基準に関しては，法律に定めのない差別意思や弱体化意図等の主観的要件を持ち込むこと，あるいは，動機等の優越性を持ち込むことについて，少なくない学説と比較して相対的に慎重である。

　不利益取扱い（7条1号）又は支配介入（7条3号）該当性の判断方法としては，様々な間接事実の集積とその総合的な評価により，認定要件である「の故をもつて」又は「支配介入」に該当するか否かを直截に判断すべきであり，意思・意図等の媒介項は不要である。

　不当労働行為該当性の認定要件について，条文の文言から導くことの困難な要件を敢えて加重して，該当範囲を狭めるのではなく，条文の文言に忠実な解釈がなされるべきであり，法が予定する本来の救済範囲を狭めてはならない。

（ふるかわ　けいいち）

労委救済命令の実効性と過小救済の裁量権逸脱
—— 「原状回復」の意義の再確認 ——

田　中　　誠

(弁護士)

I　序　論

1　問題の所在と本稿の目的

近時，労委命令らしく，かつ実効性のある救済命令がある反面，不当労働行為成立を認めながら救済の実効性のない命令が目立つという二分現象がある。

労委命令については，従来は「過大な救済」が裁量権逸脱として議論されてきたが，実効性のない，いわば「過小な救済」も，単に不当というにとどまらず，裁量権の限界（下限）を逸脱したものとして違法であって，取り消されるべきである。この過小救済命令の違法性について従来十分な議論がされてきておらず，そこに一石を投じる。裁量権の限界（下限）を論ずるにあたっては，特に，救済命令に必須な「原状回復」の意義が強調されるべきであり，そのために，最高裁判例を再検討するほか，米国 NLRB の救済命令などにも触れる。

2　近時の救済命令の実情

労委命令らしく，かつ実効性のある命令として，光洋商事事件・長崎県労委決定平27・12・7 別中労時重要命令判例1500号がある。これは Y1 社の一部事業廃止による組合員の解雇・承継先 Y2 社による不採用が不当労働行為とされた事案で，労委は，Y1・Y2 の両社に不当労働行為責任を認めた。その救済方法に特色があり，「両社のどちらかで，原職相当職に復帰させよ」「復帰先は組合と協議せよ」「復帰までの賃金は両社が連帯して支払え」というものであり，民事判決では通常できない態様の救済をなす，労委らしい命令で，かつ不当労

シンポジウムⅡ（報告③）

働行為責任を負うものを逃さない，実効性のある命令となっている。

一方，神奈川県総合リハビリテーション事業団事件・神奈川県労委決定平28・3・30別中労時重要命令判例1502号では，使用者が不誠実団交を行ない，それすら打ち切って労働条件不利益変更を強行したという事案について，労委は，労組法7条2号ばかりか不利益変更が支配介入にあたることも認めたが，誠実団交も不利益変更の撤回も命じず，文書手交のみの命令とした。その結果，不利益変更はそのままで使用者は当初目的を貫徹でき，文書さえ出せば現実に誠実団交を行なう必要もないという，救済実効性が全くない命令となっている。

大阪市（チェックオフ廃止）事件・中労委決定平27・11・18別中労時重要命令判例1494号でも，中労委は，当局のチェックオフ廃止通告が支配介入であることを認めながら「申入をなかったものとして取り扱うこと」と命じた初審命令を，単なる文書手交命令に変更したため，組合は実際の被害を回復することができず，不当労働行為の「成果」が温存された。

その他，最近の公刊物掲載命令には「文書手交のみ[1]」「単なる確認命令[2]」「具体的禁止命令を，文書掲示のみに変更してしまった中労委命令[3]」など，不当労働行為を認定しながら，救済の実効性に疑問のある命令が複数存在するし，平成28年中に不当労働行為成立を認めた初審・再審命令のうち約4分の1が文書手交・掲示，確認命令といった主文のみで，それ以外の具体的救済を含まない命令となっている。同種命令が適切な事案もあろうが，労働組合が通常，具体的被害からの救済を求めていることからは，多すぎるのではないか。

以上のような救済命令の実効性のなさは，多くの場合，原状回復をしていないか，不十分であるということに起因する。

---

1) 島崎エンジニアリング事件・都労委決平26・7・15別中労時重要命令判例1475号，民事法務協会事件・都労委決平27・7・21同1499号，大阪市（組合事務所貸与）事件・中労委決平27・10・21同1491号，日本放送協会事件・中労委決平27・11・4同1493号。
2) 海部川沿岸土地改良区事件・徳島県労委決平27・7・27同1493号。
3) 札幌明啓院事件・中労委決平28・8・3同1506号。

Ⅱ　労委命令の裁量権の根拠と限界（最高裁判例からの再検討）

　労委は，救済を求められていない不当労働行為を認定することはできないが，救済命令の内容については，申立人の「請求する救済の内容」に縛られることもない，広汎な裁量権を有することには争いがない。

　この裁量権の限界を考える際には，裁量権の根拠となる法の趣旨・目的が問題となり，それを，主要最高裁判例から，改めて明らかにしてみる。

　栃木化成事件・最三小判昭37・10・9民集16巻10号は，将来に向けた不作為命令の適法性を認めた著名判例であるが，不当労働行為救済制度の目的についても明言し，「救済制度本来の目的が不当労働行為を是正してそれがなかつたと同じ状態を作り出すことにあり（中略）労働委員会としては，不当労働行為が現実になされた場合，その過去の不当労働行為を排除するために命令を発するのが労働組合法の建前」と述べており，「原状回復」が救済命令の目的（の少なくとも重要な一部）であることは議論の当然の出発点である。

　法の目的が「原状回復」にとどまらない旨を判示したのが，第二鳩タクシー事件最判である[4]。本最判は，救済命令の目的として，まず「使用者の組合活動侵害行為によって生じた状態を右命令によって直接是正する」すなわち「原状回復」をあげ，加えて「組合活動一般に対する侵害の面をも考慮し，このような侵害状態を除去，是正して法の所期する正常な集団的労使関係秩序を回復，確保する」と述べる。後者は「団結権侵害状態の原状回復」「法の所期する正常な集団的労使関係秩序の（将来に向けての）回復，確保」の2つに分解できる。

　労委裁量権の限界について「私法的な権利義務関係からの乖離」をあげたネスレ日本（東京・島田）事件・最一小判平7・2・23民集49巻2号があるが，この最判は「民事的な権利義務からの乖離は裁量権逸脱」というように単純化して理解されるべきではなく，「救済内容が，実質的に私法上の権利義務の実

4）　最大判昭52・2・23民集31巻1号・最高裁判例解説（法曹時報32巻3号），最新の評釈として，岩村正彦「バックペイと中間収入」『労働法判例百選〔第9版〕』（有斐閣，2016年）216頁。

シンポジウムⅡ（報告③）

現と共通する面を有する場合には，その救済の結果について私法上の権利義務との調整が何とか可能であるか，その乖離の程度が救済命令の目的からして許容される範囲内にある必要がある」という程度に捉えるべきであり，救済命令を履行した状態が，私法的な権利義務関係と大きく乖離・矛盾するようであれば，国の法秩序の整合性として問題だとしているにすぎない。しかも，本最判では，命令を履行した状態が実質的に強行法規（労基法24条）違反となることを指摘している。結局最判は「法の所期する正常な労使関係の回復確保」を逸脱していると述べただけといえる。「法秩序の整合性が取れず実質違法状態」では「正常」ではないからである。

　以上によれば，各最判は，労委裁量権の根拠（源泉）も，その限界も，結局のところ，「原状回復」と「法の所期する正常労使関係回復確保措置といえるか」に収斂させており，それを越えると裁量権逸脱ということになる。

Ⅲ　原状回復と労委命令裁量権の下限，過小救済の違法性

1　原状回復の重要性と労委命令裁量権の下限

（1）　今「原状回復」を強調する意義　　以上の検討をふまえ，主に「原状回復」という要素に着目して，裁量権の限界のうち「下限」について検討するが，今「原状回復」を強調するのはなぜか。

　ネスレ事件最判解説[6]は，第二鳩タクシー事件最判が「原状回復」という術語を使わなかったのは，原状回復という用語が，もともと現在までの個人的，財産的価値の回復を意味し，将来にわたる正常な労使関係秩序の確保のための措置を包含しない点において狭すぎて不適切であるという批判を意識したものであるとしており，そこには「原状回復」は「正常な集団的労使関係秩序の回復確保」で克服されるべき狭い概念であるという理解がある。

　しかし，第二鳩タクシー事件最判は，原状回復を不必要としているものではなく，それは当然に必要としつつ，加えて「法の所期する正常な集団的労使関

5）　最高裁判例解説（法曹時報49巻12号）。

6）　前掲注5）。

係秩序の回復確保」を求めており，原状回復に「＋α」を求めたものである。例えば予防的な不作為命令の類を全て「原状回復」で説明するのは困難であり，それは「＋α」から導くべきだが，より本質的な議論として「法の所期する集団的労使関係を回復・確保」するのだから，かなえられるべきは単なる「普通の労使関係」ではなく，労組法１条の目的にかなう，対等労使関係が実現された，積極的な「あるべき」「よりよき」規範的要素をそなえた労使関係であって，そのためには当然に「原状回復＋α」が必要となる。

このように，「法の所期する正常な労使関係秩序の回復・確保」は原状回復にとどまらない救済を導くための法理であって，引き算に用いるべきものではなく，原状回復を限定したり緩和したりするための概念ではない。不当労働行為（違法行為）の結果（使用者の「成果」）を一部でも残すのでは「法の所期する正常な労使関係」とは到底いえないから当然である。

ところが，近時の命令には原状回復を明示しないことで「原状回復すらしていない」命令がしばしば見られる。よって，今「法の所期する正常な労使関係秩序の回復・確保」だけでなく「原状回復」を改めて強調する必要がある。

(2)　原状回復が裁量権の下限でもあること　救済命令は，原状回復・正常労使関係回復確保措置から逸脱してはならず「懲罰であってはならない」「損害賠償を命ずることはできない」などの命題は日米共通である[7]。ここで「原状回復」は「救済命令が過剰にならないための限界（上限）」という消極的な側面として捉えられてきた。

しかし，法の趣旨からすると，本来，救済命令は最低限「原状回復をさせるものでなくてはならない」から，「原状回復」は，積極的な命令を要求し，命令の下限を画するものでもあることを忘れてはならない。米国で，不当労働行為解雇事件において，救済が原状回復に留まることを強調する The Board does not award tort remedies. Remedies include only those necessary to make the discharged employee whole.[8] という命題があるが，このように「完

---

7)　米国でも，懲罰的（punitive）であってはならず，救済的（remedical）でなければならないとされ（中窪裕也『アメリカ労働法〔第２版〕』（弘文堂，2010年）42頁など），tort remedy（不法行為の損害賠償）は原状回復ではなく，権限外とされる。

全に，無傷の，元の状態に戻す」のであれば，それはそれで十分であり「原状回復」とは，本来，このような能動的なものである。その消極的語感に引きずられてはならない。

また，時の経過等により侵害状態を文字通り復元することができない場合があるが，その場合，救済命令は，不当労働行為の「成果」としての現状とは異なる「不当労働行為なかりせばの正常集団的労使関係秩序がある現状」を積極的に形成（創設）しなければならず，それも「原状回復」である。

(3) 米国 NLRB における多彩・柔軟な原状回復の命令との比較[9]

(a) 典型的な原状回復命令における比較　　NLRB では，団交拒否による一方的な労働条件不利益変更に対する救済として，通常，原状回復として当該不利益を元に戻す命令と団交命令を出すものとされる[10]。わが国では7条2号事件でかような救済は通常なされない。

原状回復手段たるポストノーティスについても，NLRB では単純掲示以外に，場合により①会社の適切な刊行物に掲載する，②会社から，全従業員と，ある時期以降に雇用され既に退職している従業員全員に郵送する[11]，③地元新聞に掲載する，④ノーティスに経営トップに自署させる，⑤掲示期間に，就業時間内に労働者を集合させ，労働委員会の代理人の立ち会いのもとで，経営側の責任ある管理職をして，労働者の面前で読み上げさせるといった救済をなしてもよいとされているし，ノーティスの内容も多彩である。一方，わが国ではほぼ「文書手交」に切り下げられ，内容も微温的である。

(b) 金銭補償（支払）命令に関する比較　　日米共に損害賠償は許されな

---

8) The Developing Labor Law 6th edition（ABA Section of Labor and Employment Law 編　2012）2936頁，その2016補遺32-51。

9) 全体につき前掲注8）文献。なお，NLRB の救済命令主文の具体例と裁量のありように ついて紹介・検討した邦文文献としては，山川隆一『不当労働行為争訟法の研究』（信山社 出版，1990年）250頁以下が最も詳しく，同書に匹敵する後続研究は見当たらないようである。

10) 前掲注8）2948頁，restore the status quo ante（以前の状態を復元）の命令を出すとさ れる。Atlas Tack Corp., 226 NLRB 222 (1976)，控訴裁判所支持：559 F. 2d 1201 (1st. Cir. 1977) など。

11) Smithfield Food, Inc., 349 NLRB 1225 (2006) は②⑤を命じ，②はスペイン語でも用意 し，⑤もスペイン語でも読み上げよとしている。

いとしつつバックペイに遅延損害金相当を付すことは認められている。NLRB
では通常のバックペイに加え，取得できたはずの休暇，年金積立，医療保険・
保障，社宅[12]（及び強制退去させられて生じた住居費用[13]），購入の割引，社員持株プ
ラン，チップ[14]，他企業での就労のための交通費（増大した通勤経費・移転経費[15]）
等も含んでよいとされる。

　また，NLRB では，使用者に救済命令手続において不誠実な手続対応があ
ったり，「取るに足りない主張」への固執があった場合には，組合の弁護士費
用・争訟費用や，不当労働行為によって負担が増えた出費の補償も命ずること
ができるとされている[16]。また，団体交渉において通常より加重された不当労働
行為があった場合，労働者の喪失賃金を含む組合の交渉コストを補償せよとの
命令及びそれを維持した判決がある[17・18]。

　争訟費用・交渉コスト以外については，不当労働行為と直接の因果関係を有
する追加コストの補償を命じてもよいものとされている[19]。

　わが国では，金銭補償（支払）命令については，バックペイ命令以外は学説
も労委実務も極めて消極的である。しかし，「救済命令においては，不当労働
行為の事実上の排除を主眼とし，金銭による賠償を命ずることは許されない」
という伝統的学説[20]に従っても，単純に「金銭補償（支払）命令＝賠償」ではな
く，金銭補償（支払）命令によって，組合ないし組合員のマイナス状態をゼロ

---

12)　Knickerbocker Plastic Co., 104 NLRB 514 (1953)，控訴裁支持：218 F. 2d 917 (9th Cir. 1955).

13)　Kohler Co., 128 NLRB 1062 (1960)，控訴裁支持：300 F. 2d 699 (D. C. Cir. 1962).

14)　Atlantic Limousine, Inc., 328 NLRB 257 (1999)，控訴裁支持：243 F. 3d 711 (3d Cir. 2001).

15)　Coronet Foods, Inc.,322 NLRB 837 (1997).

16)　675 West End Owners Corp., 345 NLRB 324 (2005).

17)　HTH Corp., 356 NLRB 1397 (2011)，控訴裁支持：693 F. 3d 1051 (9th Cir. 2012).

18)　Pacific Beach Hotel, 361 NLRB No. 65 (2014)，行訴：D. C. Cir. 2016.5.20（裁判所サイト）。

19)　前掲注18)。

20)　塚本重頼『労働委員会』（日本労働協会，1977年）159頁など。しかし，実は，かような
　　制度趣旨が昭和24年法改正の過程から読み取れるわけでもなく，最高裁判例もなく，今後の
　　再検討課題である。

シンポジウムII（報告③）

ベースまで回復することは，まさしく「原状回復」であり，「文字どおりの原
状回復」ができない場合に，金銭補償を許さないのは，救済の放棄にすぎない。

　(c)　小　　括　　以上のとおり，米国と比較し，わが国労委は，救済方法に
おいて硬直的・微温的で，能動的・積極的に原状回復させるということになっ
ておらず，それが実効性の欠如につながっている。

2　原状回復を果たさない過小な救済の裁量権（下限）逸脱と違法性

　過大な救済は，裁量権の「枠」からはみ出しているものとして「裁量権の逸
脱」といいやすく，実際に，これまでの命令裁量が論点となった行訴裁判例は
「過大な救済ではないか」という観点からのものであった。

　一方，過小な救済は，その語感から「裁量権の枠内」と片付けられやすいき
らいがあった。しかし，過大な救済と同様に，過小な救済も裁量権の下限を逸
脱するものとして，違法というべきである。

　そもそも実質論として，棄却命令は行政訴訟で争えるが不適切な実質ゼロ救
済命令のような限りなく棄却命令に近い救済命令を争えないのは不相当である。
さらに，行政法学における行政裁量の限界の一般的議論において行政裁量の限
界を画するものとして，事実誤認，法律の趣旨・目的違反，不正な動機，平等
原則違反，比例原則違反等があげられるが[21]，労委命令裁量の過大・過小は，等
しく，法律の趣旨・目的に違反し，また比例原則違反にほかならない。加えて，
労組法及び不当労働行為救済制度が，労働組合の団結権擁護のための積極的な
立法であり制度であることからすると，過小救済の方がより害悪が大きいので
あり，裁量権の下限を議論するのはもしろ当然であって，過大救済より裁量権
の幅は狭く，逸脱となりやすいはずともいえる。

　実務も裁量権の「下限逸脱」を意識している。東急バス（審査再開）事件・
中労委決定平28・3・16別中労時重要命令判例1497号は，残業差別による金銭
被害の実態が解明されていない組合員についても，差別的取扱の禁止を命じる
のみでは足りず金銭的な救済を命じるのが相当であるとして，推計による金銭

---

21)　宇賀克也『行政法概説I〔第5版〕』（有斐閣，2013年）323頁以下，『条解行政事件訴訟
　　法〔第4版〕』（弘文堂，2014年）608頁以下。

の支払を命じており，過小救済が裁量権逸脱となることを意識している。古くは，昭和59年度司法研究「救済命令等の取消訴訟の処理に関する研究」（法曹会）では，裁判官研究員らの見解として，労組法7条1号または3号の不当労働行為に対する「協議命令」（協議のみ命ずる命令）について，不当労働行為の成立を認める場合には，原則として当該行為の除去を命ずることができるのであって，この場合にこれに代えて協議命令を発することは，労働委員会の裁量権の範囲を超えるとしており，過小な救済について裁量権逸脱となる場合があることを明確に認めている。

以上のとおり，過大な救済が違法となるのと同様に，過小な救済も裁量権の下限を逸脱するものとして，違法である。

Ⅳ 結 論

不当労働行為救済制度の趣旨からは，救済命令は現実に不当労働行為状態を是正し，原状回復をさせなければならず，文字通りの原状回復が不可能な場合は，原状回復に匹敵した救済をなさねばならない。現実に原状回復させる（または匹敵する救済）とは，「完全に無傷の，元の状態に戻す（全きものに復元する）またはそれに匹敵する救済を与える」ということであり，そのためには積極的かつ広汎な命令が必要となる。

したがって，原状回復という概念は，救済の上限を画してはいるが，同時に救済の下限を画する概念である。

加えて，救済命令は，将来に向けた「法の所期する」正常労使関係の回復確保措置を取らなければならないものである。

そのような原状回復（と＋α）を果たす命令であれば，救済の実効性があるし，そのような命令でなければ救済の実効性はない。原状回復（と＋α）を果たさない命令は，単に不当というだけではなく，過小な救済として，裁量権を逸脱して違法というべきである[22]・[23]。労組法及び不当労働行為救済制度が，団結権擁護のための積極的な立法であり制度であることからすると，過大より過小な救済の方がより裁量権逸脱となりやすいというべきである。

シンポジウムⅡ（報告③）

　このような意識が，最近，労委の現場に不足しており，実務家として危惧するところである。

（たなか　まこと）

---

22)　Ⅰの２掲記の命令のうち，神奈川県総合リハビリテーション事業団事件では不利益変更の白紙撤回と誠実団交を命ずるべきである。そもそも，一般に文書手交のみの命令・確認命令の類は，特にそれを正当化する事情がなければ過小救済というべきである。

　　大阪市（チェックオフ廃止）事件は最低限初審どおりの命令が必須で金銭補償命令も検討すべきであった。

23)　本稿では検討することはできないが「救済利益」や「救済の必要性」の論点についても，原状回復の重要性からは，具体的事件において軽々に救済利益等を否定することはできないこととなる。

　　また「現実の原状回復」を命ずる命令は必然的に具体的な内容となるので，命令違反があったときの制裁発動を容易にし，有意義である。

《シンポジウムⅢ》

女性活躍推進と労働法

シンポジウムの趣旨と総括 　　　　　　　　　　　　　　　　野川　　忍

女性活躍推進法の意義 　　　　　　　　　　　　　　　　　　小畑　史子
　　──労働時間・女性管理職比率を中心に──

資生堂における女性活躍推進取り組み実践事例 　　　　　　　山極　清子

《シンポジウムⅢ》 女性活躍推進と労働法

シンポジウムの趣旨と総括

野 川 忍

（明治大学）

Ⅰ 趣 旨

　2015年9月に成立した「女性の職業生活における活躍の推進に関する法律（平成27年9月4日法律第64号，以下「女活法」）」は，事業主に対し，管理的地位にある労働者に占める女性労働者の割合等の状況を把握させ，改善すべき事情を分析させた上で，事業主行動計画を策定・公表させ，計画に定めた目標達成に努める義務を負わせるものである。

　本法の第1条には「女性の職業生活における活躍を迅速かつ重点的に推進し，もって男女の人権が尊重され，かつ，急速な少子高齢化の進展，国民の需要の多様化その他の社会経済情勢の変化に対応できる豊かで活力ある社会を実現することを目的とする」と規定されている。

　また第2条では，職業生活における活躍に係る男女間の格差の実情を踏まえ，固定的な性別役割分担等を反映した職場における慣行が活躍に及ぼす影響に配慮すべきこと，家庭生活に関する事由が職業生活に与える影響を踏まえ，男女の職業生活と家庭生活との円滑かつ継続的な両立が可能となることを旨とすべきこと，女性の職業生活における活躍の推進に当たり本人の意思が尊重されるべきものであること等の指摘がなされている。

　このように，女活法は，複数の目的を持ち，目的達成のための手法が伝統的な規制的手法とは異なっており，しかも目的達成に取り組む際に留意すべき事項が複数指摘されている，特徴的な法律である。

　本シンポにおいては，果たしてこの法律が，実際に職場における女性の立場

を改善し，その就労と生活との均衡を実現しうるのか，また，第1条に掲げられた目的を確実に達成するために，第2条に掲げられた手法は有益なのかといった基本課題を中心として検討を行った。具体的には，日本的雇用慣行としての固定的性別役割分担が女性労働者の管理的地位への昇進を困難にしている状況の中で，近年，このような状況から脱却すべくキャリアと育児の両立支援プログラムを開発・導入して女性労働者の管理的地位への登用に成果をあげている企業が現れていることから，これらのプログラムや成功事例も議論の俎上に載せた。

II　報告の概要

本シンポはワークショップ方式を取ることとしたため，通常のように報告を数本前置するのではなく，研究者の立場から小畑史子会員が問題提起的な趣旨説明を行い，それを受けて，実務の現場から山極清子昭和女子大学教授より，資生堂における女性活躍のための人事システムにつき，その経緯・模索・成果について非常に周到な紹介がなされた。小畑会員は，スウェーデンでの調査なども紹介したうえで，女性の活躍を推進する社会的背景などにも触れて，日本において，一定の比率の女性が仕事に重点を置かない選択をしている状況のもとで，女性管理職比率の一律に適切な数値目標を示しうるのか，といった問題提起を行った。また山極教授からは，資生堂における実践から，ワークライフバランスとジェンダーダイバーシティとのデュアル推進という方向の有効性が見出されたことなどのリジェノノションがなされた。

III　議論の概要

議論に移ってから，まず三人の参加者にコメンテーターの任を担っていただいた。はじめに経営側の立場から，コクヨ㈱に所属する坂本氏より，前提として男性管理職・経営者の意識改革が必要なこと，女活法の成果としては心理的圧力により女性管理職を増やす必要性が意識される点が大きいこと，しかしま

だまだ企業にある「やらされ感」をどう払しょくするか，また実際には管理職になりたくない若者が多い中で，教育現場での対応も課題であることなどが示された。次に労働側の立場から，「連合」の総合男女平等局長の井上久美江さんより，労働組合からの取組みが示され，当初の法案の時点では経済政策の一環として構成されていた内容を，女性の活躍そのものを支援する方向へ変えることを主張していたこと，行動計画の策定に当たって労働組合が積極的に関わるよう呼びかけ，そのための学習活動を進めていることなどが紹介された。さらに研究者の立場から，神戸大学の大内会員より，パワーポイントを使っての極めて刺激的な意見が開陳され，実際には社長よりは社長夫人になりたいという女性も多い現実を踏まえると，女性を誰でも活躍させようとする女活法は，むしろ国家総動員法に類似していること，これまで日本は，工場法や労基法で女性を保護し，他方で均等法等で働く女性を支援してきたが，必要なのはそれぞれのライフプランに合わせて選択できる働き方であるはずなのに，女活法は，その装いとは異なり，実際には非規制的手法を取ってはおらず，公共調達において行動計画が重視されるなど強制的内容が目立つことなどが指摘された。

　これらの刺激的な意見のあと，時間いっぱいまで非常に活発な意見交換，質疑応答がなされた。

　まず，労働組合の役割に関する中央大学の唐津会員の山極教授への質問を契機に，従業員集団が女活法の効果的展開にどう関与できるのかが検討され，労組の従業員代表としての機能がどれだけ十分に果たされているのかが問われた。これについては，山極教授の資生堂での具体的な成功体験と，それがどう一般化しうるかという課題との関連がポイントとなるとの認識が共有され，企業と労働者との winwin の成果が重要であることを踏まえれば，労働者側の関与に固執する姿勢自体がおかしいとか，むしろ労働者側の意向に神経質に拘泥せず，トップダウンで経営者の考えをどうボトムにまで行き届かせるかのほうが重要であるなどの指摘もなされた。こうした議論の中で，およそ労組や過半数代表などの従業員側の主体的関与を制度的には含んでいない女活法の基本的問題点もクローズアップされた。

　また，大阪大学の水島会員より，女活法は，基本的前提として，女性の意思

シンポジウムⅢ

の自由を強調している（２条３項）が，女子学生には，そもそも管理職になることやプロモートされることを望んではいない層も大きいことを踏まえる必要があるとの指摘がなされ，「昇進や管理職登用などを働く女性全体に及ぼすべきか」について非常に活発な議論が展開された。まず，均等法におけるポジティブアクションも，十分な事前の教育や本人の意識の確立がないまま，いきなり実施することで現場に混乱がもたらされたとの紹介や，いわば「社長夫人になれないから仕方なく働く」という意識も女子学生には強く，経済的観点からの就労意識を超えて企業や社会に貢献するという意識が薄いことも指摘された。これに対しては，山極教授より女性に昇進や管理職への意向を促してノーと言う女性はいないとの反論もあったものの，資生堂の例は一般的モデルにはならないとの指摘をはじめ，大学院に学ぶ若手の会員からは，むしろ出世や管理職登用を意識的に拒否する若い女性は非常に多く，正社員としてそこそこの給与を得られることは望むが，女性の登用を積極的に進めるという企業への就職は忌避する動きさえある中で，行政調達について女性管理職比率を重視するなどの措置は，多様な価値観を抑圧する可能性もあるとの意見が出されたほか，女性らしさを生かす働き方も重要であって，その意味ではジェンダーフリーの理念とダイバーシティとが必ずしも一致しないとの指摘もなされた。このような観点からは，むしろ女活法は，女性の「活躍」よりは「徴用」に機能してしまうのではないか，という懸念も生じていた。

　さらに，女活法が広く機能するための具体的課題として，女性が活躍し，企業において登用され，管理職比率も高まるには，若い女性労働者や女子学生などにとっての有効なロールモデルが必要ではないかとの問題提起がなされ，この点についての意見交換も活発に展開された。その中では，むしろ現在は，活躍するために私生活が犠牲になったり，疲弊して健康を害したりするなどの，ネガティブなロールモデルが目立つという実態が指摘されるとともに，女性を登用していないことについて差別禁止の観点からポジティブアクション的な対応が正当化できるのか，との基本問題も提起された。加えて，ポジティブなロールモデルがあっても，それをもって働く女性すべてに「活躍」を強制するかのような法的対応は適切ではないとの若手からの意見も出された。こうした

議論につき，東京大学の荒木会員からは，問題へのアプローチが差別禁止ではなくダイバーシティの観点からであるならば，数値目標や入札などの手法はモニタリングの一環として意味があり，資生堂におけるさまざまな試行錯誤は非常に感銘深いとの感想が述べられ，また，同志社大の土田会員，中央大の唐津会員等から，女活法のエンフォースメントのために数値目標がどれだけ有益かという点に懸念が出された。

　議論は尽きず，さらに広範な論点が想定されたが，最後に，コメンテーターの坂本氏より，そもそも「活躍」と「管理職登用」が，特に民間では両立していないとの重要な指摘がなされるとともに，そもそも女性が「活躍」するということの具体的意味を検討すべきであり，そこから，ダイバーシティにもとづく女性活躍の意義も模索されるのではないかとの意見が出され，広い共感を呼んだところである。

　女活法は，10年を限った時限法として制定された。次のステップをより実りあるものとするために，この10年の運用と成果を注目していきたい。

（のがわ　しのぶ）

女性活躍推進法の意義
—— 労働時間・女性管理職比率を中心に ——

小 畑 史 子

(京都大学)

I 本稿の目的

　本稿は，ワークショップ型ミニシンポジウムの趣旨説明者の立場で，参集者のディスカッションに先立ち，女性活躍推進法の評価を分けるポイントを示す目的で行ったプレゼンテーションの内容である。

II 問 題 提 起

　女性活躍推進法[1]は平成27年に制定され，その重要部分は平成28年4月に施行された。

　その目的は「女性の職業生活における活躍を迅速かつ重点的に推進し，もって男女の人権が尊重され，かつ，……社会経済情勢の変化に対応できる豊かで活力ある社会を実現すること」であり（1条），基本原則は，「……男女間の格差の実情を踏まえ……固定的性別役割分担を反映した職場における慣行が女性の活躍に対し及ぼす影響に配慮」（2条1項），「家庭生活……職業生活……円滑かつ継続的両立」（同条2項），「両立に関し女性本人の意思が尊重される」（同条3項）である。

　同法は，後述のように非規制的手法を採用しているが，上記の基本原則を踏まえつつ上記の目的を達成するための手法として，その手法は適切であろうか。

注　HPは2017年5月6日にアクセス。ただし同日以降配信ニュースは配信日。
1）　女性の職業生活における活躍の推進に関する法律［平成27年9月4日第64号］。

同法の手法により，基本原則を踏まえつつ目的を達成することが可能だろうか。何らかの修正が必要だろうか。

Ⅲ　長時間労働・低い女性管理職比率

　本シンポジウムでは，特に労働時間と女性管理職比率に焦点を当てる。事業主行動計画策定指針[2]によれば，わが国の労働時間は「男性の約4割，女性の約2割が，週49時間以上（残業時間が1日平均2時間以上相当）」，女性が「管理職以上に登用されている割合は1割に満たず」とされている。

　労働時間に焦点を当てた理由は，第一に，長時間労働こそが職業生活と家庭生活の調和を困難にし，女性の離職等の原因となり活躍の障壁となってきたとの指摘である[3]。第二に，労働基準法等の規制的手法によるアプローチが存在する労働時間を取りあげれば，非規制的アプローチである女性活躍推進法が加わることに意味があるか否かを検討できるからである。

　女性管理職比率に焦点を当てた理由は，第一に，首相が「指導的地位に占める女性の割合を2020年までに30％程度とする政府目標の達成に向け，全上場企業において積極的に役員・管理職に女性を登用していただきたい」[4]と述べたインパクトである。第二に，近年，わが国の企業が最初から有配偶女性を戦力外と見なして外す方針をとっているとする研究や[5]，出産を契機とする離職理由は実は「キャリアの発展のなさ」で「予言の自己成就」が起きているという研究[6]の発表等により集まっている，女性のキャリア形成のあり方への注目である。

2）　事業主行動計画策定指針［平成27年11月20日内閣官房，内閣府，総務省，厚生労働省告示第1号］。

3）　同上。

4）　首相官邸HP　http://www.kantei.go.jp/jp/96_abe/actions/201304/19keizaikai.html

5）　山口一男「ダイバーシティと女性の活躍推進に，いま何が求められているのか」現代女性とキャリア6号（2014年）　http://riwac.jp/admin/wp-content/uploads/2014/07/b94ffa441664e697c1accbb7d56c4d8d.pdf

6）　大沢真知子『女性はなぜ活躍できないのか』（東洋経済新報社，2015年）。

シンポジウムⅢ（報告①）

Ⅳ　女性活躍推進法の手法

　本シンポジウムでは民間企業における女性の活躍を中心に据えるが，その枠の中で女性活躍推進法の手法を捉えた場合に最も注目すべき条文は8条である。

　8条は，一般事業主で常時雇用する労働者の数が300人を超えるものは，状況把握，分析の上で，数値を用いて定量的に（3項）一般事業主行動計画を定め，大臣に届け出，労働者に周知させ（4項），公表し（5項。自社のホームページか厚生労働省の女性活躍推進企業データベース[7]で公表する），取組の実施，目標達成に努力しなければならない（6項）と規定する。

　また同法は，厚生労働大臣が取組実施状況が優良なものであることその他の基準に適合する企業に「えるぼし」という名称の認定[8]（三段階用意されている）を与え，認定を得た企業がえるぼしマークを商品等に付すことができると定める（9条，10条）。

　さらに同法は，国・地方公共団体が女性活躍推進の取組の状況が優良な一般事業主を国及び公庫等の物品調達等で受注の機会を拡大する等の施策を実施すると定める（20条）。

　このように同法の採用する手法は，労働基準法等の労働法の主要な法律のように，使用者等に最低基準遵守の義務づけを行い，その履行状況を行政が監督し，違反に対し罰則等を発動するという「規制的手法」ではなく，行動計画を自ら策定させ（自主的手法），公表させ（情報的手法），認定を与え（情報的手法），公共調達において受注の機会を拡大する（経済的手法），「非規制的手法」であると言える。

7）　http://positive-ryouritsu.mhlw.go.jp/positivedb/
8）　女性の職業生活における活躍の推進に関する法律に基づく一般事業主行動計画等に関する省令［平成27年10月28日］［厚生労働省令第162号］8条。

V　規制的手法と非規制的手法

　非規制的手法をとる法律の効果を探究するために，同手法を採用した次世代育成支援対策推進法（次世代法）の効果検証研究会報告書を概観する。[9]

　同報告書は，行動計画策定をきっかけに育休制度等を新設・拡充した企業は3割超にのぼったとしている。また，「くるみん」と呼ばれる認定が両立支援制度利用を促進し男性の育児休業取得推進を後押しする効果があったこと，認定を受けた企業は認定を受けていない企業と比較して女性の離職率が2.7％ポイント低いという推計結果が出たこと等を明らかにし，次世代法は効果があったと結論した。

　女性活躍推進法は次世代法と同様，行動計画や認定制度を採用した法律であり，しかも結果を数値で示し，部分的ではあるが公表することを企業に義務づけ，また優秀であれば公共事業受注に関して有利になるという，より踏み込んだ内容となっている。その有効性・適切性・修正の要否につき，次節で総合的に検討する。

VI　女性活躍推進法の意義

1　施行状況[10]

　平成29年3月，該当企業の99.9％にあたる1万5824社が行動計画の届出をし，300人以下の企業も2789社が対応した。同年3月末の認定取得企業数は291社にのぼり，うち1段階目（1つ星）は1社，2段階目（2つ星）4社，3段階目（3つ星）196社であった。「女性の活躍推進企業データベース」でデータを公開している企業は8479社（同年3月末現在）であった。

9）　http://www.mhlw.go.jp/file/05-Shingikai-12602000-Seisakutoukatsukan-Sanjikanshitsu_Roudouseisakutantou/0000025894.pdf

10）　「女性活躍推進法1年　100％対応の先に目指すもの」NIKKEI STYLE 5/19（金）7：47配信　https://headlines.yahoo.co.jp/article?a=20170519-00000002-nikkeisty-life&pos=3

シンポジウムⅢ（報告①）

2　山川隆一会員の研究[11]

同会員は「情報開示は労働政策の実現手法の一環となり得る」と述べ，女性活躍推進法は「情報開示により，市場での評判を通じた労働政策の促進をはかろうとした法律」であり「ポジティブ・アクションの一種を企業に義務づけた」とされる[12]。「優秀な女性労働者獲得のため環境を整えるインセンティブ」を与え，「ウェブサイトにより多数の企業を比較検討できる」環境を作り出した意義があり，次世代法と異なり実現状況の開示まで求めた点に特徴があるとされる。将来的には最低限開示事項の特定や，一つのサイトでの閲覧も選択肢となると述べている。

このような特徴を持つ同法の各手法につき，肯定的に評価されうる点と否定的に評価され得る点はどのような点かを，順を追って検討し，さらに今後の方向性を展望しよう。

3　一般事業主行動計画

(1)　肯定的評価　　同法は，初めて（301人以上の）企業に女性管理職比率や労働時間の実情把握・分析と数値目標設定を義務づけたという意義がある。女性の職業生活における活躍の推進に関する法律に基づく一般事業主行動計画等に関する省令（以下「省令」とする。）[13] 2条が，直近の事業年度におけるその事業における女性の職業生活における活躍に関する状況に関し，「把握しなければならない事項」として，3号「その雇用する労働者（……）一人当たりの各月ごとの時間外労働及び休日労働の合計時間数等の労働時間の状況」，4号「管理的地位にある労働者（……「管理職」……）に占める女性労働者の割合」を掲げた。

労働時間については，状況把握の対象となる労働者は，「①，②以外の労働

---

11)　山川隆一「労働市場における情報開示等の規律と労働政策」季労256号（2017年）2頁。

12)　Hiroya Nakakubo "Glass ceiling or Iron Weight ?: Challenges for Female Employees on Their Path to Becoming Managers and Executives in Japan," *Hastings International and Comparative Law Review* Vol. 32, No. 2, pp. 399-410 (2016).

13)　前掲注8）省令。

者」（①事業場外みなし労働時間制の適用を受ける労働者②労働基準法第41条の管理監督者等）と広く設定されており，特徴的である。[14]

　省令２条が，「必要に応じて把握しなければならない事項」として掲げる５号～25号の中には，管理職の労働時間等（15号）や，在宅勤務等の利用実績（13号）など求職者・労働者が情報を欲している可能性のあるものも含まれており，労基法とは異なる意義が認められる。

　(2)　否定的評価　　第一に，13・15号を，もしくはこれらも含めてすべての事項を「把握しなければならない事項」とすべきとの意見が考えられる。その変更は作業負担を増加させるため，取り組みやすさとのトレードオフの問題となろう。

　第二に，監督の制度も罰則もないため，企業が形式的に数値を記載し目標達成に努力をしない可能性があり，無意味であるとの捉え方もあり得る。この点と関連して，４(3)で述べる法改正の動きがある。

４　公　　表

　(1)　肯定的評価　　求職者や女子学生，消費者，投資家等が，厚生労働省のウェブサイトか各企業のホームページで，企業の公表した情報を検索することを可能にしたという意義がある。企業が横並びで他社と比較され遜色ない数値を達成しようとする動機付けになる可能性もある。

　公表項目は事業主行動計画策定指針の別紙３の通りで，その中には，「労働者の一月当たりの平均残業時間」，「管理職に占める女性労働者の割合」等が挙げられている。[15]

　(2)　否定的評価　　第一に，事業主行動計画策定指針が「別紙三の項目の中から各事業主が選択した項目を公表すれば足り，必ずしも全ての項目を公表し

---

14)　「状況把握，情報公表，認定基準等における解釈事項について（Q&A）」 http://www.
　　mhlw. go. jp/file/06-Seisakujouhou-11900000-Koyoukintoujidoukateikyoku/kaishakujikou_4.
　　pdf
15)　別紙３は他に，「労働者に占める女性労働者の割合（区）（派）」，「男女の平均継続勤続年
　　数の差異」，「男女別の育児休業取得率（区）」等を挙げる。

シンポジウムⅢ（報告①）

なければならないものではない」としていることから，残業時間や女性管理職
比率を選択しなければ，それらを公表する義務はない。実際，厚生労働省の女
性活躍推進企業データベースで情報を公表している全企業7826社のうち残業時
間を公表している企業は2985社で38.14%，女性管理職比率を公表している企
業は3815社で48.75%であった[16]。ただし(3)で述べるように，残業時間の公表の
義務づけの構想がある。

　ちなみに，情報を公表している企業の残業時間は5～30時間に集中し，情報
を公表している企業の女性管理職比率は0～10%に集中している[17]。

　第二に，女性活躍推進企業データベースは，企業名を入れて検索するには便
利であるが，「各項目の上位10%の企業」といった検索には，各企業のデータ
をエクセルファイルに移す等の作業が必要となり，膨大な時間がかかる。

　第三に，公表する数字が正確であることを担保するものがないとの評価もあ
ろう。

　(3)　改正の議論　　今年5月の報道によれば[18]，厚生労働省は，月平均の残業
時間を自社のホームページか厚労省データベースで毎年公表することを，301
人以上の労働者を雇用する企業（1万5000社）に2020年にも義務づけるとのこ
とである。虚偽が疑われる場合，行政指導・勧告のうえ，最大20万円の罰金を
定めることが予定されている。それに合わせて女性活躍推進法の残業時間公表
を義務に切り替えるとされている。

　同報道によれば[19]，企業が時間外労働を減らす新たな動機付けになることや，
学生が就職活動で企業を選ぶ際の判断基準になることが期待されているが，事
務作業量の増加や，他社と比較されることへの心理的な抵抗から，消極論もあ
るとされる。

---

16)　山下瑳弥子氏（修士課程2年，小畑研究室），雨夜真規子氏（同左），Urszula Frey氏
　　（研究員，小畑研究室）の協力を得て2017年2月10日に調査。

17)　同上。

18)　日本経済新聞2017年5月18日一面トップ記事。

19)　同上。

5　認　　定

(1)　肯定的評価　　えるぼし認定は，省令8条にあるように，(1)〜(5)の基準を達成することを条件としている（そのうち何項目の基準を達成するかにより段階が決まる）。基準のうち(3)と(4)が，時間外労働及び休日労働の合計時間数と，女性管理職に関する基準である。基準をクリアして三つ星の認定を取得しようとする企業が増えることは，(3)・(4)の基準をクリアする企業が増加することを意味する。えるぼしマークのついた製品等が消費者に歓迎されれば，女性活躍推進企業の経済的成功につながり，女性活躍推進の動きが加速される好循環が回り出す可能性がある。

(2)　否定的評価　　第一に，(3)の「その雇用する労働者（……）一人当たりの各月ごとの時間外労働及び休日労働の合計時間数を雇用管理区分ごとに算出したものが，直近の事業年度に属する各月ごとに全て45時間未満」，(4)の「直近の事業年度における管理職に占める女性労働者の割合が産業ごとの管理職に占める女性労働者の割合の平均値以上であること……」という基準が妥当かについては，意見が分かれると考えられる。

　第二に，第一段階えるぼしは，5つの基準の中から1ないし2つを達成していればよく（ただし公表は必要），労働時間・女性管理職の基準を達成していない場合でも取得可能である（省令8条参照）が，すべての項目を満たした場合のみ認定を与えるべきとする意見も考えられる。この点は，やはり取り組みやすさとのトレードオフであり，何を優先するかの判断となろう。

　第三に，公表する数字が正確であることを担保するものは，虚偽申告をした場合の認定取消で十分かという点がある[20]。これについても4(3)の法改正の議論との関係で，修正が加えられる可能性もある。

6　経済的インセンティブ

(1)　肯定的評価　　第一に，女性活躍推進法が，公共調達に関する経済的イ

---

20)　女性活躍推進法15条は，基準に適合しなくなったとき（1号）等に認定を取り消すことができるとする。また同法15条の5は，虚偽の公表をしたとき（3号）に特例認定一般事業主の認定を取り消すことができるとする。

シンポジウムⅢ（報告①）

ンセンティブを規定したことは公共事業の受注を重視する企業に大きなインパクトを与えた。ライバル会社がえるぼしを取り，自社が取らないと，ポイント数で入札に負ける可能性が高まるとの考えから，営業サイドが女性活躍推進を要望するようになったとの報道もある。[21]

　各府省が，価格以外の要素で評価する調達（約4万から5万件で，公共調達全体8兆円のうち約5兆円規模）を行う時は「えるぼし」や「くるみん」の認定企業等を加点評価するという新たな取組みは，昨年度から開始されたが，将来は加点評価を入れる案件が大幅に増加すると報道されている。[22]

　第二に，女性活躍推進に取り組む企業が社会（世界）から評価され，経済的に成功し，さらに女性活躍推進に取り組むという好循環が目指されていることが注目される。[23] 報道によれば，[24] 政府は，2018年度に，女性活躍情報を集約した英語のウェブサイトを新設し，海外投資家向けに発信を開始するとのことである。

　(2) 否定的評価　第一に，公共調達はより良いものをより安く提供する企業が受注するべきであり，それ以外の評価項目は基準の曖昧さをもたらすとの批判があり得る。女性活躍推進は，各労働者のライフスタイルの選択にも関わるデリケートな領域であり，そうした選択に影響を与えかねない問題につき強い経済的インセンティブを置くことは適切でないとの意見もあり得る。[25] 管理職とは経営の要となる者であり，その人選は経営側に広い裁量を与えるのが当然で，制限すべきでないとの考えもあろう。

　第二に，女性活躍推進法の仕組みは，公共事業や国際取引・国外の投資家[26] に関心のない企業にはインセンティブにならないとの批判もあり得る。経済的イ

---

21)　前掲注10)記事。

22)　前掲注10)記事。

23)　事業主行動計画策定指針に「求職者，投資家，消費者等が各事業主の女性の活躍推進に向けた姿勢や取組等を知ることができるように」「女性が活躍しやすい企業であるほど……競争力を高めることができる社会環境を整備」「認定を……周知・広報……により，優秀な人材の確保や企業イメージの向上」等とある。

24)　日本経済新聞2017年5月2日記事。

25)　10年の時限立法であっても，また省令8条(4)は高いハードルではないと評価できるとしても，女性労働者に職業生活に重心を置く働き方を強いる可能性があるとの議論。

ンセンティブを追加すべきか否かも見解の分かれるところであろう。

7 適用企業の拡大

今後，現行法の対象より小規模の企業に，適用を拡大すべきだろうか。

小企業で働く女性も同様に活躍推進が必要であるならば，次世代法のように，途中で101人以上を雇用する企業等に適用を拡大することもあり得よう。平成27年度女性活躍加速化助成金[27]の存在もあり，小企業でも自主的に認定を取得したところもある。

これについては，少人数で業務に取り組んでいる企業において，データ把握やPDCAサイクルを回す作業量の負担感をどう取り除くかが課題となろう。

8 一律の具体的数値目標の設定

労働者500人以上でデータを女性活躍推進企業データベースに公表している企業（2554社）につき調査したところ[28]，女性管理職比率のトップ25％の企業（638社）の最高は96.8％，最低は11.8％，すなわち，75％の企業の女性管理職比率が11.8％以下であった。上位12.5％の企業のうちの女性管理職割合の下限は16.1％であった。上位12.5％の企業の業種は，トップが医療・福祉，第二位がサービス業，第三位が卸売・小売業であった。

また，女性管理職比率と全労働者に占める女性の割合，女性管理職比率と採用した労働者のうちの女性の割合には相関関係があると確認できた。本シンポジウムで焦点を当てた労働時間と女性管理職比率についても，残業時間が短い企業で女性管理職比率が高いことが確認できた。

4(2)で示した数値とともにこれらの結果を念頭に置きつつ，今後の展開として，一律の具体的数値目標を設定し，その達成に努力させるという構想をどの

---

26) 鳥羽達郎＝岸本寿生「アパレル小売企業の商品調達と共通価値の創造：インディテックスの事例研究」世界経済評論2017年7・8月号82-91頁参照。

27) http://www.mhlw.go.jp/file/06-Seisakujouhou-11900000-Koyoukintoujidoukateikyoku/0000130118.pdf 300人以下の事業主を対象に，取組実施で30万円，達成およびサイト公表で30万円。

28) 2017年2月10日現在のデータをエクセルにより分析。山下氏，Frey氏の協力を得た。

シンポジウムⅢ（報告①）

ように評価すべきか検討しよう。

　第一に，目標があれば達成に向けて努力できるという面と，目標を上回ると
それ以上の努力を尽くさなくなる面があることに留意すべきであろう。第二に，
両立に関する女性の意思の尊重という基本原則との調和に留意する必要がある。
第三に，女性を取り巻く社会環境の整備状況にも留意する必要がある。

　たとえば，女性管理職比率が常に3割を超え，女性の年齢毎の労働力率のグ
ラフが高い位置でオーバル型を描き（わが国はM字型），男性の一日の家事・育
児時間が3時間21分である[29]スウェーデンに注目しよう。

　筆者のインタビュー調査[30]によれば，スウェーデンは，労働組合，オンブズ
パーソン等，残業時間や女性の活躍に多様なアクターがチェックを加える仕組
みになっている。

　また，子に親の介護をする義務がなく，わが国で子が親の介護に関して行う
手続・意思確認は地方自治体が遂行しうる。さらに，保育所やケア施設が充実
し，その費用も家計の負担にならない。男性も育児休業を取得すれば給付が増
える仕組みであるため男女とも数ヶ月育休を取得するのが通例である。

　徹底した個人主義に基づく税制度（各自働かなければ納められない額）・年金制
度（自分で得た給料のみをベースに計算）・離婚制度（年金分割制度なし）であり，
既婚女性の98％近くが仕事を持っている。

　徹底した個人主義がとられた背景には，かつてアメリカに国民の20％が移住
した貧しい国であったスウェーデンで，働ける者はみな働いて国を豊かにし，
少しでもいい家を，いい教育を，いい福祉を手にしようという国民的合意を，
組合運動も社会運動も政府も重視してきたという歴史的経緯がある。人口の少

---

29)　平成28年版男女共同参画白書　Ⅰ—2—3図，Ⅰ—特—7図。
　　http://www.gender.go.jp/about_danjo/whitepaper/h28/zentai/
　　https://data.oecd.org/emp/employment-rate-by-age-group.htm
30)　スウェーデンで以下3教授にインタビューを行った。謹んで謝意を表したい。
　　Prof. Annamaria Westregård（Department of Commercial Law, Lund University）9:
　　20-13:30, March 27, 2017.
　　Prof. Birgitta Nyström（Law Faculty, Lund University）9:00-11:30, March 29, 2017.
　　Prof. Reinhold Fahlbeck（Law Faculty, Lund University）16:00-20:00, March 26,
　　2017, 17:30-20:00, March 29, 2017

ないスウェーデンだからこそ合意形成ができるとの見方もあるが，女性も働き，それに応じた報酬や地位を得て，自分の口を自分で糊する社会構造を，国民の合意で選択した点は特徴と言えよう。

　翻って，わが国は，要介護や要介護一歩手前の家族，就学後も看病の必要が生じうる子等のケアを，家族の誰かが中心的に担わざるを得ないことが多く，保育所等の数・費用等をみても女性が働く社会環境の整備は十分とはいえず，また仕事を持たない既婚女性が老後の生活をある程度保障される制度が存在する。そのような中で，両立に関する女性の意思を尊重しつつ女性の活躍を推進する場合，果たしてどの企業にとっても妥当であるような女性管理職比率を設定することができるだろうか。入社時の労働者の男女比率に比して，入社10〜15年後の管理職の男女比率があまりにかけ離れている現状に問題があることは明らかであるが，歴史の推移の中で形成されてきた社会システムを変革する国民的合意を，スウェーデンのように形成することができるだろうか。一律の具体的数値目標を設定できるか否か，すべきか否かはそれらの問の答えに関係する。

Ⅶ　結　　語

　非規制的手法を採用する女性活躍推進法が，企業に女性の活躍に関する実情を把握させ，第三者から見ても問題のない数値か否かを省みる契機を与えうることは多言を要しない。しかし，表面的な体裁を整えることに終始し作業の負担感のみが残ると見るのか，たとえ体裁を整えるために行った工夫でも意識改革の呼び水となると見るのかは，議論が分かれる。

　また，同法は非規制的手法をとるが，公共調達の経済的インセンティブ等はかなりのインパクトを与えうる。この点について，従来全く変わることのなかった固定的性別役割分担等をやっと覆す好機が来たと捉えれば肯定的に評価することとなる。反対に，企業経営のあり方や女性のライフスタイルへの国による過度の介入であるとする立場から見れば，否定的な評価となろう。

　なお，残業時間の公表については，働き方改革における長時間労働の是正の

シンポジウムⅢ（報告①）

観点から法改正がなされる可能性があることに留意する必要がある。

[付記]　この研究は平成27〜29年度科学研究費助成事業（基盤研究(C)「ダイバーシティ・マネジメントと労働法」課題番号 15K03150）の助成を受けている。

（おばた　ふみこ）

資生堂における女性活躍推進取り組み実践事例

山 極 清 子

(昭和女子大学)

I　は し が き

　本報告は，資生堂の女性活躍推進に深く関わってきた筆者の参与観察を集大成したものである。筆者の博士論文『日本的雇用慣行を変える「ダイバーシティ経営」─女性管理職登用が経営パフォーマンスに与える影響─』をベースに報告がなされた。

　1995年，資生堂の女性管理職登用比率は3％台であった。それが，2017年1月現在，およそ20年を経て，資生堂グループ海外事業所女性リーダー（部下を持つ管理職）比率64.5％，国内では30.0％と日本企業のトップクラスになった。

図表1　資生堂国内グループ女性リーダー（部下を持つ管理職）登用の推移

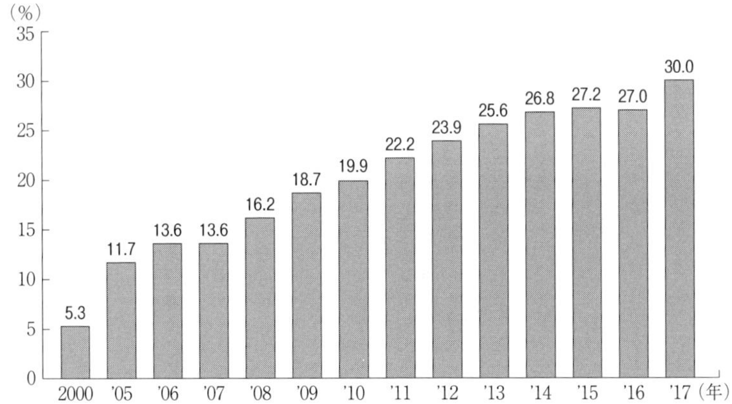

注：2015年までは各年4月1日時点。2016年以降は1月1日時点の実績。2006年に算出方法を
　　変更しているため，必ずしもそれまでのデータとは接続していない。
出典：資生堂資料をもとに筆者作成

図表2 資生堂の女性活躍推進プロセス・イノベーション（1987年4月～2017年1月）

ダイバーシティ＆インクルージョン
女性・障がい者・外国籍
男女ともにしっかりキャリアアップしながら育児・介護との両立へ

- ダイバーシティ＆インクルージョン
- 女性リーダー（部下を持つ）管理職・数値目標設定
- グローバル化人材
- ワーク・ライフ・バランス
- 多様な働き方

更なる女性リーダー登用とWLB同時推進
男女ともにキャリアアップしながら育児・介護との両立へ

- ジェンダー・ダイバーシティ
- 女性リーダー（部下を持つ）管理職・数値目標設定30%
- ワーク・ライフ・バランス
- 働き方改革

女性リーダー登用とWLB同時推進
誰もが仕事と育児の両立可能
男性の育児参画啓発

- ジェンダー・ダイバーシティ
- 女性管理職（部下を持つ）数値目標設定30%
- ワーク・ライフ・バランス
- 働き方見直し
- 両立支援制度拡充

ジェンダーフリーの施策としてのポジティブ・アクション
先進的な仕事と育児の両立支援

- ジェンダー・ダイバーシティ
- 女性管理職数値目標設定20%
- 管理職の意識改革
- wiwiwプログラム開発
- 事業所内保育施設設置

女性管理職登用をコミットメント
仕事と育児との両立意識は定着したが退職者少なくない

- 美容職を管理職・役員へ登用
- 法を上回る両立支援制度

企業風土の改革

女性管理職登用のグランドデザイン（1987～1996年度）	ジェンダーフリー活動／仕事と育児との両立支援（1997～2004年度）	第1フェーズ（2005～2006年度）第2フェーズ行動計画（2007～2009年度）
女性管理職登用の胎動期	女性管理職登用の基礎固め期	女性管理職登用の発展期

第3フェーズ行動計画（2010～2012年度）	ダイバーシティ＆インクルージョン（2013～2017年1月）
女性管理職登用の発展期	女性管理職登用の成熟期

出典：資生堂資料をもとに筆者作成

本内容は，時系列に沿って，1872年の創業者の想いを起点とする「プロセス・イノベーションのはじまり」（1872〜1986年度）→「女性管理職登用の胎動期」（1987〜1996年度）→「女性管理職登用の基礎固め期」（1997〜2004年度）→「女性管理職登用の発展期」（2005〜2012年度）→「女性管理職登用の成熟期」（2013〜2017年1月）へと，資生堂の女性管理職登用の革新的取り組み総体を「プロセス・イノベーション」として明らかにしたものである。

Ⅱ　プロセス・イノベーションのはじまり：1872〜1986年度

創業者 福原有信は，1872年，銀座に，日本初の医薬分業洋風調剤薬局，資生堂薬局を創業した。

当時は，男尊女卑の思想が根強く残っていた。しかし，そのような時代にあっても福原有信は，妻・徳に同薬局の経営を任せ，徳もまたこれに応えるべく能力を発揮するなど男女協働を実践したのである。

有信の三男である信三は，1916年に創業者から事業を引継ぎ，資生堂の経営者として薬局から化粧品部門を分離独立させ，本格的な化粧品事業を始めている。

1933年には，美容法を普及するための本格的な専属スタッフとして，「ミス・シセイドウ」の採用が決定した。アメリカ留学での見聞を持ち合わせていた信三は「男女すべからく働くべし」との言葉を発し，実践している。

この言葉は，「女性が働くことに大きな意味を認める」資生堂の企業文化の底流となっている。

資生堂は，高度経済成長に伴う化粧品の需要に対応し全国各地の販売会社で美容部員の大量採用を行い，ここで活躍している美容部員を銀座の本社へ異動させる抜擢人事を行なった。

この人事戦略は，高度成長期に始まり均等法施行後の1990年に導入された「選択型人材育成制度」[1]まで約30年間実施され，資生堂の女性の活躍を下支えした。

資生堂の海外進出は，1957年の台湾資生堂設立を皮切りにハワイ，ニュー

シンポジウムⅢ（報告②）

ヨークを拠点にした全米，カナダ，そしてフランス，イタリアなどのヨーロッパ，さらには中国へと広がっている。

　海外進出が成功した背景には，日本から派遣した美容部員によるセールスプロモーションの展開と店頭で高度な美容実技を披露し対面販売を通して行う顧客獲得があった。

Ⅲ　資生堂女性管理職登用の胎動期：1987～1996年度

　1987年当時，資生堂の組織体制は，風通しの悪い縦割りの官僚主義と大企業特有の「終身雇用・正社員・男性中心」の就労モデルに縛られ，活力低下に陥っていた。

　そのような状況下，第10代社長に就任した福原義春（現在，資生堂名誉会長）は，組織の活性化を目指して女性管理職登用をコミットメントした。

　福原社長が女性管理職登用をコミットメントした背景は，1966年から1968年，資生堂アメリカ社長在任中，高い管理能力を持って業績をあげているアメリカの女性たちを目の当たりにした実体験にあった。

　1991年当時，資生堂の「グランドデザイン」にはワーク・ライフ・バランス（以下，「WLB」）という言葉こそ使われていないが，仕事と生活の両立という，今日でいう WLB の概念が掲げられていた。

　福原は，その考えに則り，1987年から1997年までの期間，キャリアとライフイベントの両立に不可欠な両立支援制度及び柔軟で働きやすい職場環境整備に関する制度を矢継ぎ早に導入している。

　育児休業法の施行（1992年）に先立つ1990年に導入された資生堂の育児休業制度は，子どもが最長満3歳になるまでを限度に社員本人が希望する期間の休

1）　資生堂社員の主体的な意欲を尊重した人材育成制度で，総合職，事業所限定職，美容職の3つからコースを決める等のコースを設定している。男女雇用機会均等法が施行されたことを受け，意欲と能力のある女性社員は総合職として男性と同じ土俵で仕事ができるようになった。筆者も，この制度を機に総合職に登用された一人である。
2）　1992年に施行された育児休業法では「男女とも子どもが1歳になるまでの育児休業が取得できる」ことが定められている。

業を認めるという，法律を上回る制度である。これを取得することで女性の継続就労が可能となった。

Ⅳ　資生堂女性管理職登用の基礎固め期：1997～2004年度

1987年にスタートした経営改革は，女性管理職登用をコミットメントし，意識的ではないにしてもジェンダー・ダイバーシティ施策とWLB施策を推進して女性管理職登用を目指すスキームは作られた。しかしながら，経営計画に女性の管理職を登用する目標を明文化してはいなかった。

そこで，2000年に，女性管理職登用を推進する専任体制としてジェンダーフリー推進事務局が設置され，女性管理職登用を経営計画に組み入れた。

ジェンダーフリーの具体的目標は，男性管理職の意識・行動を変える施策や人事制度の改革，登用の数値目標を掲げる等5つのポジティブ・アクションである。2001年には副社長を委員長とした「ジェンダーフリー委員会」が新設され，これらのポジティブ・アクションへの取り組みを後押しした。

一方，胎動期の1990年に導入した育児休業制度の取得者が300名にも達しキャリアブランクが問題になり，その課題解決策として育児休業をブランクからブラッシュアップさせる職場復帰支援プログラム「wiwiw（ウィウィ）」が，2000年に開発された。また，2003年にはWLB推進に向けた社内保育施設「カンガルーム汐留」の開設も加わり，ジェンダー・ダイバーシティ施策とWLB施策とが，車の両輪となって女性管理職登用比率10％台に押し上げた。資生堂の女性活躍の基礎固めがこの時期に行われたといえる。

女性管理職登用比率の増加により，性別職務分離が縮小し，経営パフォーマンスが向上している。広報部門では新聞・テレビの重要なマスコミ媒体担当に女性が就いたことで記事掲載数は増加した。また，宣伝部のデザイナーに女性を採用・登用するようになってから商品のデザインが多様化して女性顧客層が一層増加した。

しかしながら，ジェンダーフリー活動だけでは，限られた範囲で日本的雇用慣行を変えることができても，夜遅くまで働くことが当たり前とする長時間労

シンポジウムⅢ（報告②）

働を削減することはできず，そのような職場では女性管理職登用目標があっても達成は困難であった。女性の管理職登用実績を上げ日本的雇用慣行を根本から改革するためにはジェンダー・ダイバーシティ施策に取り組むと同時に長時間労働削減を重点目標としたWLB施策に組織をあげて計画的に推進する枠組みが不可欠だとする理解が深まった。

この枠組みは，「資生堂の女性管理職登用の発展期」へと引き継がれて行く。

Ⅴ　資生堂女性管理職登用の発展期：2005〜2012年度

資生堂の顧客の9割が女性であり，社員の約7割が女性であることを考慮すれば，女性の活躍支援，その延長線上にある女性管理職登用を促進する取り組みが，資生堂の考えるCSR活動の中心部分を支える重要な構成要素になることはいうまでもない。

こうした背景から，2004年4月に新設されたCSR部には，戦略的CSRの一環として男女共同参画活動が組み込まれ，男女共同参画グループが，直接その活動を担うことになった。

2005年当時，資生堂の女性管理職の割合は11.7%である。日本企業の女性管理職比率9.1%と比べれば高い比率だが，経営計画に掲げた登用目標には達していない。

女性管理職登用の発展期に入った資生堂は，ジェンダー・ダイバーシティとWLBとを統合して推進する施策として第一フェーズ「男女共同参画アクションプラン20」（以下「アクション20」）を策定し，2005年度から2カ年間にわたって実施している。

「アクション20」では，社員の多様性（ダイバーシティ）を活かし，男女社員の誰もがその持てる潜在能力を発揮できるジェンダー平等な社内風土を醸成することを基本に，2つの軸により構成されたアクションプランが立てられている。2つの軸とは，部下を持つ管理職及び女性の経営参画の加速を目指す「女性リーダー育成・登用」の軸と，「働き方の見直し」と「仕事と出産・育児の両立支援」とからなるWLB支援の軸とである。

図表3　第一フェーズ「男女共同参画アクションプラン20」(2005～2006年度)

重点課題目標	No	「アクション20」具体的施策
1．社内風土の醸成	No.1	行動変革に向けた社内コミュニケーションの強化
	No.2	事業所単位での男女共同参画活動の推進
	No.3	コミッティ活動
2．女性リーダー育成・登用 （女性社員の経営参画の加速）	No.4	リーダーの責任・権限・処遇の見直し
	No.5	女性リーダー比率目標値の設定 2007年10月：20％　2013年10月：30％
	No.6	会議体への女性参画促進
	No.7	全国コース社員の人材育成型人事異動の強化
	No.8	事業所コース社員の人材育成型人事異動の強化とコースの見直し
	No.9	ジョブチャレンジ制度，FA制度の飛躍的拡充
	No.10	リーダー育成・支援のための社内教育の強化
	No.11	メンタリング制度
3．働き方の見直し	No.12	「働き方見直しプロジェクト」発足 リーダー業績評価項目に長時間労働削減や有休取得率向上など設定，「働き方見直し月間」，残業は上司の事前申請必要，就労システム改革，長時間労働削減マネジメント強化研修など
4．仕事と出産・育児の両立	No.13	母性保護や育児休業制度などをまとめたガイドブックの作成
	No.14	妊娠中も安心して働ける職場環境づくり
	No.15	妊婦のための制服導入
	No.16	育児休業・育児時間（短時間勤務）が取得しやすい環境整備
	No.17	男性の育児参加促進
	No.18	子どもの看護休暇制の導入
	No.19	事業所内保育施設とwiwiwの利用促進／学童保育支援
	No.20	配偶者の転勤等を考慮した制度の導入

シンポジウムⅢ（報告②）

　「アクション20」は，計画期間において概ね目標を達成できたものの，女性
リーダー育成・登用，男性の育児参加促進，社員の恒常的な長時間労働削減と
いった目標達成にあたりハードルの高い項目が未達となった。これらの目標を
達成するためには「アクション20」から質的転換を図った取り組みにすること
が必要であった。そこで，「男女共同参画アクションプラン15」（以下「アクシ
ョン15」）が策定された。

　「アクション15」とは，男女共同参画部会事務局がCSR委員会に提案し，承
認を得た3年間に及ぶジェンダー・ダイバーシティとWLB推進の行動計画で
ある。女性リーダー育成・登用については，具体的に登用を促進するアクショ
ンプランが組み込まれ，長時間労働削減に向けた働き方の見直し施策も強化さ
れた。

　これまでの2つの男女共同参画アクションプランの取り組みにより，日本的
雇用慣行の変革はある程度進んだ。しかし，行動計画に対する未達があったこ
とから第三フェーズ「男女共同参画アクションプラン」を策定して2010年から
2013年まで取り組んだ。これらの第一次から第三次に及ぶアクションプランを
実施した結果，2000年に5.3％であった女性管理職比率が，2012年には23.9％
へと増加した。

　働き方の見直しは，一人当たり一年間の所定外労働時間が276.5時間（2005
年度）であったのに対し，2012年度では188.5時間へと削減され，月80時間を
超える長時間残業を行う社員はいなくなった。有給休暇取得率についても，
2005年度61.7％だったものが，2012年度70.0％へと上昇している。

　しかしながら，長期間の育児休業制度及び育児短時間勤務制度の取得それ自
体が女性のキャリアブランクになるなど新たな問題も生まれてきた。この問題
は，これらの制度の主な取得者であるビューティコンサルタント（以下「BC」）
の管理職登用及び経営パフォーマンスにかかわる重要な課題として浮上した。

VI 資生堂女性管理職登用の成熟期：2013〜2017年1月

1 ビューティコンサルタントの働き方改革

女性管理職登用の成熟期の取り組みとは，2015年11月に報じられた，BCの働き方改革，いわゆる「資生堂ショック」のことである。

BCは，入社時の雇用形態が契約社員という位置づけにあったことや，「キャリアアップ」に向けた人材育成がなされていなかったこともあって，貢献度が高い仕事にチャレンジしてキャリアアップを目指すよりも，軸足は家庭にあって，かろうじて仕事と育児を両立している，つまり，マミートラックに乗る傾向にあった。長期間の育児休業と育児短時間勤務の取得によって，「女性が育児，夫は仕事」という性別役割分担が固定化し，キャリアロスも生じていた。

これを放置することは，資生堂が，2005年から「男性の育児参画」を推進してきたものを逆戻りさせ，女性活躍推進法のガイドラインにそぐわないことになる。

育児短時間勤務のBCの多くは，朝出勤し，夕方5時に帰る早番のシフトに入るため，繁忙時間帯に働く遅番[3]や休日勤務は，独身のBCと子育てを終えたBCに集中してしまうため，これらの人たちはWLBがとれず，不公平感を抱くようになった。

また，BCを部下に持つ管理職は，軸足が育児に向いているBCへの仕事のアサインがしにくいという状況に陥っていた。

そこで，会社側は，このような事態に直面したことから，育児をしながらも，異動や新しい業務経験を通じてキャリア形成を可能にする，より次元の高い働き方の改革に取り組む必要があった。

具体的には，管理職が，育児短時間勤務を取得しているBC一人ひとりと個別面談を行って働き方改革の趣旨を丁寧に説明した。管理職は，BC自身の将来のキャリアに対する考え方を聴き，家庭の事情にも配慮しつつキャリア形成

3） 早番の勤務時間は，10時から18時45分である。

4） 遅番の勤務時間は，11時15分から20時である。

シンポジウムⅢ（報告②）

できる働き方や制度の活用方法などを確認した上で，「育児をしながらキャリアアップを目指そう」とする会社のメッセージを説明している。

人事部では，家庭の事情により育児に参画できる夫（パートナー）や家族がいない場合，地域の子育て支援サービスを活用するアドバイスやベビーシッター料金の補助など企業としてできる限りの支援策も講じた。

上述のような取り組みを実施した結果，BCの夫の家事・育児参画が進み，育児短時間勤務中の1,200名のうち98％のBCが働き方を見直して遅番・土日勤務ありのシフト勤務へ移行できた。さらに育児短時間勤務であっても業績をあげれば昇進できるという，マミートラックからキャリアアップへと意識・行動変革がなされ，管理職登用にも成果をあげている。

2　女性管理職登用への取り組み成果及び2020年に向けた組織活性化施策

資生堂は，上述のような一連の取り組みが認められ，2015年1月には，「女性が輝く先進企業表彰」において，『内閣府特命担当大臣表彰』を受賞した。続く，同年5月，『日経WOMAN』「女性が活躍する会社BEST100」の総合ランキングにおいて3年連続第一位になった。

2017年現在，女性管理職登用をイントロダクションとして多様性に富むグローバル人材の育成を目指しており，これを可能にする新しいステージを拓く段階に入ってきている。

そこで，2020年までにグローバル体制を構築し，資生堂を，ダイバーシティ＆インクルージョンな会社へ，と進化させたいとして「VISION 2020」を掲げ，「組織を活性化・若返りさせる人事戦略」を打ち出した。3つの具体的な課題として「多様性」「役割と責任」「競争原理」をあげ，これらの実現を図ろうとするものである。

ダイバーシティ＆インクルージョンへの取り組みとしては，「女性の活躍として女性リーダーを増やす」「BCのキャリアアップ」「外部人材の採用と登用」「国境を越えた異動を促進するグローバルモビリティ」「日本中心のポスト設計・労務環境の見直し」をあげている。

Ⅶ 結　語

　本報告では，女性管理職登用の加速に必要な共通の施策展開を踏まえ，具体的には女性管理職登用に必要な施策とは何か，どのようにしてアクションプランを策定し，いかなる推進体制で取り組めば成果をあげることができるのか，女性管理職登用の実現に至るまでの一連のプロセス・イノベーションとその成果及び課題を明らかにした。

　結びにあたって強調したいのは，女性が活躍し登用を実現する鍵は，単独でジェンダー・ダイバシティ施策を進めるのではなく，これとワーク・ライフ・バランス施策とを組み合わせて同時に進めていくことにある。

　また，企業個々の取り組みだけではなく，社会全体での構造的取り組みが必要である。キャリアと育児や介護との両立には法整備が不可欠であり，家事，育児，介護を社会で支える事業化が必要になる。それゆえ，女性管理職登用を加速するには，企業経営者が，育児や介護の社会化を等閑視せず，そのための社会インフラの整備についても積極的に提言をすることも重要なテーマの一つとなっている。

（やまぎわ　きよこ）

個 別 報 告

公益通報者保護法制度の役割と活用に向けた課題　　　　　　　　日野　勝吾

労働者の個人情報の収集をめぐる規制　　　　　　　　　　　　　河野　奈月
　　──犯罪歴の調査に関する米仏の規制を中心に──

労働保険における労働者の「従前業務」に対する法的評価　　　　地神　亮佑
　　──アメリカ法を参考に──

フランスにおける合意解約法制化の意義　　　　　　　　　　　　古賀　修平

公益通報者保護法制度の役割と
活用に向けた課題

日 野 勝 吾

(淑徳大学)

I は じ め に

わが国の多くの企業が選択している長期雇用システムにおいては，強固な結束型の社会関係資本（ソーシャル・キャピタル）を背景にして，企業内部に規律が貫徹しやすい一方で，法令遵守（コンプライアンス）違反等の問題が発生した際，労働者は，その企業を辞める（exit）か，問題点を指摘し（voice），内部告発をする（blow a whistle）か，もしくは，見て見ぬ振りをする（see no evil, hear no evil, speak no evil）か，いずれかの選択を迫られることになる。[1]

かつての内部告発[2]は，集団的労使関係をめぐる組合活動（情宣活動等）の一環として取り扱われてきた。つまり，労働組合が企業に対する監視機能の役割を担ってきたことを踏まえ，「集団」（労働組合）が主体となって，当時，世間の耳目を集めていた，環境や消費にまつわる社会問題に関する内部告発を行ってきた。[3]

その後，時流の変化に伴い，企業への忠誠心よりも，職業倫理・職業専門性を優先する風潮や企業の自浄作用・問題解決能力の低下等も相まって，「個人」（労働者）が主体となって，企業内の不正・違法を糾す内部告発が，今なお増加

1） 稲葉陽二『企業不祥事はなぜ起きるのか』（中央公論新社，2017年）125頁以下は，企業不祥事を社会関係資本の観点から実証的に検討し，企業不祥事を抑止できない企業風土に原因があると述べる。

2） 本稿では，「内部告発」について，さしあたり「事業者内部にて従事している労働者等が，外部機関等の第三者に対して，公益目的のもと，事業者内部の不正行為や違法行為を開示すること」と定義する。

個別報告①

傾向にあるといえる。公益通報者保護法（以下，「公通法」という）[4] 制定の端緒
となった多くの企業不祥事が，「個人」（労働者）による内部告発によって明ら
かになったように，公益通報[5]や内部告発の主体が，「集団」から「個人」へと
転換したと評価できよう。

　こうした背景事情を踏まえ，本稿では，公通法の制定過程や施行後の実態等
を紐解きながら，関連裁判例の趨勢と同法の保護要件効果との比較を通じて，
同法の抱える諸課題を浮き彫りにする。その上で，公通法を所管している消費
者庁の「公益通報者保護制度の実効性の向上に関する検討会」[6]（以下，「検討会」
という）の最終報告書（平成28年12月15日公表）[7]（以下，「最終報告書」という）を素
材に，施行後11年を経過した同法を再検証し，今後の展望を探りたい。

Ⅱ　消費者保護政策の一環として立法化された公通法

1　公通法の立法過程と背景事情

　公通法は平成16年6月14日に可決・成立し，平成18年4月1日に施行された。
以下では，同法の立法化の変遷[8]について簡単に触れておく。

3）　例えば，山陽新聞社事件・岡山地判昭45・6・10労判108号19頁，日本計算機事件・京都
　　地峰山支判昭46・3・10労判123号6頁，杉本石油ガス（退職金）事件・東京地判平14・
　　10・18労判837号11頁他。なお，労働者は被害者である側面と労働者が闘うべき社会的責務
　　を担う側面があるとし，労働者の市民性を重視する考え方として，西谷敏「労働者の公害反
　　対闘争をめぐる法的諸問題」日本労働法学会誌37号（1971年）92頁。同『労働法の理論』
　　（法律文化社，2016年）53頁以下。
4）　同法の概要や論点等について，荒木尚志＝男澤才樹＝鴨田哲郎「内部告発・公益通報の
　　法的保護─公益通報者保護法制定を契機として」ジュリスト1304号（2006年）148頁，小宮
　　文人「内部告発─法制の概要と論点」ジュリスト1438号（2012年）24頁他。
5）　以下，「公益通報」とは，公通法2条の定める事業者内部への通報（「内部通報」），通報
　　対象事実の法令を所管する行政機関への通報（「行政通報」），事業者外部への通報（「外部通
　　報」）をいう。
6）　これまでの審議経過等については，消費者庁ホームページ（http://www.caa.go.jp/
　　planning/koueki/chosa-kenkyu/koujou.html）を参照。
7）　消費者庁ホームページ（http://www.caa.go.jp/planning/koueki/chosa-kenkyu/files/
　　koujou_161215_0003.pdf）を参照。なお，拝師徳彦「『公益通報者保護法』改正の動き：消
　　費者庁WGを中心に」消費者法ニュース109号（2016年）61頁。

公通法制定にあたっては，平成12年から14年にかけて頻発した食品偽装やリコール隠し等の企業不祥事の多くが，労働者の内部告発によって発覚したことを契機として，当時，国の消費者行政を所管していた内閣府国民生活局（現在の消費者庁）に設けられた「コンプライアンス研究会」の報告書（「自主行動基準の作成とコンプライアンス経営」）に遡る。その後の審議会等において，消費者保護政策の観点から，企業の法令遵守の取組みが急務とされ，企業による自主行動基準の作成や内部通報制度の整備等が，消費者に対する信頼の維持・回復につながると示された。

このように当時の企業不祥事の多くが，消費者の利益に直結する事案であったことを端緒として，「消費者行政主導」により，「公益」を「消費者の利益の擁護」に関する範囲に限定された。必ずしも労働者（公益通報者）の保護に重点を置いた立法政策とはいいがたいと評価できる。つまり，公通法は企業の自主的取組に依拠される内部通報制度による自律的なエンフォースに期待して，

8）　この点，松原妙華「内部告発による公益実現のための法制度のあり方：公益通報者保護法における外部通報要件改正に向けて」東京大学大学院情報学環紀要（情報学研究）90号（2016年）114頁以下が詳しい。

9）　「公益」の概念については，法令上明確な定義は置かれていないが，主に憲法学において「公共の福祉」論との関連で議論されてきたものの（長谷部恭男『憲法〔第4版〕』（新世社，2008年）114頁以下），いうまでもなく，時代の変化によって公益に対する価値判断も変化するといえる。本稿では，公益を「利己」のためではなく，「利他」のために行われるという観点を重視し，「法規範に基づいた，不特定多数の者に向けた，社会的・公共的利益」と広義に設定して論を進めたい。なお，公益性や公共性については，井上達夫「公共性とは何か」井上達夫編『公共性の法哲学』（ナカニシヤ出版，2010年）10頁以下が詳しい。

10）　国民生活審議会消費者政策部会公益通報者保護制度検討委員会「公益通報者保護制度の具体的内容について」（平成15年5月19日）3頁によると，「『公益通報は消費者問題に関係する法令等への違反だけに限定されるわけではなく，あらゆる分野における法令違反全般……の幅広い公益通報を対象として検討が行われることが望ましい。』と指摘しつつ，公益通報者保護制度を消費者政策の在り方に関する検討事項の一つとして取り上げ，できるだけ早急に具体化することが必要であるとして，『まず，消費者利益の擁護のための公益通報者保護制度について検討を進める』」と経緯を述べている（http://www.consumer.go.jp/seisaku/shingikai/bukai20/shiryo1.pdf）。

11）　公益通報者とは，公益通報をした労働者をいい（公通法2条2項），労働基準法（以下，「労基法」という）9条にいう労働者をいう（同法2条1項）。

個別報告①

消費者の利益の擁護や法令遵守体制の構築を優先させたソフト・ロー型立法と位置づけられる。

2 公通法の多目的性と各法領域の乖離

公通法の目的は，「通報者の保護」，「消費者利益の擁護」，「法令遵守の促進」の3つの側面から捉えられ，各々関連する法領域である「労働法」，「消費者法」，「商法・会社法」の視点から検討されてきた。[12]

労働法からは，内部告発者（公益通報者）の保護に焦点を当て，労働基準法（以下，「労基法」という）104条2項や労働安全衛生法（以下，「労安衛法」という）97条2項等，法令違反に関する行政機関等への申告を理由とした不利益取扱い禁止等の個別法による保護に加えて，後述する内部告発の正当性判断に関する判例法理が形成されてきたこと，また，公通法は他の法律の適用を妨げない（6条）ことなどから，内部告発者（公益通報者）への重層的な保護が期待されてきた。[13]その上で，労働契約上の付随義務や企業秩序維持義務との相克を主な論点としながら，懲戒権・解雇権濫用の問題として議論され続けてきた。[14]

内部告発の規範的根拠については，労働者の人格権配慮義務に求める見解，[15]公共の福祉に求める見解，[16]法令遵守実現のための手段として妥当性を認める見解，[17]国民の憲法規範を擁護する義務に求める見解，[18]消費者市民社会形成に資す

---

12) その他，憲法からのアプローチも存する。例えば，牧本公明「公務員による公益通報の保護の現状と『表現の自由』」松山大学論集24巻6号（2013年）233頁。

13) その一方，公通法は適用範囲が狭く，保護要件も厳格である等の批判も寄せられていた。例えば，森井利和「労働者にとっての公益通報者保護法」角田邦重＝小四啓文編『内部告発と公益通報者保護法』（法律文化社，2008年）54頁他。

14) 小宮文人「内部告発の法的諸問題—公益通報者保護法に関連させて」日本労働法学会誌105号（2005年）70頁他。

15) 島田陽一「労働者の内部告発とその法的論点」労判840号（2003年）15頁。

16) 土田道夫「顧客信用情報の不正取得および第三者に対する開示を理由とする懲戒解雇」判時1834号（2003年）202頁（判批538号37頁）。小宮・前掲注14)論文73頁。なお，公共の福祉による企業活動に対する制約と公通法との関係を論じたものとして，遠藤昇三『労働保護法論』（日本評論社，2012年）125頁以下。

17) 大内伸哉「内部告発者保護のための法制度のあり方」大内伸哉ほか『コンプライアンスと内部告発』（日本労務研究会，2004年）199頁。

る手段として妥当性を導き出す見解等が展開されてきた。なお，こうした見解に加えて，労働契約の特殊性に鑑み，労働者の自発的協力でもある内部告発・公益通報を通じて，企業利益や企業秩序よりも公益を優先させる合理的理由があることなどを論拠に，労働契約における信義則上の「法令遵守協力義務」に基づく規範的根拠の理論的形成も検討の余地がある。[21]

一方，消費者法からは，前述の立法経緯の影響等もあって，消費者行政への支援や行政機関への情報提供として公益通報を位置づけ，消費者保護行政の充実を図る観点に基づいて検討されてきた。[22]消費者契約の主体となる消費者が知りえない商品・役務に係る情報を開示する公益通報や企業の内部通報制度の自発的な整備を通して，消費者の利益の擁護や消費者支援行政に資する法制度と考えられてきた。

他方，商法・会社法からは，法令遵守体制の整備・機能促進の一環として，企業統治の観点に基づいて検討されてきた。[23]会社法における内部統制システム構築義務や[24]，東京証券取引所「コーポレートガバナンス・コード（企業統治指針）[25]」は，内部通報制度の体制整備の実現と運用状況の監督を取締役会の責務と定め

---

18) 豊川義明「内部告発権の法理的検討と法制化に向けての課題」労旬1545号（2003年）14頁。

19) 消費者教育の推進に関する法律2条2項。

20) 日野勝吾「公益通報者保護法の今日的意義と課題」法政論叢53巻2号（2017年）79頁。

21) こうした問題提起を示唆したものとして，島田陽一＝諏訪康雄＝山川隆一「企業秘密と内部告発―コンプライアンスと公益通報者保護制度を背景として」労判858号（2004年）17頁以下［諏訪発言］。その一方，山川和義「労働者による企業コンプライアンスの実現」日本労働法学会編『講座労働法の再生　第4巻』（日本評論社，2017年）93頁は，労働者の権利として，「企業不正等通報権」を定立し，規範的に正当化する根拠を示すべきと提案する。

22) 松本恒雄「コンプライアンス経営と公益通報者保護法―その消費者政策における位置づけ」法とコンピュータ25号（2007年）47頁，土田あつ子「消費者からみた公益通報者保護法の問題と考察」消費生活研究17巻1号（2015年）19頁他。

23) 柿崎環「公益通報者保護法の見直しに向けて―資本市場規制からのアプローチ」法時83巻12号（2011年）1頁，同「『自己修復型ガバナンス』へのいざない：会社法，内部統制規制，公益通報者保護法の有機的連携の可能性」法時86巻3号（2014年）30頁。

24) 会社法施行規則100条3項4号，5号（会社法362条4項6号に基づく）。土田道夫「企業法と労働法学」『講座労働法の再生　第6巻』（日本評論社，2017年）242頁は，労働法の制度である内部通報制度の整備を会社法上の内部統制システム構築義務に位置づけて論じる。

個別報告①

て，経営幹部から独立した体制整備をハード・ロー型立法の観点から要請している。

このように各法領域から，公通法の目的を捉えることにより，公通法はその多機能性に脚光を浴びる一方，公通法の役割や意義，方向性等について，齟齬や乖離が生起してきたといえる。

Ⅲ 公通法の登場による功罪

1 保護要件の規定による予見可能性の向上と内部通報窓口の増加

公通法は，公益通報の保護要件を明示し，その法的効果として解雇の禁止（3条），また，降格や減給等の不利益取扱いを禁止しており（5条），保護される通報要件や保護対象の範囲を定めたことによって予見可能性が向上したと評価できる。どのような内容の通報をどこへ通報すればよいかという「道標」を定め，公益通報に関する包括的な保護立法として公通法が成立したこと自体に，存在意義を認めることができよう。

また，公通法は通報を理由とした不利益取扱いを受けた派遣労働者も保護対象として加えており（4条），後述する内部告発の正当性判断に関する判例法理の保護範囲を超えて，通報者の保護を拡充したと評価できる。

さらに，公通法制定を受けて作成された，通報受付体制の整備や通報処理等の指針となるガイドライン[26]によって，企業の自浄作用を目的にした内部通報制度の設置を推奨し，企業の法令遵守体制の整備を加速させたことなどから，公通法施行により，大企業を中心に内部通報窓口の設置率は高まったといえる[37]。

---

25) 「株主以外のステークホルダーとの適切な協働」（基本原則2）。内部統制システム自体が機能不全となった場合において，経営トップの不正を牽制し，経営陣からの独立性を高めるため，実効性を担保できる内部通報制度のあり方が検討されている。

26) 各種（民間事業者，行政機関（内部職員向け・外部労働者向け））通報対応ガイドラインについては，消費者庁ホームページ（http://www.caa.go.jp/planning/koueki/gaiyo/guideline.html）を参照。

2 保護要件の厳格化に伴う保護縮減と通報抑制，通報者支援の欠如

　このように公通法の制定は，公益通報者の保護の発展に貢献したことは評価できるが，現行法制度においては，通報者の通報意欲の減退等，公益通報者の保護の発展を阻害する機能があることも指摘することができる。

　既述の通り，公通法は消費者利益の擁護を公益と設定したため，法的に保護される通報対象範囲が縮減されている。例えば，税法や政治資金規正法等，国家的法益や社会的法益に該当する法律は公通法の保護対象外とし，現在のところ，通報対象となる法律は462本の法律に限定され[28]，消費者利益の擁護に関する法令違反のみの通報を保護対象範囲と設定している。行政解釈によると[29]，公通法にいう通報は具体的事実を知らせることを指し，通報者がどの法律やどの条項に抵触するか認識している必要はないとする。しかし，裁判手続においては，違法行為に関する具体的な挙証が不可欠であり，通報対象法律に違反する犯罪の構成要件をある程度理解した上で，通報段階において違法性を疎明しなければならず，通報者にとって，高いハードルが課されているといえる。限定された法益のみを通報範囲とした結果，通報者の通報意欲を削ぎ，公通法自体が通報者による通報を抑制する一端を担っていると考えられる[30]。

　また，どのような法律違反の通報が，公通法の適用による保護を受けることができるのか，通報者自身が判然としないまま通報したとしても，結果として，通報者が保護を享受できないことにつながる点は当然の理であるといえる。

　さらに，わが国では通報前から通報後に至る相談受付体制等の支援体制が構築されておらず，通報者をバックアップする団体も育成されていない。なお，イギリスでは，非営利組織である，Public Concern at Work（PCAW）[31]が存在

---

27)　なお，内部通報制度の導入状況について，消費者庁「平成28年度　民間事業者における内部通報制度の実態調査報告書」によると，大企業は99％の設置率に対して，中小企業では40％に留まり，中小企業の設置率はいまだ伸び悩んでいる（http://www.caa.go.jp/planning/koueki/chosa-kenkyu/files/chosa_kenkyu_chosa_170104_0002.pdf）。

28)　平成29年9月15日現在。

29)　消費者庁消費者制度課編「逐条解説　公益通報者保護法」（商事法務，2016年）70頁。

30)　消費者庁「平成28年度労働者における公益通報者保護制度に関する意識等のインターネット調査報告書」27頁以下を参照（http://www.caa.go.jp/planning/koueki/chosa-kenkyu/files/chosa_kenkyu_chosa_170104_0003.pdf）。

個別報告①

しており，通報者向けの無料電話相談を開設する等，通報者支援に積極的に寄与している[32]。

3　各通報先の保護要件が及ぼす緊張関係と制度外競争関係の生起

　先述の通り，公通法は，内部通報を優先させようとする立法制定過程から，内部通報，行政通報，外部通報と進むにつれ，段階的に厳格な法律要件が通報者に要求している。なお，公通法は，イギリスの公益（情報）開示法（Public Interest Disclosure Act 1998）[33]をモデルとしたことなどから，内部通報から外部通報へと段階的に保護要件が加重されており，各通報先の保護要件の差を設けて，通報による公益実現と事業者の利益保護のバランスを図っている。しかし，現実的には，内部通報が放置あるいは隠蔽され，通報者の情報が外部に漏洩されるなど，機能不全に陥っている事例[34]が散見されており，内部通報から行政通

---

31)　公益通報者の支援活動等の詳細については，Public Concern at Work ホームページ（http://www.pcaw.org.uk/）を参照。なお，日野勝吾「公益通報者に対する『支援』に関する意義と課題―イギリスの公益開示法（Public Interest Disclosure Act）と公益通報者の民間支援団体 Public Concern at Work を例にして」淑徳大学研究紀要（総合福祉学部・コミュニティ政策学部）50号（2016年）185頁以下。

32)　公益通報者の支援体制につき，大韓民国の公益申告者保護法は，国民権益委員会による通報後の保護措置，身辺保護，報奨金支給等の法制度化がなされている。詳しくは，東京弁護士会公益通報者保護特別委員会『「公益通報者保護法」改正の視点―韓国「公益申告者保護法」調査報告』（東京弁護士会，2015年）32頁以下。なお，大韓民国国民権益委員会ホームページ（http://www.acrc.go.kr/）も参照。

33)　國武英生「イギリスにおける公益情報開示法の形成と展開」北大法学研究科ジュニア・リサーチ・ジャーナル第9号（2002年）8頁以下。なお，イギリスの公益情報開示法については，Parkins v Sodexho [2002] IRLR 109 等を契機にして，企業規制改革法（Enterprise and Regulatory Reform Act 2013）改正に伴い，公益性要件（public interest test）を新設し，誠実性要件（good faith test）を廃止している。詳細については，日野勝吾「イギリス公益情報開示法と公益通報者の保護」尚美学園大学総合政策論集24号（2017年）131頁以下を参照。

34)　例えば，昨今の事例では，東洋ゴム工業株式会社製免震ゴム問題に関する外部調査チームによる調査報告書275頁以下（http://www.toyo-rubber.co.jp/pdf/news/2015/150622.pdf）及び株式会社東芝第三者委員会の調査報告書37頁以下（http://www11.toshiba.co.jp/about/ir/jp/news/20150721_1.pdf）等。なお，自治労共済（島根県支部）事件・広島高松江支判平25・10・23判例集未登載も参照。

報，外部通報へスムーズに移行できるよう法律要件を緩和することが考えられる[35]。つまり，各通報先の法律要件を緩和して，制度内での競争を激化させることにより，内部通報制度の機能をさらに向上させることが可能となる。

　また，こうした制度内競争に加え，制度外での競争も激化しており，例えば，行政手続法における申出制度[36]のように，表意者の保護に関する立法とはいえないものの，不正・違法行為に関する行政機関への表意手段の多様化が加速している。実効性の乏しい法制度は，制度外での競争によって，やがて淘汰される可能性があることを指摘せざるを得ない。

4　内部告発の正当性判断に関する判例法理と公通法上の保護要件の相違

　公通法の登場によって，形成過程にあると思われる判例法理の考慮要素と公通法の保護要件との関係も，包括的な通報者保護のあり方に影響を及ぼしている。

　裁判所は，内部告発について，労働者が使用者に対して負っている労働契約上の誠実義務や使用者が労働者に課している信用・名誉を毀損しない義務，使用者の企業秩序維持の観点から懲戒権行使の対象と一般論を展開する。その上で，労働者は企業外において言論・表現の自由（憲法21条）を有していることなどを踏まえ，企業の利益に反することになったとしても，公益を一企業の利益に優先させる見地から，一定の範囲内における会社・使用者の批判等を目的とした内部告発は保護されるべきであると判示する[37]。そして，内部告発の正当性判断にあたっては，①告発内容の真実性，②目的の正当性，③組織にとっての告発内容が重要であるかどうか，④告発手段・方法の妥当性の4つの考慮要素に基づき判断している[38]。特に，告発手段・方法の妥当性については，労働者が企業内部において違法行為等の是正努力を考慮要素とする裁判例があり[39]，内

---

35)　なお，公通法は内部通報制度が機能していない場合を想定し，外部通報の特定事由要件を定めているが（3条3項イ，ロ，ニ），該当事実の挙証が困難である旨，指摘されている。森井・前掲注13)論文54頁以下参照。

36)　何人も処分等の求め（同法36条の3）が可能と規定されている。

37)　首都高速道路公団事件・東京地判平9・5・22労判718号17頁。

38)　大阪いずみ市民生協事件・大阪地堺支判平15・6・18労判855号22頁他。

個別報告①

部通報を誘導させるものの，公通法のように対象法律（法益）を限定することなく，広範に内部告発を保護している。なお，内部告発の準備行為については，資料収集行為の違法性を阻却することにより，当該行為を正当化し，これに対する使用者の不利益取扱いの効果を否定している[40]。

　一方，公通法施行後，同法の解釈に踏み込んだ裁判例は少ないが[41]，同法による保護は，2条に定める法律要件の該当性の有無により判断されるものの，法律要件の適用の困難性等から，多くの裁判例は人事権・解雇権濫用等に基づいて内部告発（公益通報）を理由とした解雇・不利益取扱いをめぐる不合理性を判断しているといえる[42]。なお，違法行為等を疎明する証拠書類の持出し行為等の通報準備行為について，公益通報との因果関係を認めて，公益通報に付随した行為として保護されると判示した裁判例もある[43]。

　以上をまとめると，図表の通り，判例法理の示す保護領域と公通法の保護領域は重層的であるとはいえ，公益性や通報先の順序等，考慮要素と保護要件が相反する[44]。また，内部告発・公益通報の保護範囲について，判例法理は比較的に幅広い保護範囲であるが，公通法の保護範囲は限定的な保護範囲に留まって

---

39)　前掲注37)判例。

40)　宮崎信用金庫事件・福岡高宮崎支判平14・7・2労判833号48頁。なお，福井信用金庫事件・名古屋高金沢支判平28・9・14労判ジャーナル57号23頁も参照。

41)　例えば，田中千代学園事件・東京地判平23・1・28労判1029号59頁，オリンパス（不当配転）事件・最一小判平24・6・28判例集未登載，A住宅福祉協会事件・東京高判平26・7・10労判1101号51頁，世田谷保健所事件・東京地判平27・1・14労経速2242号3頁，甲社事件・東京地判平27・11・11労経速2275号3頁。

42)　なお，近時の裁判例として，学校法人矢谷学園ほか事件・広島高松江支判平27・5・27労判1130号33頁，大王製紙事件・東京高判平28・8・24判例集未登載，学校法人常葉学園ほか（短大准教授・本訴）事件・東京高判平29・7・13労旬1894号59頁他。

43)　司法書士事務職員事件・神戸地判平20・11・10自由と正義60巻11号72頁，大阪高判平21・10・16判例集未登載。

44)　公通法の法律要件を具備すれば，自ずから公益に関するものとなるため，別途目的要件において公益性を要求しなくとも，通報に公益性が備わると考えられる（土田道夫＝安間早紀「内部告発・内部通報・公益通報と労働法」季労249号（2015年）156頁）。つまり，不正の目的のないことが正当性の阻却事由となっているといえる（光前幸一「公益通報者保護法と特定秘密保護法—公益通報者保護法の改正視点と参加型民主主義」法政理論46巻3号（2014年）150頁）。

図表　内部告発の正当性判断に関する判例法理と公通法の保護要件

	具体的要件・考慮要素等	判例法理	公通法
属性（告発者・通報者）	労働者の該当性	就労（従属）を前提	労基法上の労働者
公益性	対象	違法行為等，社会的（公共的）に不相当な行為	国民の生命，身体，財産等の利益保護に関わる法令違反行為（犯罪行為）（通報対象事実）
	目的	公益の目的があること	不正の目的でないこと
真実性・真実相当性	告発内容が真実，又は信じることに相当な理由があるか	主要部分（根幹的部分）が真実であること，一部誤認（多少の誇張）があっても大部分が真実であること	同左（内部通報は要件なし。行政通報・外部通報に限り要件化）
組織にとっての重要性	使用者（組織）にとって告発内容が重要か	不正を明らかにすることによる使用者（組織）に対する重要度	要件なし
手段・方法の相当性	情報収集・開示	原則，守秘義務違反。但し，取得情報の機密性，重要度，開示先，開示の必要性，緊急性等を総合考慮し，違法性阻却	要件なし（保護にあたって，通報先の順序指定はなし）
	内部通報優先・内部是正努力の有無	内部通報・内部是正努力を経ていない場合は誠実義務違反（内部通報前置）	
正当性（保護）の可否判断	要件・考慮要素の取扱い	上記の考慮要素を一部充足しない場合も，諸要素を総合考慮して正当性を判断（正当行為）	各通報先の保護要件に充足しているか否かにより判断

（筆者作成）

個別報告①

おり，公通法よりも判例法理による保護範囲が広範であると考えられる。[45]さらに，個別法による保護や権利濫用法理が定立されている一方，例えば，公通法にも対象法律となっている児童福祉法等，[46]通告制度や申出制度等，様々な不正行為や違法行為の表意方法や手段が多様化する中で，本来的には判例法理の保護を踏まえ，それを補完的に立法によって保護を拡充する方向性が望ましい。

Ⅳ 公通法の活用に向けた具体的検討——最終報告書を素材にして

1 最終報告書の概要と評価

最終報告書によると，公通法の現状等を踏まえ，民間事業者や行政機関による適切な通報対応を促進させるため，消費者庁は各種ガイドラインの改正によって対応することとし，制度的手当てが必要な点は，法改正に向けて検討事項を整理し，検討会内に設置されたワーキング・グループで示された方向性に沿って，具体的検討を進めると結論づけている。[47]

最終報告書に対する筆者の私見としては，公通法の目的規定の見直しにも触れており，法改正に向けた検討が進んだことは一定の前進と評価する。しかし，労働契約上の義務と公益通報との関係等，全体的に労働法学の視点を欠くとともに，検討会やワーキング・グループ内の主な意見や論点整理に留まっており，法改正点を具体的に摘示するまでには至っていない。あくまで各種ガイドラインに改善点を盛り込むに留まり，実効性ある法改正の実現可能性は，いまだ不透明であるといわざるを得ない。

---

45) とりわけ，内部告発と内部通報の選択の基準を示す不正是正の期待可能性の基準が，いまだ裁判例において形成されているとは言い難い。石田信平「労働者の内部通報をめぐる法的諸問題—骨髄移植推進財団事件（東京地判平21・6・12労判991号64頁）を素材として」季労230号（2010年）235頁。

46) 同法25条は，要保護児童の通告義務（制度）を規定している。

47) 最終報告書の概要等について，児島幸良「公益通報者保護制度をめぐる今後の展望—実効性の向上に関する検討会『最終報告書』とパブリックコメント結果の概要から」NBL1100号（2017年）85頁。

2 通報者（特に退職者）（保護適用対象者の範囲拡大）

公通法は労基法9条に規定する労働者（2条）と明文化し，公益通報の主体を労働者と定め，通報時点において退職者は労働契約関係が既に存在しないため，保護対象から除外されている。

とはいえ，違法行為を認識できる者は労働者に留まらず，退職者はもちろん，[48]役員，下請事業者等もその地位にある。この点，労働者からの通報を保護対象とする立法趣旨に基づけば，労基法上の労働者性（指揮監督下の労働及び報酬の労務対償性）に基づき，「労働契約関係にあったか否か」で判断すべきと考える。[49]

なお，公通法5条によると，通報時点で労働者であったものの，その後，何らかの理由で退職した者は，「使用していた公益通報者」として保護対象とされている。同条によれば，通報時点で労働者であった退職者への不利益な取扱いとして，公益通報をしたことを理由とした職場いじめやパワーハラスメント，退職金の減額等が想定される。同様に，退職後に在職中の違法行為を通報する場合も，労働契約上の義務違反や通報後に通報を理由として事業者から多額の損害賠償を求められる，いわゆる恫喝的訴訟（Strategic Lawsuit Against Public Participation: SLAPP）のような事例[50]をはじめとして，通報によって事業者の名誉・信用を失墜させたとして，事後的に退職金減額等の不利益取扱いがありうる。とすれば，通報内容が同一であるにも関わらず，通報時点において労働者か否かで不利益取扱いの救済に差異が発生することは法的安定性を欠くと考えられる。

したがって，こうした立法事実や公通法の立法趣旨に基づくならば，通報者については，過去の在職関係を含めた労働契約関係の存否をメルクマールとすべきであり，予見可能性を高めるためにも，退職者の保護要件の明確化が必要である。[51]

---

48) 公通法施行後の裁判例として，千葉県がんセンター事件・東京高判平26・5・21労経速2217号3頁。なお，公通法施行前の裁判例として，損害賠償請求事件・東京地判平19・11・21判時1994号59頁。

49) 労基法上の労働者性については，皆川宏之「労働法上の労働者」『講座労働法の再生　第1巻』（日本評論社，2017年）80頁を参照。

50) 謝罪広告等請求控訴事件・福岡高判平19・4・27判タ1252号285頁，損害賠償請求事件・東京地判平19・11・21判時1994号59頁他。

個別報告①

3　通報対象事実（法益の限定・刑事罰の法律違反限定）

通報対象事実は，特定目的の法律（法益）を限定している点と刑事罰の担保がある法律違反に限定している点について，各限定の除外の是非が論点である。

前者については，限定的な法益侵害のみを通報対象としているため，通報意欲も抑制的にならざるを得ず，どの法律が公通法の対象かどうかを見極めることも困難である。そのため，幅広い法令違反を対象とすべきであり，特定目的の法律の限定を解除することが望ましい。

他方，後者については，公益概念を広義に捉えるとすれば，最終的に刑事罰の担保がある法律違反に拘泥する必要はなく，行政処分や各種規則等，公益の保護を図る規範を通報対象事実として構成すべきと考える。民事上の違法行為についても，例えば，刑事罰が付されていない男女雇用機会均等法（以下，「均等法」という）違反等は通報対象法律から除外されているが，当該法律の刑事罰の存否によって，公益の実現に資するかどうかを判別することは困難であるといわざるをえない。この点，公益概念の範囲・射程をどのように捉えるかによって，公通法のあり方や方向性が自ずと定まるといえるが，上記の点を踏まえると，刑事罰の法律違反限定についても解除すべきと思われる。

4　不利益取扱い禁止（行政措置の導入）

公通法5条の定める不利益取扱い禁止[52]の実効性に関して，使用者に対する制裁の是非について検討されている。労働関係法令を鳥瞰すると，例えば，労基法104条2項や労安衛法97条2項等，罰則をもって法規整を機能させている。こうした法規整は，違法状態におかれた労働者が申告を躊躇わせないことを目的に権利として承認し，労働条件や労働環境に関する公法的規制の実効性を高

---

51)　なお，保護対象の関係で，採用内定者について付言しておくと，採用内定後に研修等によって内定先企業の不正行為・違法行為を目にすることも可能性としてはありうる。仮に，採用内定者が通報したことにより不利益取扱いや内定取消を受けた場合，採用内定の法的性質を始期付解約権留保付労働契約と考えれば（大日本印刷事件・最二小判昭54・7・20民集33巻5号582頁），通報者として保護されるべき対象である。

52)　不利益取扱いの禁止規定については，懲戒処分や不当な配転・出向等の法律行為を無効とする法的性質と解される。荒木ほか・前掲注4）論文150頁以下。

めている[53]と評価できる。同様に，公通法も公益実現のために公法的規制によって実効性を担保し，通報者保護の確実性を得ることが望ましい。

しかし，保護法益の内容や可罰性，刑法の謙抑性，他法令との整合性等を検討する必要があり，現実的な方法としては行政措置による実効性の確保が妥当である[54]。同様に労働関係法の中にも公表制度を規定するものもあり[55]，勧告制度や事業者名公表制度によって実効性を向上させることは，通報を理由とした報復的措置に対する抑止力にも効果を及ぼす。なお，現状では，公通法を所管している消費者庁が行政措置を執行することになろうが，立法趣旨の変更や公益概念を幅広く捉えるとするならば，公通法を労働者保護施策として捉え，厚生労働省との共管あるいは同省への所管替えも想定されよう。

5 行政通報・外部通報（保護要件の緩和）

公通法によると，行政通報や外部通報の保護要件として，真実性・真実相当性が要件とされている（3条2号・3号）。この点，行政通報の受け手である行政機関職員には，外部通報と異なり，法律上守秘義務が課されており，外部への情報漏洩は考えにくい[56]。また，行政通報は処分等につながる情報提供との性質も併存するため，行政機関の実効性確保の観点からも有意である。さらに，上述の通り，他の法制度や内部通報制度[57]との緊張関係を高めて実効性を目指す点を踏まえ[58]，行政通報の真実性・真実相当性の要件は緩和すべきであり，内部

---

53) 島田・前掲注15)論文16頁以下。

54) 労働法における実効性確保手段につき，鎌田耕一「労働法の実効性確保」『講座労働法の再生 第1巻』（日本評論社，2017年）225頁。

55) 一例として，均等法30条，労働者派遣事業の適正な運営の確保及び派遣労働者の保護等に関する法律（以下，「労働者派遣法」という）49条の2第2項があげられる。

56) 但し，例外的な事例も存する。例えば，前掲注34)判例。

57) 対話型の内部通報制度の提案として，遠山信一郎=遠藤輝好「企業価値向上型コンプライアンス―内部通報制度のデザインチェンジ」法学新報123巻11・12号（2017年）407頁。

58) 企業としては，内部通報のルートを内部通報制度として制度化し，それを企業不祥事や不正行為の是正に活用することによってコンプライアンスを実行し，企業不祥事等の外部流出という法的リスクの最小化を図ることが重要となる。土田道夫『労働契約法〔第2版〕』（有斐閣，2016年）502頁。

個別報告①

通報と同様の要件である，通報対象事実が生じまたは生じようとしていると「思料する」（3条1号）ことを要件とすることが望ましい。

なお，外部通報の特定事由該当性については，外部通報を阻害する要因となっており，要件が複雑であるため，通報を諦めてしまう効果を生じさせる。また，特定事由を通報者が立証しなければならず，通報準備行為の過程で事業者による不利益取扱いを受ける可能性が高まるであろう。こうした点を踏まえれば，特定事由該当性要件についても緩和すべきと考える。

V　むすびにかえて

公通法は，いわば「労働法の特別法」である。事業者内部で通報するメッセンジャー（通報者）なくしてメッセージ（不正・違法行為に関する情報）は社会には届かない。いいかえれば，メッセンジャーの保護なくして公通法の「死」から「再生」への転換は始まらないといえ，労働者保護の観点を重視した立法政策の展開が求められる。

そして，公益概念を拡大し，通報対象事実を広範に設定すること，また，内部通報制度の適切な運用を図るため，内部通報と行政通報の法律要件をフラットにするなど，法律要件の緩和をはじめ，公通法の実効性を高めるための法改正が求められる。その上で，行政措置によるエンフォースメント効果への期待も高まる。公益通報の準備行為段階から公益通報行為後に至る過程における法的保護の環境整備は，公益の確保を責務とする国家や行政の役割である。

公通法の再構築にあたっては，通報者である労働者からの信頼性が不可欠である。メッセンジャーであり，モニター（監視役）でもある労働者の役割を踏まえ，通報者が真に安心して通報できる信頼される法制度へと再生するための環境整備を加速させなければならない。[59]

（ひの　しょうご）

---

59)　なお，第133回大会個別報告（2017年5月28日，於：龍谷大学）において，大変有益なご示唆・ご助言をいただきました，島田陽一会員，豊川義明会員，中島光孝会員，中西敏勝氏に感謝申し上げます。

労働者の個人情報の収集をめぐる規制

――犯罪歴の調査に関する米仏の規制を中心に――

河 野 奈 月

(明治学院大学)

I　は じ め に

　労働関係は個人情報の収集を必然的に伴う関係である[1]。労働者のプライバシー保護の観点から労働法理論の再検討を迫る学説の登場や，雇用の局面でのプライバシー・個人情報保護に関連する法令・ガイドライン等[3]の蓄積を経て，現在の日本では，労働関係における個人情報の収集も無制約に許されるわけではないという認識は共有されている[4]。しかし，具体的な収集規制のあり方については，いまだ明らかにされていない部分が少なくない。

　個人情報の収集を規制するにあたっては，個人情報の利用の要請と保護の要請との調整をいかに図るかが問題となる。各要請の内容や調整手法は，情報の内容や情報収集の文脈等に応じて異なる部分があるが，本稿では犯罪歴に焦点を当て，その調査をめぐる米仏の規制の比較を通じて，労働関係における個人

---

1)　労働関係における個人情報の利用の要請については，河野奈月「労働関係における個人情報の利用と保護―米仏における採用を巡る情報収集規制を中心に(1)」法協133巻12号（2016年）1860-1861頁参照。

2)　先駆的な研究として，道幸哲也『職場における自立とプライヴァシー』（日本評論社，1995年）。

3)　労働関係全般に関わるものとしては，2003年に個人情報保護法が成立するとともに，2004年に「雇用管理分野における個人情報保護に関するガイドライン」が策定された。また，旧労働省の「労働者の個人情報保護に関する研究会」が同法の制定に先立って2000年に公表した「労働者の個人情報保護に関する行動指針」も，学説に大きな影響を与えてきた。

4)　例えば，菅野和夫『労働法〔第11版補正版〕』（弘文堂，2017年）245-247頁，西谷敏『労働法〔第2版〕』（日本評論社，2013年）90-93頁等を参照。

日本労働法学会誌130号（2017.10）　143

個別報告②

情報の収集規制のあり方を考察する。

　日本法の下では，犯罪歴という情報は，その秘匿性の高さ[5]や「更生を妨げられない利益[6]」の保護の必要性等を理由に，保護の要請が特に大きい情報と位置付けられてきた[7]。その一方で，過去に犯罪行為に及んだという事実は労働者の能力・適性や企業秩序と密接に関連しうるため，使用者が能力・適性の評価や企業秩序の維持のために犯罪歴を利用する必要性は大きい。また，犯罪歴を有する者の就業によって第三者の利益や社会全体の利益が損なわれることを防ぐという，使用者の利益に解消しえない情報利用の要請が存する場面も想定しうる。このように，犯罪歴は，雇用の局面での利用の要請と保護の要請がいずれも大きく，双方の調整が特に困難な情報といえる。しかしながら，従来の労働法学には，特定の文脈において犯罪歴の調査の制限を唱える学説はみられるものの[8]，その多くは抽象的ないし局所的な議論にとどまるものであり，総合的な検討はなされてこなかった。労働者の個人情報の収集規制のあり方を検討する素材として犯罪歴に関する規制を取り上げるのは，こうした問題意識に基づくものである。

　なお，本稿の検討対象は，民間部門の使用者に対する規制に限定する。

5）　前科照会事件・最三小判昭56・4・14民集35巻3号620頁の伊藤正己裁判官補足意見は，「最も他人に知られたくないものの一つ」と述べている。

6）　ノンフィクション「逆転」事件・最三小判平6・2・8民集48巻2号149頁参照。

7）　2015年に改正された個人情報保護法の下では，犯罪歴は「要配慮個人情報」の一つとして位置付けられ，その取扱いに対する規制が強化されている。これによれば，雇用の局面を含め，本人の事前の同意を得ずに犯罪歴を取得することは原則として禁止される（同法17条2項・2条3項）。

8）　採用の局面での犯罪歴の調査を原則として禁止する学説として，竹地潔「ネットワーク時代における労働者の個人情報保護」季労187号（1998年）42頁，土田道夫『労働法概説〔第3版〕』（弘文堂，2014年）38頁。また，経歴詐称を理由とする解雇・懲戒処分の有効性判断の文脈で，労働者が真実告知義務を負う犯罪歴の範囲を限定する学説として，盛誠吾「経歴詐称・企業外非行と懲戒」季労160号（1991年）67頁，西谷・前掲注4）書140頁等。

Ⅱ　労働者の個人情報の収集に関する米仏の基本的な立場の違い

はじめに，労働者の個人情報の収集に関する各国の基本的な立場の違いを簡単に確認する[9]。まず，アメリカでは，情報の自由な流通を確保することが重要視されており，その立場は労働関係においても維持されている。すなわち，アメリカには，民間部門一般を適用範囲に含む連邦レベルの個人情報保護法は存在しない。また，プライバシー保護を直接の目的として雇用の局面での情報収集を制限する規制は乏しい上，その内容は基本的に緩やかである[10]。それゆえ，労働者の個人情報の収集に対する制限の度合いは一般的には小さい。

その一方で，フランスでは，私生活の尊重を求める権利（民法典9条，欧州人権条約8条，欧州基本権憲章7条）やデータ保護の権利（同8条）が人権として位置付けられており，これらの権利と自由な情報流通の価値との調和を図るため，個人情報の処理は，1978年に制定された包括的な個人情報保護法（正式名称は「情報処理，ファイル及び自由に関する1978年1月6日の法律」。以下，「情報処理と自由法」という。）によって厳格に制限されている[11]。これに加え，労働法典には，雇用の局面においても私生活の保護及びデータ保護を徹底すること等を目的に，労働者の個人情報の収集一般を制限する実体的・手続的な規制が置かれている[12]。このように，フランスでは，労働者の個人情報の収集は一般に大きく制限されている。

犯罪歴については，公的記録（public record）[13]として秘匿性（プライバシーの

9）　プライバシー・個人情報保護に関する欧米の基本的な立場の違いに関する邦語研究として，宮下紘『プライバシー権の復権―自由と尊厳の衝突』（中央大学出版部，2015年）75頁以下等がある。

10）　*See* Matthew W. Finkin, Privacy in Employment Law xxxiii-xxxv (4th ed. 2013).

11）　Loi n° 78-17 du 6 janvier 1978 relative à l'informatique, aux fichiers et aux libertés.

12）　1992年12月31日の法律（Loi n° 92-1446 du 31 décembre 1992 relative à l'emploi, au développement du travail à temps partiel et à l'assurance chômage）による労働法典の改正によって創設されたものである。詳しくは，河野奈月「労働関係における個人情報の利用と保護―米仏における採用を巡る情報収集規制を中心に(5)」法協134巻5号（2017年）773頁以下参照。

個別報告②

利益）を原則として否定するアメリカと，特に秘匿性が高い類型の情報と位置付けるフランス（「情報処理と自由法」9条参照）とで，情報の秘匿性の有無・程度について正反対の評価がなされている。そのため，労働者の個人情報の収集に関する各国の対照的な姿勢は，以下で検討する犯罪歴をめぐる規制において，特に鮮明に表れている部分がある。

Ⅲ　犯罪歴の調査に関する規制の米仏比較

次に，犯罪歴の調査に関する規制の検討に入る。ここではまず，犯罪歴データベース（以下，「DB」と省略する。）に関する各国の規制を概観した上で，使用者による犯罪歴の調査に対する規制を，調査を促進する方向の規制と調査を制限する方向の規制に分けて検討する。

1　犯罪歴 DB に関する規制

(1)　アメリカ　　犯罪歴 DB の作成やアクセスに対するアメリカ法の規制は非常に緩やかであり，雇用の局面で使用者が利用しうる情報収集手段は多岐にわたる。[14]

公的機関の DB としては，裁判記録や捜査機関の犯罪記録（rap sheet）が特に重要な役割を果たしている。アメリカの裁判記録は，オンライン化されている場合を含め，匿名化の処理を経ずに公開されているため，裁判所間での情報共有や DB の電子化・オンライン化の進展に伴い，特定の個人に関する刑事裁判の記録に誰もが迅速かつ低コストでアクセスできる環境が生まれつつある。[15]

---

13)　公的記録については，*See* Daniel J. Solove, *Access and Aggregation : Public Records, Privacy and the Constitution,* 86 MINN. L. REV. 1137, 1141-1169 (2002).

14)　犯罪歴を調査する手段の全体像については，*See* JAMES B. JACOBS, THE ETERNAL CRIMINAL RECORD (2015).

15)　Solove, *supra* note 13, at 1144-1148, 1150-1152; Peter W. Martin, *Online Access to Court Records-From Documents to Data, Particulars to Patterns,* 53 VILL. L. REV. 855, 855 -856, 860-882 (2008). ただし，州裁判所の DB の電子化・オンライン化の状況は地域によって大きく異なる（JACOBS, *supra* note 14, at 56, 58)。

146　日本労働法学会誌130号 (2017.10)

また，職務の内容によっては，捜査機関が逮捕時に作成する犯罪記録についても，雇用上の目的で利用することが特別に許容されている[16]。

さらに，アメリカでは私人が犯罪歴をDB化することも広く許容されており，公的機関が有償・無償で提供する情報や他の民間企業から購入した情報等を集約してDBを作成・管理し，企業からの依頼に応じて従業員の情報を提供する犯歴調査のビジネスが活況をみせている[17]。こうした民間の調査会社を通じた個人情報の売買には，公正信用報告法（Fair Credit Reporting Act）という連邦法が適用される場合があるが，同法の規制は概して緩やかであり，DBの作成や情報の提供・受領自体を大きく制限するものではない[18]。

(2) フランス　　フランスでは，個人の犯罪歴を調査する手段は限定されている[19]。第1に，私人による犯罪歴DBの作成は認められていない。すなわち，「情報処理と自由法」は1978年の制定当初より，「犯罪，有罪判決又は保安処分に関する個人情報」を特に要保護性が高い情報と位置付け，公的機関以外による処理を厳しく制限してきた（「情報処理と自由法」9条）。これは，私生活の保護や更生・社会復帰の支援の観点からは，民間の犯罪歴DBが社会に氾濫する事態は望ましくないという価値判断を反映した規制である[20]。

第2に，公的機関の犯罪歴DBの作成・利用も厳格に制限されている。雇用

---

16) 詳細は，河野奈月「労働関係における個人情報の利用と保護—米仏における採用を巡る情報収集規制を中心に(2)」法協134巻1号（2017年）37-40頁参照。

17) 民間の犯歴調査ビジネスの実態については，*See* The National Consortium for Justice Information and Statistics, Report of the National Task Force on the Commercial Sale of Criminal Justice Record Information (2005); Jacobs, *supra* note 14, at 70-73.

18) 公正信用報告法の内容については，河野・前掲注16)論文24-35頁参照。

19) なお，公的機関及び民間のオンラインの判例DBに関しては，当事者及び証人の氏名・住所の表示を控えることを求める「情報処理と自由に関する国家委員会（Commission nationale de l'informatique et des libertés)」の2001年の勧告（Délibération n° 01-057 du 29 novembre 2001 portant recommandation sur la diffusion de données personnelles sur internet par les banques de données de jurisprudence）に従って，事件の種別にかかわらず，匿名化の処理がなされている。

20) *V.* Tricot (B.) et al., *Rapport de la Commission Informatique et libertés,* La documentation française, 1975, pp. 47-48; Rapport n° 3125, Assemblée Nationale (1974-1975), p. 11.

個別報告②

の局面での利用が一定の範囲で許容されている DB としては，①司法省管轄の全国前科簿機関が管理する前科簿（casier judiciaire. 刑事訴訟法典768条以下[21]）と，②内務省が管理する前歴ファイル（Traitement d'Antécédents Judiciaires. 以下，「TAJ」という。同230-6条以下）があるが，各々に含まれる情報の内容及びアクセス権者は以下の通り限定されている。

まず，前科簿（①）には確定した有罪判決の情報が含まれるが[22]，証明書の種類に応じて，記載される犯罪歴の範囲や取得権者が異なる。第１号証明書には全ての情報が含まれるが，これを取得することができるのは司法当局のみである（同774条）。第２号証明書には，未成年者に対する判決の一部や執行猶予付判決等を除く，比較的広範囲の有罪判決の情報が含まれており（同775条），一部の行政機関や職能団体のほか，特定のポストについて応募を受けた使用者等に取得権限が付与されている（同776条）。第３号証明書に記載される犯罪歴の範囲は最も狭く，重罪（crime）及び一部の軽罪（délit）[23]に係る２年以上の拘禁の実刑判決等に限られる（同777条）。これを取得しうるのは本人，未成年者の親権者及び後見人のみである（同上）。

他方，もう１つの DB である TAJ（②）には，国家警察・国家憲兵隊が任務遂行の過程で収集した被疑者等に関する情報が含まれる[24]。使用者や本人が直接アクセスすることは許されないが，特定の職務への就業に関しては，行政の許可等の対象とした上で，その審査の際に行政機関等が TAJ にアクセスすることを認めている場合がある（国内治安法典 L. 114-1条）。

---

21) 紙媒体の前科簿の起源は19世紀に遡るが，電子化された現在の前科簿は1980年に創設されたものである。DEBET（A.）et al., *Informatique et libertés: La protection des données à caractère personnel en droit français et européen*, L. G. D. J., 2015, p. 980.

22) なお，宣告から40年を経過した有罪判決は前科簿から抹消されるのが原則である（刑事訴訟法典769条）。

23) フランスでは，犯罪は刑の重さに応じて重罪，軽罪及び違警罪（contravention）の３つに分類されている。

24) 被疑者に関する情報が TAJ に含まれるのは，重罪，軽罪又は一部の第５級違警罪に犯人として関与したことを示す重要な証拠等がある場合のみである（刑事訴訟法典230-7条）。

2　使用者による犯罪歴の調査に対する規制

(1)　調査の促進　アメリカ・フランスはいずれも，犯罪歴を持つ者の就業を公共の利益の保護のために制限すべき場合があるとの前提に立った上で，就業制限のための情報利用の要請と情報保護の要請とを調整する手法の1つとして，使用者による犯罪歴の調査を促進する規制を設けている[25]。

(a)　アメリカ　使用者による調査を促進するアメリカ法の規制は，制定法上のものとコモン・ロー上のものに分かれる。前者としては，連邦・州の双方のレベルに，特定の職務につき，一定の犯罪歴を有する者の雇用を禁止し調査を強制する規制や，連邦捜査局（FBI）の犯罪記録等の特定の情報収集手段の利用を特別に許容する規制がある[26]。対象となる職務は極めて多く，その範囲は広がり続けている[27]。

後者としては，十分に調査をしないまま労働者を採用又は雇用継続した使用者に対し，当該労働者が同僚・顧客等の第三者に加えた損害の賠償を義務付ける，過失採用（negligent hiring）・過失雇用継続（negligent retention）の法理が[28]広く認められている。これによると，使用者が労働者の不適格性を認識していたか認識すべきであったにもかかわらず採用又は雇用を継続する行為は，不法行為法上の注意義務違反と評価されうる[29]。使用者が合理的な調査を行わなかっ

---

25)　他の調整手法としては，一定の犯罪歴の存在を，当該職業に就くために必要な公的資格の欠格事由とする方法も用いられている。この場合には，使用者ではなく，資格審査を担う公的機関等が労働者の犯罪歴を調査することとなる。

26)　FINKIN, *supra* note 10, at 257-58; JACOBS, *supra* note 14, at 42-46, 261-263. FBI の犯罪記録の利用をめぐる規制については，*See also* U.S. GOVERNMENT ACCOUNTABILITY OFFICE, CRIMINAL HISTORY RECORDS: ADDITIONAL ACTIONS COULD ENHANCE THE COMPLETENESS OF RECORDS USED FOR EMPLOYMENT-RELATED BACKGROUND CHECKS (2015).

27)　地域によっても異なるが，典型的には，児童・高齢者・障害者との接触を伴う職務や，生命・身体の利益又は安全保障に関わる職務等がこの種の規制の対象とされている。*See* FINKIN, *supra* note 10, at 257-258; JACOBS, *supra* note 14, at 261-263.

28)　これらの法理の概要については，*See* Stephen F. Befort, *Pre-Employment Screening and Investigation: Navigating Between a Rock and a Hard Place*, 14 HOFSTRA LAB. L. J. 365 (1997); Katherine A. Peebles, *Negligent Hiring and the Information Age: How State Legislatures Can Save Employers from Inevitable Liability*, 53 WM. & MARY L. REV. 1397 (2012).

個別報告②

たという事実は，不適格性を「認識すべきであった」との評価を基礎づける重要な要素となるため，不法行為の成否の判断にあたっては，使用者が実施した調査の内容に焦点が当てられることが多い[30]。もっとも，いかなる場合にどの程度の調査が求められるのかは明瞭ではなく，犯罪歴の調査に関する裁判所の判断も一様ではない[31]。そのため，これらの法理の存在は，訴訟リスクの回避を望む使用者に対し，犯罪歴を含む広範囲の個人情報を収集するインセンティブを提供している[32]。

　(b)　フランス　　フランスでは，使用者による調査の促進は，特定のポストに関する応募を受けた場合に前科簿第2号証明書の取得を認める（前記1(2)参照）という形で行われている。ただし，対象となる職務は法定されており，その範囲も広くはない[33]。また，前記の通り，アクセスが認められるのは有罪判決に関する情報に限定されており，かつ，一部の判決は除外されている。

　(2)　調査の制限

　(a)　アメリカ　　既に述べたように，アメリカには，プライバシー保護を直接の目的として使用者による犯罪歴の調査を制限する規制は乏しい。しかしながら，特に今世紀に入って以降，犯罪歴の利用に伴う弊害を防止する目的で使用者による調査を制限する動きが全国的に拡大しており，注目を集めている。

　第1に，連邦レベルでは，一連の雇用差別禁止法の執行を担う雇用機会均等委員会（Equal Employment Opportunity Commission. 以下，「EEOC」という。）が，人種・出身国差別の抑止の観点から犯罪歴の調査を控えることを推奨している。EEOCはかねてから，犯罪歴を有する者の割合が人種によって大きく異なる社会的実態に照らし，使用者が雇用上の決定にあたり犯罪歴を考慮することを

---

29)　Befort, *supra* note 28, at 376-377.

30)　Peebles, *supra* note 28, at 1406.

31)　Jennifer Leavitt, *Walking a Tightrope: Balancing Competing Public Interests in the Employment of Criminal Offenders*, 34 Conn. L. Rev. 1281, 1302-1306 (2001).

32)　Befort, *supra* note 28, at 376-379.

33)　民間部門の例としては，警備員（国内治安法典 L. 611-1条・L. 612-7条），教育機関の一定のポスト（教師，指導員，高校・大学の警備員，受付スタッフ［刑事訴訟法典776条6号]），高齢者施設・児童施設のポスト（刑事訴訟法典 R79条，公衆衛生法典 L. 792条），介護士（同 R. 4383-4条），救急隊員（同上）等がある。

アフリカ系・ヒスパニック系の者に対する差別的効果（disparate impact）を生じさせる行為と捉え，差別意思の存否を問わず，公民権法第7編に違反する人種・出身国差別となりうるものとみてきた[34]。もっとも，これは，同法によって犯罪歴の利用が制限されるとの主張であり，前段階の行為である調査自体を問題視するものではなかった。ところが近年，その姿勢に変化がみられる。2012年に改訂された犯罪歴の利用のあり方をめぐるガイドラインに[35]，犯罪歴の調査の全面的・部分的な自粛を求める記述が追加されたのは[36]，その象徴といえる。行政救済又は民事訴訟の手続のなかで，使用者による犯罪歴の調査のあり方をEEOC が問題とする例も増加している[37]。

　第2に，州や郡・市のレベルでは，雇用機会の付与による更生・社会復帰の支援や再犯防止を目的に，採用の局面における犯罪歴の調査の時期を限定するBan the Box 法（犯罪歴調査欄禁止法）を制定する動きが拡大し続けている[38]。立法を主導してきたのは，履歴書等の社会的に重要な書面の中で定型的に用いられてきた，犯罪歴がない場合にチェックを求める欄の削除・廃止をスローガンとする市民運動である[39]。具体的な規制内容には違いもあるが，採用選考の初期段階での調査を禁止する点では共通している[40]。その狙いは，使用者が犯罪歴以

---

34) 詳しくは，河野・前掲注16)論文42-50頁参照。

35) EEOC, Enforcement Guidance No. 915-02, Consideration of Arrest and Conviction Records in Employment Decisions under Title VII of the Civil Rights Act of 1964 (2012).

36) 職務関連性及び業務上の必要性がある犯罪歴のみを調査の対象とすることを推奨するとともに，特に採用前については，調査を全く実施しないことが最も望ましいとの立場も示している。Id. at 13-14, 25.

37) 具体例については，See Johnathan J. Smith, Banning the Box but Keeping the Discrimination?: Disparate Impact and Employers' Overreliance on Criminal Background Checks, 49 Harv. Cr-Cll Rev. 197, 223-225 (2014).

38) 1998年の Hawaii 州での立法を皮切りに，特に2000年代後半以降急速に普及し，2017年8月までに29州（うち9州は民間部門を対象とする規制を導入）及び150を超える郡・市がBan the Box 法を制定するに至っている。National Employment Law Project, Ban The Box: U.S. Cities, Counties, and States Adopt Fair Hiring Policies (Aug. 1, 2017), http://www.nelp.org/publication/ban-the-box-fair-chance-hiring-state-and-local-guide.

39) See Smith, supra note 37, at 212.

40) 詳細は，河野・前掲注16)論文55-56頁参照。

個別報告②

外の情報を収集し採否決定にあたって考慮するよう促すことを通じて，能力・適性のある応募者が犯罪歴の存在のみによって直ちに排除されてしまう事態を防ぐことにある[41]。

このように，アメリカでは，使用者による犯罪歴の調査を制限する規制の存在感が徐々に増している。その背景には，犯罪歴を有する者の割合が非常に高いという社会的状況や[42]，不法行為責任を負うリスク（前記(1)(a)参照）に対する意識の高まりや犯歴調査ビジネスの拡大（前記1(1)参照）等の影響を受け，特に採用選考の過程で犯罪歴を調査する企業が増加したという事情[43]もある。もっとも，これらの規制による調査の制限の度合いは必ずしも大きいものではない。例えば，Ban the Box 法は，採用選考の初期という一定の期間に限って調査を制限するものにすぎず，労働者の犯罪歴の調査を全面的に制限するものではない。また，公的機関からの情報提供や私人による DB の作成・利用に対する制限を強化することについては，強い抵抗感がみられる[44]。

(b) フランス　　フランスでは，使用者による犯罪歴の調査は様々な形で厳格に制限されている（前記Ⅱ・Ⅲ1(2)も参照）。代表的な規制を取り上げると，まず，労働法典には，労働関係において使用者が収集することが許される情報の範囲を，能力・適格性との間に「直接かつ必要な関連性」があるものに限る旨の規定が置かれており（労働法典 L. 1221-6条2項・L. 1222-2条2項），その範囲を逸脱した質問については，労働者が虚偽の回答をしたとしても不利益な取扱

---

41) Ban the Box 法の趣旨については，*See* Joseph Fishkin, Bottlenecks — A New Theory of Equal Opportunity 166-167 (2014).

42) 成人の4人に1人が何らかの犯罪歴を有していると推計されている。Michael Pinard, *Reflections and Perspectives on Reentry and Collateral Consequences,* 100 J. Crim. L. & Criminology 1213, 1218 (2010).

43) 採用の局面で犯罪歴の調査を実施する企業の割合は，1996年の時点では5割強であったが，2009年には9割強まで上昇した。Society for Human Resource Management, *Workplace Violence Survey,* at 18 (Jan. 2004), https://www.shrm.org/about-shrm/press-room/press-releases/Documents/Workplace%20Violence%20Survey.pdf; *Id., Background Checking: Conducting Criminal Background Checks,* slide 3 (Jan. 2010), http://www.slideshare.net/shrm/background-check-criminal?from = share_email.

44) 例えば，犯罪歴への自由なアクセスを確保する意義を強調する学説として，Jacobs, *supra* note 14, at 219-220.

いを受けることはない（同 L. 1221-6条 3 項・L. 1222-2条 2 項参照）。犯罪歴と能力・適格性との間にかかる関連性が認められるのはいかなる場合かという点については，一致した見解があるわけではないが，一般的には，前科簿第 2 号証明書の取得が認められている職務（前記(1)(b)参照）を中心に，比較的狭い範囲の職務についてのみ肯定されうるものと解されている。[45]

また，「情報処理と自由法」を中核とする個人情報保護法制の下では，犯罪歴の処理は原則として公的機関に委ねられるとともに，公的機関から私人への情報提供や私人間での情報の流通は厳しく制限されており，使用者が利用しうる情報収集手段の種類やアクセスしうる情報の範囲は限られている。[46]

なお，フランスには犯罪歴の利用を制限する実定法上の規定はないが，最上級の司法裁判所である破毀院は，私生活（ないし個人の生活）[47]上の行為の自由という意味での私生活（ないし個人の生活）の保護を図るため，企業外での犯罪行為を理由とする懲戒処分・解雇の適法性を特に慎重に判断している。[48]このように，採用後の局面では犯罪歴の利用も大きく制約されており，使用者による情報利用の要請自体が小さく見積もられている。

---

45) LYON-CAEN (G.), *Les libertés publiques et l'emploi*, La documentation française, 1992, p. 62; FORTIS (É), *Vie personnelle, vie professionnelle et responsabilités pénales, Dr. soc.*, 2004, p. 42.

46) 本人への質問以外に使用者が採りうる手段としては，前科簿第 2 号証明書を直接取得するという方法があるが，対象職務等が限定されている上，執行猶予付判決等の一定の判決に関する情報は除外されている（前記 1 (2)参照）。そのほか，前科簿第 3 号証明書の写しの提出を本人に求めるという方法もあるが（FORTIS, *supra* note 45, pp. 42-43），記載されている犯罪歴の範囲はさらに狭い（同上参照）。

47) 「個人の生活」の概念については，河野・前掲注12)論文768-770頁参照。

48) 例えば，Cass. soc. 21 novembre 2000, n° 98-41.788; Cass. soc. 18 juin 2002, n° 00-44.111; Cass. soc. 26 février 2003, n° 01-40.255: Cass. soc. 13 septembre 2006, n° 05-42.909.

個別報告②

Ⅳ　ま　と　め

　自由な情報流通の価値を重視するアメリカと，私生活の保護及びデータ保護の権利を人権として捉えるフランスとは，雇用の局面での個人情報の収集という問題についても，かかる基本的な姿勢をそれぞれ維持している。特に犯罪歴については，情報を秘匿する利益の有無・程度について対照的な考え方が採られているため，各国の立場の違いが特に顕著に表れている部分がある。以下では，各国の規制の特色を，①調査を促進する規制（以下，「促進規制」という。）と②調査を制限する規制（以下，「制限規制」という。）に分けて総括する。

　まず，アメリカ法の促進規制（①）には，対象職務の範囲が広いという点に加え，職務や犯罪歴の内容等を明確に特定せずに調査を促進する規制が存在するという特徴がある。フランス法との違いは，就業制限の必要性が認められる範囲に関する考え方や，犯罪歴を秘匿する利益の有無・程度に関する立場の違い等によるものといえる。また，制限規制（②）については，犯罪歴を秘匿する利益を保護すべきとの発想に基づくものではなく，（人種・出身国差別や更生・社会復帰の阻害等の）犯罪歴の利用に伴う弊害の防止のための手段として調査制限という手法を採用している点に独自性がある。情報の利用に伴う弊害は調査段階で直ちに発生するものではないため，弊害防止のために調査自体を制限することが必然的に求められるわけではない。それゆえ，犯罪歴の調査を制限するアメリカ法の規制は，必ずしも厳格なものではない。

　これらのアメリカ法の特徴は，別の角度からみると，自由な情報流通の確保を重視する基本的な立場を反映したものともいえる。この立場は，情報流通の自由を確保し，様々な主体が自己の選択・決定にあたって流通している情報を利用できる状態を保つことに公共的な価値を見出している。これによれば，使用者が意思決定にあたって利用しうる情報は，基本的には多いほど望ましいということになるのである。

　これに対し，フランス法については，促進規制（①）の特徴として，対象職務が特定されており，その範囲も広くはないという点や，アクセス可能な情報

の範囲が限定された，公的機関の管理下にある特定の DB の利用のみを許容しているという点を指摘しうる。また，制限規制（②）に関しては，様々な手法の組み合わせによって，労働関係の全局面を通じて調査を厳格に制限している点が，アメリカと異なる。制限の程度の大きさは，私生活の保護及びデータ保護の権利を人権として捉え，犯罪歴を秘匿性の高い情報と位置付けていることによるものといえる。具体的な制限の手法については，単に使用者を名宛人とする規制を設けるだけではなく，違法な調査に対し虚偽回答を認める規制や，犯罪歴 DB を公的機関の管理下に置いた上で，一部の使用者や労働者本人からの請求に応じて特定の情報を提供する仕組み等を併せることによって，規制の実効性の確保を目指している点が注目される。

　以上のような相違点はあるものの，使用者による犯罪歴の調査をめぐる米仏の規制は，調査を促進する規制と調査を制限する規制の双方によって形成されているという点では共通している。すなわち，犯罪歴を秘匿する利益の有無・程度に関する評価が全く異なるにもかかわらず，就業制限のための情報利用の要請に対応する促進規制と，更生・社会復帰の支援のための制限規制は，いずれの国にも存在する。このことは，犯罪歴以外の情報に関する規制を含め，情報収集規制のあり方を，専ら，使用者の利益の保護のための情報利用の必要性と労働者のプライバシー保護の必要性との調整の問題として捉えることや，情報収集を制限する方向の規制のみを考察の対象とすることでは，十分な議論とはいえない可能性があることを示唆している。犯罪歴の利用の要請と保護の要請の各内容や調整のあり方を具体的に論じるにあたっては，これまで労働法学において正面から議論の対象とはされてこなかった，犯罪歴を有する者の就業制限や更生・社会復帰の支援に関する法制度との関係等も考慮しつつ，調査を促進する方向の規制と制限する方向の規制のあり方を併せて検討することが求められるのではないだろうか。

　また，犯罪歴の調査に関する米仏の規制はそれぞれ多様な形態をとっており，第三者から情報を収集する手段に対する規制を含む様々な手法によって，情報利用の要請と情報保護の要請の調整を目指している。ここから導かれる示唆，すなわち，情報収集の促進や制限の手法は一様ではなく，様々な選択肢があり

個別報告②

うるということや，場合によっては，本人以外から情報を収集する手段を視野に入れた上で規制のあり方を検討する必要があるということは，情報の内容を問わず妥当するのではないかと思われる。収集規制のあり方を，情報の内容や文脈に応じてさらに具体的に検討することは，今後の研究課題としたい。

（こうの　なつき）

労働保険における労働者の
「従前業務」に対する法的評価
——アメリカ法を参考に——

地 神 亮 佑

（大阪大学）

I　はじめに

　業務上の傷病や失業が原因で従前どおりの労務提供ができなくなった労働者に対しては，労働保険（労働者災害補償保険（労災保険），雇用保険）制度により一定の所得保障が行われる。すなわち，労災保険においては休業補償給付（労働基準法76条，労災保険法14条）や障害補償給付（労働基準法77条，労災保険法15条），雇用保険においては基本手当（雇用保険法13条）がその役割を担っている。

　ところで，これら給付の可否を決定するにあたって，労働者の従前業務——被災・失業直前に従事していた業務や，それ以前に従事した経験のある業務——の存在は，どのように考慮されるべきであろうか。具体的には，①労働者の，従前業務以外の職には再就職を強制されたくないという意思はどの程度尊重されるべきか。たとえば，従前業務と無関係な職に対して労働者が就業可能である場合，そのことをもって給付要件を満たさなくなったとして給付は終了すべきであろうか。また，②労働者が，各給付の終了がきっかけで従前業務と無関係な職に復職・再就職することを余儀なくされ，それによって従前より低い賃金で働かざるを得なくなった場合，低下した賃金に対する補償・給付は行われるべきであろうか。

　本稿はアメリカにおける労災補償（workers' compensation）と失業保険（unemployment insurance）の法制度・判例を分析することにより，これらの問題につき示唆を得ることを目的としている。アメリカ法分析の理由は，アメリカの両制度が，いずれも賃金喪失に対する使用者の無過失責任主義に基づく制

個別報告③

度という点で一貫しており，経済的な「補償」という視点からの示唆が得られ
ることがあげられる。

Ⅱ　アメリカにおける労働不能手当と従前業務

1　アメリカにおける労働不能手当の概観

（1）　アメリカにおける労災補償法制の全体像　　はじめに，アメリカにおけ
る労災補償法制の全体像を確認しておく。労災補償制度は各州法に基づき運営
されているところ，次のような点は共通している。すなわち，被用者が業務上
の傷病により労働不能（disability）となり賃金喪失が発生した場合，使用者は
自らの過失の有無にかかわらず，当該被用者に対し補償として労働不能手当
（disability benefits）を支払う責任を負う。ただし，使用者は補償責任の発生に
備えて民間の，または公的な労災補償保険に加入し，保険料を支払うことが義
務づけられる。自らの雇用する被用者に対する保険給付が行われると使用者の
保険料率に影響するため，使用者にも保険給付可否の決定プロセスに参加する
権利がある。

（2）　労働不能手当の分類と検討の対象　　労働不能手当の給付内容は州によ
り異なるところ，その特徴から定型（scheduled）給付と非定型給付という分類
が可能である。定型給付は，わが国の障害等級に基づく障害補償給付に相当す
るもので，症状が固定した後，身体障害の種別に基づいて給付週数を決定する
方式である。この方式では，給付内容の決定が比較的容易である一方，現実の
賃金喪失の程度は反映されないという特徴を有する。

　他方で非定型給付は，①給付額の前提となる労働不能率を医学的に決定する
方式をとる場合と，②賃金喪失の程度に応じて給付額を決定する方式をとる場

1）　MARK A. ROTHSTEIN ET AL., EMPLOYMENT LAW 589 (5th ed., 2015). その他，療養費用や
　遺族補償等の支払責任も負う。
2）　Id. 多くの州では民間保険への加入が強制され，公的労災補償保険の利用は一部の州で
　しか行われない。
3）　Id. at 655.

合がある。前者は，業務上の傷病により障害（impairment）の一切ない者（whole person）と比較しどの程度被用者の労働能力が低下しているかを医学見地から分析して労働不能率を算出し，その低下割合に応じて給付を行うものである。

後者は，業務上の傷病により，被用者の被災後の賃金が従前賃金（被災前一定期間内に受けていた賃金の平均額）よりも低下している場合，その低下割合に応じて給付を行うものである。この賃金喪失に基づく給付額決定は，前者の方法による決定や定型給付と比較し，「各々の労働者が個別的に取り扱われ，……事件ごとに大きく異なる事情によりたやすく対応できる[4]」という長所を有する。

このように従前賃金を前提とする後者の給付決定方式が本稿の問題関心に対し示唆的であると考えるため，以下，同方式を採用するミシガン州法[5]を中心により詳しく検討することとする。

2　労働不能手当の給付要件と従前業務

(1)　労働不能＋賃金喪失　　ミシガン州法において労働不能手当を受けるための要件は，①被用者が労働不能状態であることと，②賃金喪失（wage loss）があることである（法301条(7)(8)）。①労働不能状態は，被用者の「賃金稼得可能性」（wage earning capacity）が制限されていることとされる（同条(4)(a)）。「可能性」であるから，現実に被災後の賃金減額があるというだけでは労働不能は立証されず，また被災後現実に賃金を受けていてもいまだ労働不能状態とみなされることがある点に注意が必要である。

②賃金喪失要件については，被災後に現実の賃金減額が生じており，かつ当該賃金減額と労働不能との間に因果関係があることが必要となる[6]。

4）　Sobotka v. Chrysler Corp., 523 N. W. 2d 454, 459 (Mich., 1994). 同ミシガン州最高裁判決は，賃金喪失を用いた給付決定について，同じように左手の小指を失った「法律家」と「コンサートピアニスト」の場合，前者がほとんど給付を受けられない一方で後者は他の合理的な仕事が見つかるまでずっと給付を受けられるという例を挙げている。

5）　ミシガン労働不能補償法（Michigan Workers' Compensation Act; MICH. COMP. LAWS SERV. §418.101-941 (LexisNexis 2017)）。

個別報告③

(2) 労働不能要件と従前業務

(a) 「適職」における賃金稼得可能性　では、どのような仕事における被用者の賃金稼得可能性が制限されていれば労働不能要件を満たしていると解されるか。そこでは従前業務は考慮されるのか。

ミシガン州法においては、労働不能は「被用者の職業資格（qualification）および職業訓練（training）に適合する（suitable）仕事」（以下、このような仕事を「適職」という）による賃金稼得可能性が制限されていること、と限定されている（法301条(4)(a)）。この規定からは、賃金稼得可能性の制限の対象となる「適職」は従前業務を前提としており、労働不能とは、「従前業務において「適職」に従事し最大限の賃金を受けていたにもかかわらず、その可能性が制限されていたこと」、と整理することができよう。また、従前業務と無関係な職に対して賃金稼得可能性があったとしても、労働不能じたいは否定されないこととなる。

ただし、労働不能（および賃金喪失）の立証のためには、制限された労働能力の範囲内で合理的に就業可能と思われる職への復帰や再就職のための誠実（good faith）な努力を行うことが必要とされている（同条(5)(d)）。

(b) 多様な従前業務と労働不能要件　ところで、被用者が従前の業務において多様な経験を積み、結果として複数の「適職」を有しているような場合、その「いずれか」の職における賃金稼得可能性が制限されていれば「労働不能」の要件を満たすのか、それともそれら「すべて」の職に対して制限されていなければ「労働不能」に該当しないことになるのだろうか。

1997年、ミシガン州最高裁判所は Haske 事件判決において[7]、複数の「適職」のうちひとつでも被用者の賃金稼得可能性が制限されていれば、労働不能要件を満たすものと判断をした。このような解釈をとる場合、被用者は労働不能を

---

6) 医学的にみた労働不能率に比べて賃金減額の程度が大きい（たとえば医学的にみて一部労働不能であるが失業していっさいの賃金を受けていない場合など）についても、そうした賃金減額と労働不能との因果関係が否定されなければ、賃金減額に応じた給付を受けられる。*See* Sobotka v. Chrysler Corp., *supra* note 4.

7) Haske v. Transport Leasing, Inc., 566 N. W. 2d 896 (Mich. 1997).

立証するため，実際上は被災直前に就いていた適職において賃金を稼得する可能性が制限されていることを示せば十分となる。使用者はこれに対し労働不能と賃金減額との因果関係を否定する証拠（私傷病の存在など）を示さねば補償責任を免れることはできないこととなる。

　しかしその後，同裁判所は2002年の Sington 事件判決において，Haske 事件で示した解釈を撤回し，複数の「適職」のすべてにおいて被用者が最大限の賃金を受ける可能性が制限されていなければ，労働不能要件を満たさないと解釈するのが制定法上明白である，と判示した。現行法もこの考え方を採用している[9]。この解釈によれば，被用者は労働不能の立証のため，まず自らの適職をすべて摘示した上で，そのすべてにおいて賃金稼得可能性の制限があることを示さなければならない。他方で使用者は，当該被用者が合理的に就業可能である，最大限の賃金を支払う適職が被用者の通常の労働市場にひとつでも存在することを示せば，労働不能を否定し，補償責任を免れることができる[10]。

　Sington 事件の解釈を採用する場合，Haske 事件の解釈を採用する場合に比べ，低賃金・未熟練労働者ほど労働不能要件を満たすのは困難となる[11]。なぜなら，そうした労働者の経験や訓練は容易に他の職に転用可能であり，かつ従前賃金が低ければ最大限の賃金を支払う仕事も容易に見つかり得るからである。しかしながら，Haske 事件における解釈を採用すると，「最大限の賃金」を得る可能性がある被用者に対し給付が行われることにつながり，被用者の賃金喪失に対する金銭的補償という制度趣旨には反することとなり得る。

8）　Sington v. Chrysler Corp., 648 N. W. 2d 624 (Mich. 2002).

9）　301条(4)(a)によれば，「賃金稼得可能性の制限は，……業務上の傷病が，被用者の職業資格および職業訓練に適合する仕事領域において最大限の賃金が支払われる<u>すべての職</u>において労務提供を行うことができない状態を引き起こしている場合にのみ発生する」（下線筆者）とされる。

10）　その前提として，使用者は被用者に対し，自らが用意した医師等による検査を受けさせることが考えられる（被用者がこれを拒んだ場合原則として給付制限が行われる。法385条）。

11）　William N. Evans, *Michigan Workers' Compensation in the Aftermath of Sington and Rakestraw*, 51 WAYNE L. REV. 507, 510 (2005).

個別報告③

3 「合理的な仕事」受諾拒否規定と従前業務——復職先の強制？

上記の労働不能・賃金喪失要件を満たした被災被用者であっても，被災直前の使用者や他の使用者等から「合理的な仕事」の真正な申出があったにもかかわらず正当かつ合理的な理由なくその受諾を拒否した場合，給付制限が行われる（法301条(9)(a)）。ここで合理的な仕事とは，明文において，被用者の健康や安全が危険にさらされることなく就業可能な仕事であればよく，「適職」には限定されないこととされている（同条(11)）。そうすると，使用者からの申出があった場合には，被用者は軽易業務や一般的労働など，最大限の賃金が受けられる「適職」以外の仕事への復帰・再就職をうながされることとなり，使用者としては，補償責任の縮減が可能となるため，積極的に被用者を復帰させるようになる。この点からすると，「合理的な仕事」規定は，被用者の（制限された）賃金稼得可能性を最大限活かすことを目的としたものといえる。

他方で，被用者が合理的な仕事（従前業務と無関係な職）において賃金可読性があり再就職した場合でも，適職において最大限の賃金を得る可能性が制限されていれば労働不能は否定されないから（上記2(2)），賃金喪失が存在する限りにおいて，部分的ではあっても労働不能手当を受けることができる。このような取扱いによれば，賃金稼得可能性の最大限活用だけでなく，適切な補償も同時に行われるよう制度設計されていることがわかる。

4 小 括

賃金喪失を基準として労働不能手当の給付可否や額を決定する方式は，被災者の現実の経済的損害を正確にとらえることができるという長所をもつところ，さらに次のような特徴をみてとることができる。

労働不能は，適職において最大限の賃金を得る可能性が制限された場合に認

---

12) なお，いったん合理的な仕事に就いた後，被用者の責めに帰すべき事由によって雇用が終了したような場合においても，給付制限が行われる（同条(9)(b)）。

13) Bower v. Whitehall Leather Co., 312 N. W. 2d 640, 644 (Mich. 1981).

14) *See* Edward M. Welch, *Workers' Compensation at a Crossroads: Defining and Measuring Disability in Michigan,* 73 U. Det. Mercy L. Rev. 175, 190 (1996).

められ，仮に適職ではない——従前業務と無関係な——仕事における賃金稼得可能性があったとしても，それは最大限の賃金を受けられる仕事ではないから，労働不能は否定されない。他方で，適職ではない仕事（合理的な仕事）について使用者からの申出があった場合には復職・再就職することを実質的に強制されるものの，賃金喪失がある限り部分的には労働不能手当が給付される。また，労働不能や賃金喪失の立証のため，被用者は復帰・再就職のための誠実な努力が必要である点も特徴的である。

こうした制度の特徴から，労働不能手当は，使用者の「補償」という目的と労働力の最大限活用という目的をあわせもっていることがわかる。

Ⅲ　アメリカにおける失業給付と従前業務

1　アメリカにおける失業保険法制の特徴

労災補償制度に引き続き失業保険制度において従前業務がどのように評価されているのかの検討を行う。

失業保険制度も労災補償制度に同じく，州法による制度運営がなされている[15]ところ，アメリカの失業保険制度は，先に形成された労災補償制度を参考にして創設されたものである点が特徴的である[16]。実際，創設当初は「失業補償」制度と呼ばれており，「自らの責めに帰すべき事由がないのに仕事がないことのみを理由に失業した」[17]被用者に対し個々の使用者が補償を支払う義務を負うものであり，まさに労災補償と同じ構造であった。後に州の共同基金を用いる保険制度が採用されたものの，いまだ使用者の無過失責任に基づく補償制度である点は否定されていない[18]。

---

15) 最小限の連邦法の関与があるが，給付決定にかかる部分には関与していない（地神亮佑「アメリカの失業保険制度における連邦法の役割（一）（二・完）」阪大法学62巻6号235頁／63巻1号149頁（2013年）参照）。

16) SAUL J. BLAUSTEIN, UNEMPLOYMENT INSURANCE IN THE UNITED STATES: THE FIRST HALF CENTURY 108-112 (1993) 等を参照。

17) 故意に失業を引き起こしたような場合，すなわち正当な理由のない自発的離職などの場合を指す。

個別報告③

2　適職受諾拒否規定と従前業務

（1）　失業給付における給付制限事由　　給付要件（3で後述）を満たしている申請者であっても，離職理由が正当な理由のない自発的離職や非違行為による解雇である場合，使用者から適職の申出があったにもかかわらずその適職を受諾することを正当な理由なく拒否した場合（適職受諾拒否）には，給付制限が行われる。ここでは本稿の主題から，後者の適職受諾拒否規定についてのみ取り扱う。[19] Ⅱにおいては労働不能手当の給付要件→給付制限規定の順に検討したが，失業給付においては「適職受諾拒否」の給付制限事由の趣旨が給付要件規定の解釈等に影響を及ぼしているため，先に給付制限規定について取り扱うこととする。

（2）　適職受諾拒否規定の意義　　失業給付は，申請者の責めに帰すべき事由がないにもかかわらず仕事がないことのみを理由に失業している場合に支払われるところ，申請者に対しなんらかの職の申出があったにもかかわらずこれを受諾しなかった場合には，その後の失業状態には申請者の責めに帰すべき事由（受諾拒否という行為）があるため，給付の対象とすべきではない，ということになる。しかし他方で，こうした給付制限は申請者に対し州政府が特定の仕事に就くことを実質的に強制することにもつながる。そこで，申請者の職業選択の自由とのバランスを考慮し，「適職」とみなされる職のみ受諾を拒否できないという規定ぶりになっているのである。[20]

（3）　適職の範囲　　では，適職の範囲はどのように決定されるであろうか。労災補償に引き続きミシガン州法をみていくと，[21]ある仕事が適職かどうかを判断するための考慮要素として，｜申請者の健康・安全・モラルに対する危険の

---

18)　各州法が使用者単独拠出制をとり，自らの雇用していた被用者に補償給付が支払われた場合に保険料率が上昇する経験料率制を採用している点はそのことを裏付ける。この点については，地神亮佑「使用者の雇用保障責任と失業保険―アメリカ失業保険制度における経験料率制の法的検討」彦根論叢407号（2016年）90頁を参照。

19)　前のタイプの給付制限規定については，地神亮佑「労働者の離職理由と失業給付―アメリカ失業保険制度における給付制限（一）（二・完）」阪大法学64巻1号209頁／64巻2号529頁（2014年）を参照。

20)　以上につき，Katherrin Kempfer, *Disqualification for Voluntary Leaving and Misconduct,* 55 YALE L. J. 147, 148-153 (1945) 等。

程度，身体的適性や従前の職業訓練，経験や従前の収入，失業期間と通常就いている職に関する地域の仕事量の予測，就業可能な仕事と住居との距離」を挙げている（法29条(6)）。判断要素は多数あるが，大きく分けて，従前の職業訓練・経験と従前賃金についての部分と，現実的就業可能性についての部分があるということができる。このように，適職受諾拒否規定の適用にあたっては，最大限の賃金が受けられる従前業務以外の仕事に再就職したくないという意思が尊重されていることがわかる。

労働不能の場合と異なり，失業状態の場合，申請者の賃金稼得可能性は制限されていないから，従前業務への再就職によって能力を最大限発揮できる職へ復帰させるようなルールが，本人だけでなく社会のためにもベストであるとも考えることができる。

(4)「直前の業務」に戻りたいという意思　ところで，申請者の適職は法の文言上失業直前の業務には限定されないため，原則的には直前の業務以外の適職の申出があったが直前の業務に戻りたいという理由でこれを受諾しなかった場合でも，やはり給付制限の対象となる。ただし，一定の場合には拒否の「正当な理由」があるものとして取り扱われる場合がある。

ミシガン州最高裁判所は1981年 Dueweke 事件において，1972年 Keith 事件控訴裁判所判決の反対意見を引用しているが[22]，そこでは次のように判示されている。いわく，「職の申出があり，もしそれを受諾すれば機会費用（opportunity cost）——被用者にとって都合がよく，またそれを得ることができると信じるに足りる十分な理由がある仕事を受諾できること——の損失が発生する場合には，申出のあった職の受諾を拒否する正当な理由があると解される[23]」と。当該事件では，申出のあった適職を受諾した場合失業直前に労務提供していた工場におけるリコール（呼び戻し）の権利を失うという理由が，正当な理由であるとされているが，このように，直前の業務に戻りたいという意思も一定程

---

21)　ミシガン雇用保障法（Michigan Employment Security Act, Mich. Comp. Laws Serv. §§ 421.1-421.75 (LexisNexis 2017)）。

22)　Dueweke v. Morang Drive Greenhouses, 311 N. W. 2d 712, 715 (Mich. 1981).

23)　Keith v. Chrysler Corp., 200 N. W. 2d 764, 768 (Mich. App. 1972).

個別報告③

度尊重されていることは注目に値する。

3　就業可能性／再就職活動と従前業務

（1）　失業給付の給付要件　　引き続いて失業給付の給付要件を検討するが，給付要件については，解釈・運用に州による違いがあるものの，次のような内容はほぼ一致している。[24)・25)]

第1に，申請者が現に労働の能力（ability），就業可能性（availability）を有していることがあげられる。就業可能性とは，仕事の申出を受諾する意思があり，能力があり，準備ができている状態を指す。第2に，州職業紹介機関等に求職の申込みを行い，積極的に再就職活動を行っていることである。これらの要件を満たしているにもかかわらず再就職できない場合には，失業給付が支給される。

これらの要件は相互に関連し，積極的再就職活動の態様，すなわちどのような仕事に向けて再就職活動を行っているのか，という点は就業可能性の有無を判断するにあたって重要な考慮要素となる。

（2）　就業可能性が必要な仕事　　ところで，申請者はどのような仕事に対して就業可能性がなければならないだろうか。いい方を替えると，就業可能性を示すための再就職活動は，あらゆる仕事を対象に行わなければならないのか，それとも対象とする仕事の種類を従前業務等に自ら限定することができるだろうか。

こうした問いについて，ミシガン州をはじめ，給付要件を満たすためには「適職」（suitable work）への就業可能性があること，と限定する州があることが注目に値する。[26)] そのような州では，再就職活動もそのような「適職」を対象

---

24)　Employment and Training Administration, Comparison of State Unemployment Insurance Laws 5-1 (2017) [hereinafter, *The Comparison*].

25)　なお，わが国でいう被保険者期間のような「金銭的」（monetary）な受給資格要件については本稿の問題関心と関連しないため割愛する。

26)　*The Comparison, supra* note 24, at 5-23. 明文で定められていなくとも判例によってそうした限定をしている州（カリフォルニア州など）もある。詳細は地神亮佑「アメリカの失業保険制度における受給資格と給付制限」社会保障法29号（2014年）170頁を参照。

166　日本労働法学会誌130号（2017.10）

に行う必要があり，行えば十分とされる。ここでの「適職」については，従前業務を前提に決定されることになる。ミシガン州法の定義をみると，「適職とは，申請者が過去の経験や職業訓練によって労務提供する資格があり，従前に賃金を受けていたものと通常類似する性格を有する」(28条(1)(c)) ものであるとされている。

このように，就業可能性が必要な範囲を「適職」に限定する理由は，再就職活動と密接な関係を有する就業可能性判断につき，適職受諾拒否規定の趣旨が及ぶためであると説明される[27]。

(3) 適職と失業直前の業務 就業可能性が必要とされる適職はやはり失業直前の業務には限定されない。実際，申請者が失業直前の業務に就くことができない場合，あるいは就く意思がない場合であっても，その他の適職に就くために合理的な努力をしていることを示せれば，就業可能性は否定されない[28]。その意味で，従前業務において多様な職業経験を有している申請者については就業可能性が認められる可能性は高まるが，他方で適職受諾拒否規定の存在ゆえ，直前の業務に就きたいという意思が実現する可能性は下がるということになろう。

4 小 括

以上の検討から，失業保険法の解釈においては，使用者による賃金喪失に対する「補償」の考え方や労働力の最大限活用の観点，そして申請者の職業選択の自由の保障という点から，申請者が適職において最大限の賃金を受けることができる従前業務（場合によっては直前の業務）に戻りたいという意思が給付制限規定・給付要件規定いずれの解釈運用においても尊重されているということをみてとることができる。

---

27) Sanchez v. Unemployment Insurance Appeals Bd., 141 Cal. Rptr. 146, 151-152 (Cal. 1977) など。

28) Chrysler Corp. v. Sellers, 307 N. W. 2d 708 (Mich. App. 1981) など。

個別報告③

Ⅳ おわりに

アメリカにおける，いずれも使用者の無過失責任を前提とする補償制度である労災補償法制や失業保険法制の分析からは，次のような共通する特徴を見出すことができる。まず，両制度において使用者が補償すべき対象は，被用者の「賃金喪失」[29]である点が明確となっている。そして，「賃金喪失」は，労働災害や失業が原因で，被用者がほんらい最大限の賃金を得られる従前業務——職業経験や職業訓練を最大限活かすことができる業務——に就くことができないがゆえに発生するととらえられている。それがゆえに，両制度における保険給付の可否や給付額を判断するにあたっては，従前業務が重要な考慮要素となっているのである。

このような，アメリカにおける労災補償・失業保険制度における従前業務の尊重という考え方が，わが国の労働保険法の解釈適用あるいは立法の方向性に与える示唆はいかなるものであろうか。たとえば，労災保険（休業・障害補償給付）と雇用保険（基本手当）における保険事故を，「労働者（被保険者）の，本人の職業経験や職業訓練によって得た能力を最大限活かして最大限の賃金を得る可能性が制限されることにより，現実の賃金収入が減少・喪失すること」ととらえ，それを前提に，労働者の復職・再就職に際しては，本人の能力を最大限に活かすために可能な限り従前業務またはそれに準ずる職に復職・再就職できるように，可能であればそれを促進するように，制度設計・運営すること，などが考えられよう。また，従前業務やそれに準する職に復職・再就職できないときは，賃金喪失の程度に応じた部分的な補償（給付）を行うという方向性も，考えられてよい。

もっとも，わが国の労働保険法はアメリカのそれとは完全には一致しない。「社会保障化」してきている労災保険法や，補償以外にもさまざまな目的を有する（さらに，形成過程も労災保険法と異なる）雇用保険法にアメリカの法理を直

29）　もっとも，これはミシガン州のように労働不能給付において賃金喪失を前提に補償を行う州の場合で，それ以外の方式で補償を行う州についての分析は今後の課題としたい。

接適用することが可能かどうかは，さらなる検討を要する。しかし，わが国の労働保険法にわずかであっても「補償」の考え方が存するのであれば，アメリカにおける従前業務を尊重する法理を参照する意義は十分あるものと考えられる。今後の議論を期待したい。

（ちがみ　りょうすけ）

フランスにおける合意解約法制化の意義

古 賀 修 平

（早稲田大学大学院）

I　はじめに

　本稿は，フランスにおいて無期労働契約の合意解約制度が創設された意義について検討することを目的とする。

　合意解約とは，一般に，契約当事者双方の合意によって契約関係を終了させることを目的とするものであり，その法的基礎は契約一般法に求められる。また，その内容や態様も，契約自由の原則により，基本的に契約当事者に委ねられている。

　日本では，合意解約は，解雇のような特別な労働法的規制に服するものではなく，退職勧奨についても，労働者の自由な意思形成が不当に阻害されない限り，基本的に使用者が自由に行いうるものと解されている[1]。実務でも，労働者による申込みを使用者が承諾する場合や，使用者による申込みを労働者が承諾する場合など，さまざま場面で合意解約が利用されている。もっとも，労働契約関係における労働者と使用者の交渉力の不均衡などを考慮すれば，とくに使用者の側が主体的となる合意解約の場合に，どのようにして労働者保護を図るのかは重要な課題である。これまで学説では，合意解約を解雇と擬制することによって合意解約に解雇規制を及ぼす見解[2]，これに対して，当事者間に合意が存在する以上，合意解約を使用者による一方的解約権の行使（解雇）と性質決定することには困難がともなうとして，あくまで合意（意思表示）の有効性の観点から労働者保護を模索する見解などが示されてきた[3]。

---

1 ）　荒木尚志『労働法〔第 3 版〕』（有斐閣，2016年）108頁。
2 ）　小西國友『解雇と労働契約の終了』（有斐閣，1995年）169頁以下。

この点フランスでは，2008年 6 月25日の法律[4]によって，「法定合意解約制度
《rupture conventionnelle》」が創設されて以降，合意解約は，法律による規制
に服している[5]。もっとも，2008年法に至る歴史展開としては，「①契約一般法
に依拠した合意解約自由の時期」から，「②解雇法の潜脱を防止するための合
意解約に対する厳格な規制の時期」を経て，「③法定合意解約制度の創設」と
いう段階を迎えるに至ったという特徴がある。

そこで以下では，合意解約に対する労働法的規制の歴史的展開（Ⅱ）を明ら
かにし，そのうえで合意解約法制化の意義（Ⅲ）について検討する[6]。

Ⅱ 合意解約に対する労働法的規制の歴史的展開

1 解雇法の制定以前——合意解約の自由

合意による契約終了については，伝統的に，合意によって締結された契約は
合意によって解消されるとの原則を示す民法典（旧）1134条 2 項（現1193条）に
法的根拠が求められ，労働契約においても，同条に基づき，労働者と使用者が
合意によって労働契約を終了させることができると解された[7]。

もっとも，解雇法制が確立する以前においては，労働者および使用者双方に
よる一方的解約権の行使は広く認められていた。そのため，学説における労働
契約終了に関する議論の中心は解雇であり，合意解約を規制する議論はみられ
なかった。

---

3 ） たとえば森戸英幸「辞職と合意解約」日本労働法学会編『講座21世紀の労働法　第 4 巻
労働契約』（有斐閣，2000年）227頁以下。

4 ） Loi n° 2008-596 du 25 juin 2008 portant modernisation du marché du travail.

5 ） フランスにおける合意解約については，野田進「雇用調整方式とその法的対応—フラン
スの「破棄確認」および「約定による解約」ルール」西谷敏先生古稀記念『労働法と現代法
の理論（下）』（日本評論社，2013年）326頁以下，奥田香子「フランスの合意解約制度—紛
争予防メカニズムの模索」同339頁，古賀修平「フランスにおける合意解約」労旬1834号
（2015年） 8 頁など。

6 ） なお，人員削減としての合意解約と解雇規制（経済的解雇）の関係についての分析も重
要であるが，紙幅の都合上，検討の対象から除外した。

7 ） G. H. Camerlynck, Traité de Droit du Travail, Dalloz (1968), p. 269.

日本労働法学会誌130号（2017.10）　171

個別報告④

2 解雇法の制定以降——合意解約に対する厳格な司法審査

　解雇法が制定されると[8]，合意解約は，解雇法の潜脱という観点から，その適法性，あるいは合意の法的性質について議論が展開されることになった[9]。

　(1) 解雇への同意と合意解約の適法性　　まず問題となったのは，労働者が解雇されることについて使用者と合意し，その結果，法所定の解雇手続きを経ずに解雇された事案である。この事案では，当該契約終了について解雇法が適用されるのかという観点から，労働契約が「合意」によって終了したのか，それとも「解雇」によって終了したのかが争われた。フランスの最高裁判所にあたる破毀院は，当事者間に契約関係を終了させる合意が存在したとの理由から，当該契約終了を「解雇」と性質決定することを否定した[10]。

　当時の学説は，つぎのように解することによってこの判決を「合意解約の適法性」を認める判例として理解した。すなわち，契約終了方式（法的性質）は，「当事者の意思」によって判断され，たとえ「解雇」の形式をとったとしても，当事者間に合意が存在する場合には「合意解約」と性質決定することができ，その結果，解雇規制は適用されないということである[11]。

　(2) 合意解約の制限的な解釈　　これに対して学説では，「労働契約関係の

8）　フランスでは，1973年7月13日の法律によって解雇一般法が制定され，使用者の解雇権が一般的に制約された。すなわち，解雇理由が正当化されなければならないとする実体要件（「現実かつ重大な事由」）に加え，手続き要件（事前面談への呼び出し・事前面談の実施・解雇通知書の送付）が設定されている。これに加えて，使用者は，原則として解雇の正当性の有無にかかわらず，労働者に対して，勤続年数と給与額に応じた解雇補償金を支払わなければならない。詳しくは，野田進『労働契約の変更と解雇—フランスと日本』（信山社1997年），古賀修平「フランスにおける人的理由による解雇」労旬1830号（2014年）8頁など。

9）　合意解約以外にも不可抗力による契約関係終了の主張や，相手方の契約不履行を理由とする裁判上の解約《résiliation judiciaire》の請求など，解雇法の回避の効果を生じさせる契約一般法上の法技術の適法性について同様の問題が提起された。判例は，解雇法の実効性という観点から，このような法技術の援用を限定的に解した。P. Waquet, Les ruptures du contrat de travail et le droit du licenciement, RJS 10/04, p. 675.

10）　Soc. 19 déc. 1979, Dr. soc. 1981 p. 237.

11）　J. Pélissier, Le recours à la négociation individuelle: Les accords de rupture des contrats de travail, Dr. soc. 1987, p. 483.

終了を内容とする合意」と「契約終了後の権利義務関係に関する合意」とが，合意の「目的」という点において異なることから，両者を区別すべきことが指摘された。[12]この見解は，労使の交渉力の非対等性を考慮して，契約終了にかかる労働者の自由な意思形成を慎重に判断しようとするものであり，労働者が解雇法上の保護規定の援用をあらかじめ放棄することができない旨を定める現行の労働法典 L1231-4 条（以下「労働法典」略）の規定を法的根拠とするものであった。

その後判例も，解雇または契約関係の終了が使用者によって企図された場面でなされた当事者間の合意が「合意解約」と評価できるかという観点から，合意の成立について次第に厳格な解釈を示すこととなる。

たとえば，労働者の解雇が解雇補償金等の支払いのない「重い非行《faute grave》」によるということを労使で合意した事案において，破毀院は，当該合意の目的という観点から合意解約を制限的に解することによって，合意解約による契約終了の効力を否定した。[13]すなわち，破毀院は，合意の目的が契約終了にかかる権利義務関係の調整である場合，当該合意を民法上の「和解《transaction》」と解することによって，契約関係の終了を目的とする「合意解約」と区別したのである。

また，その後の判例は，使用者が解雇手続きをとることによって当事者間に紛争が発生したと観念し，そのような状況でなされる合意解約が L1231-4 条の放棄禁止規定に抵触する——労働者による解雇法の放棄にあたる——と解することによって，合意解約の有効性を否定した。[14]その結果，合意解約の有効性要件のひとつに，「当事者間に紛争が存在しないこと」が新たに加えられたのである。[15]

（**3**）　法律により解雇が禁止されている労働者との合意解約の禁止　　フラン

---

12)　Ibid., p. 480 et s.

13)　Cass. soc. 29 mai 1996, Dr. soc. 1996, p. 687.

14)　Cass. soc. 26 oct. 1999, Dr. soc. 2000, p. 183.

15)　E. Letombe, Pas de rupture amiable, hors PSE, en cas de différend, JCP S 2009, 1239.

スでは，妊娠，産前産後休暇や労災や職業疾病による休業について「労働契約の停止《suspension》」という構成をとり，停止期間中の解雇は明文規定によって禁止されている（L1225-4条，L1226-9条）。解雇禁止事由に抵触する解雇は「違法解雇」，すなわち，無効と評価され，この場合，「不当解雇」の場合とは異なり，被解雇者には復職および解雇期間中の賃金の支払いを受ける権利が認められる[16]。そのため，解雇禁止事由に該当する労働者との合意解約についても，解雇法の潜脱という観点から適法性の問題が提起された。

　破毀院は，解雇禁止規定を根拠に，「労災に起因する労働契約の停止期間中，使用者は，合意解約のための書面に労働者を署名させることができず，そのようにしてなされた合意解約は無効である[17]」と説示して合意解約による契約終了を否定した。つまり，破毀院は，解雇禁止に関する保護規定が解雇のみならず合意解約にも及ぶと解し，合意解約を解雇に擬制することによって，解雇法による労働者の救済を図ったのである。

　(4)　厳格な解釈に対する批判　　判例による合意解約に対する独自の労働法的規制に対しては，批判的な見解も示された。代表的な批判として，Jean Savatier[18]は，合意解約を解雇規制に服せしめることそれ自体が法解釈として誤っていること，および，合意解約を厳格に解することが実務における権利義務関係の調整・紛争の予防という要請とも矛盾することの2点を指摘し，労働者による辞職の意思表示の有効性審査に示唆を得て[19]，合意解約における労働者の意思表示の有効性を慎重に審査する方がむしろ望ましいと主張した。

3　2008年法による法定合意解約制度の創設 —— 手続き的規制への移行

　(1)　労使当事者の意向　　2008年法の制定にあたって，政府は，全国レベル

---

16)　G. Auzero et E. Dockès, Droit du travail 29ᵉ éd., Dalloz（2014），p. 496 et s.

17)　Cass. soc. 4 janv. 2000, Dr. soc., 2000, p. 350.

18)　J. Savatier, Les limites de la faculté de résiliation amiable du contrat de travail, RJS 5/02, p. 400.

19)　労働者による辞職の場合，意思表示の有効性は，「明白かつ曖昧さがない《claire et non équivoque》」かの観点から慎重に判断される。辞職の意思表示の有効性については，野田・前掲注5）論文316頁以下。

の労使代表に対して合意解約制度について交渉することを要請した。

経営者団体の中核であるフランス企業運動（Medef）は，合意解約の制度化を当時の優先的な課題に据えていた。すなわち，合意解約による契約終了の有効性が原則として認められるべきものであること，また，同意の瑕疵の場合を除き，裁判所による審査を免れるべきことを前提に，合意解約が民法上の和解として，すなわち，使用者側の事後的な紛争リスクを軽減するものとして機能するように制度を構築することを Medef は望んでいた。[20]

他方，労働者側の代表として労使対話に参加したフランス民主労働同盟（CFDT）は，当時，個々の労働者の労働移動ないし職業生活設計の安定化に力点を置いており，労働移動における労働者の経済的安定性確保という観点から，労働移動における障害を取り除くものとして合意解約制度の創設を受け入れた。[21]その背景には，多くの労働者が，不本意ながら「辞職」の形式のもと退職していること，使用者による圧力のもとで労働者が退職を望んだとしても，次の仕事への移行期間中，失業保険の受給権が認められない可能性[22]があった。

(2) 法定合意解約制度の概要[23]　法定合意解約制度では，まず，当事者（とくに労働者）の同意の自由を保障するという目的のもと，要式主義が採用され，合意解約による契約終了のための手続き——面談の実施，合意解約書の作成・署名，撤回可能期間，行政機関による審査（認可制）——が新たに導入された。労働者の意思形成という観点では，使用者との面談時に他の従業員の同席が認められること，合意解約書への署名から14日の間，各当事者が一方的に合意解約を撤回することが認められている。

また，法定合意解約制度では，使用者が労働者に対して解約補償金を支払う

---

20) J. Freyssinet, L'accord du 11 janvier 2008 sur la modernisation du marché du travail: un avenir incertain, La Revue de l'Ires, n° 54 (2007), pp. 25-27.

21) R. Dalmasso et al., Des ruptures conventionnelles vues par des salariés: Analyse d'un échantillon de cent une ruptures conventionnelles signées fin 2010, (C. E. E., 2012), pp. 8-10.

22) 2008年法以前，合意解約による退職者は，失業保険を受給するための「失業者」要件のひとつ（「非自発的失業《perte involontaire d'un emploi》」）を満たされないと判断されることがあった。古賀・前掲注5）論文9頁。

23) 詳細については，前掲注5）各論文参照。

個別報告④

ことも新たに定められた。その結果，労働者と使用者は，上記の合意解約書への署名にあたり，補償金の額について合意しなければならず，その際には，解雇時に支払われる解雇補償金の額がその下限額として機能する。加えて，2008年法は，法定合意解約制度を経て失業者となった者について，失業保険の受給資格要件を緩和し，他の要件を満たすことを条件に，法定合意解約により失業した労働者が失業保険を受給することを可能とした。

このように2008年法は，当事者の意思形成段階に対して，また，合意内容の法律適合性についての事前確認というかたちで規制を加えることにより，合意解約によって契約を終了する労働者の保護を図るともに，合意解約により退職する労働者に対して一定の経済的利益の享受を保障する内容となっている。

(3) 法定合意解約に関する破毀院判例[24]

(a) 法定合意解約制度の強行性　2008年法により法定合意解約制度が創設されたことで，契約一般法に基づく合意解約と労働法典に基づく法定合意解約との２つの合意解約が存在することとなった結果，法定合意解約制度が合意解約の一般法を構成し，強行性を有するものとして解されるのか，それとも，法定合意解約制度と契約一般法とが並列的な関係にあり，契約当事者が自由に選択できるのかについては，労働法典の文言からは必ずしも明らかではなかった。[25]

最終的に，破毀院[26]は，法律が特別に定める場合[27]を除き，契約一般法に基づく合意解約の有効性を否定する立場を採用することで，この問題を解決した。[28]・[29]

(b) 2008年法以前の判例法理の帰趨　また，2008年法は，それ以前の判例によって形成された合意解約の有効性要件ないし禁止事由に関する規範（上

---

24) 法定合意解約に関する詳細な判例分析として，奥田香子「フランスにおける「合意解約制度」の展開—破毀院判決にみる解釈論的課題」近畿大学法科大学院論集13号（2017年）25頁。

25) 当時の議論状況については，古賀修平「法定合意解約制度に従わずになされた合意解約の有効性」労旬1858号（2016年）46頁以下。

26) Cass. soc., 15 oct. 2014 (n° 11-22.251).

27) 企業の経済的理由による人員削減過程における合意解約（L1237-16条）など。

28) G. Couturier, Il n'est de résiliation d'un commun accord que la rupture conventionnelle, Dr. soc. 2014, p. 35

記2(2)・(3))が法定合意解約による契約終了の場合にも及ぶのかについて，明示的に規定していなかった。[30]

　破毀院は，当事者間に紛争が存在したことを理由に労働者が法定合意解約の無効を主張した事案において，「当事者間に紛争が存在することそれ自体は，法定合意解約による契約終了の合意の有効性に影響を与えない[31]」と判断している。また，労災に起因する労働契約の停止期間中にある労働者との間で合意解約がなされた事案においても，破毀院は，「強行法規の回避《fraude》または同意の瑕疵が認められる場合を除き，……労災または職業疾病に起因する契約の停止期間中であっても有効に合意解約を行うことができる[32]」と判断している。

　いずれの判決も従来の判例法理が法定合意解約の場合には適用されないとの立場を示し，その一方で，合意の有効性要件である「同意の瑕疵」を争う余地を認めている。

　　(c)　同意の瑕疵に関する司法審査　　それでは，どのような場合に同意の瑕疵が存在したと評価されるのだろうか。

　第1は，合意解約に至る過程（とくに条件面の交渉等）において使用者が労働者に誤った情報を与えた，あるいは誤信させたケースである。たとえば，使用者が労働者に合意解約を提案するにあたって，労働者が退職後に競業避止義務条項に基づく金銭的代償の支払いを受けることができると信じさせたうえで，合意解約書に署名させ，その後，使用者が競業避止義務条項を放棄することによって金銭的代表の支払いを免れたという事案において，法定合意解約の有効性が否定されている。[33]

---

29)　契約一般法に基づく合意解約の可能性が労働者による申し入れの場合にも排除されたかは，同判決から必ずしも明らかとはいえない（古賀・前掲注25)論文47頁)。もっとも，この点については，労働者が辞職し，その際の予告期間を使用者が免除するという構成が考えられる。

30)　なお，法定合意解約に関する2009年3月17日の労働省通達（Circulaire DGT n° 2009-04）においては，妊娠，産前産後休暇や労災や職業疾病による休業といった契約停止期間中の労働者との法定合意解約が制限されることが行政解釈として示されていた。

31)　Soc., 23 mai 2013 (n° 12-13.865).

32)　Cass. soc., 30 sept. 2014 (n° 13-16.297).

33)　Cass. soc., 9 juin 2015 (n° 14-10.192).

個別報告④

　第2は，使用者が労働者に圧力をかけて合意解約に至るケースである。たとえば，合意解約書への署名に先立ち，使用者が，労働者に対して職業能力不足を理由とする警告文書を複数回発し，契約関係の終了を示唆した事案において，法定合意解約の有効性が否定されている。[34]·[35]

　このように現在の判例は，「合意形成の安全化」という法定合意解約制度の立法趣旨や，その実効性確保の点から，原則としてすべての合意解約に対して，法定合意解約制度に従うことを当事者に強いることによって，契約一般法による合意解約を排除する一方，適法な手続きを経た合意解約に対しては，契約ないし合意一般に適用される有効性の審査を超えて，判例独自の労働法的な規制を加えることを差し控える立場といえよう。[36]·[37]

Ⅲ　合意解約法制化の意義

　以上のとおり，フランスでは，判例から制定法へと合意解約に対する労働法的規制の態様が移行し，新たな合意解約制度が形成されるに至った。以下では，法定合意解約制度の特徴——手続きの整備および労働者側の経済的利益——および労働契約終了法制への影響の観点から，合意解約法制化の意義について検討する。

---

34)　前掲注31)判決。

35)　民法学で解される要件よりも緩やかに同意の瑕疵が認められているとされる。J. Mouly, La rupture conventionnelle du contrat de travail à durée indéterminée; La conversion de la Cour de Cassation au libéralisme contractuel, RJS 1/16, p. 8.

36)　Un litige n'exclut pas la rupture conventionnelle, SSL n° 1586 (2013), pp. 11-13, 破毀院裁判官自身も，法定合意解約制度が労使当事者の意向を反映した法律であること，および，立法者自身も合意解約の制限事由を設けなかったことを考慮している（破毀院裁判官H. Gosslin のコメント参照）。また，「破毀院判決における無効回避の傾向」と指摘するものとして奥田・前掲注24)論文40頁以下。

37)　なお，同意の瑕疵により有効性が否定された場合の法的救済について，判例は，「合意解約」を「正当化事由を欠く不当解雇」へと性質決定し直すという理論構成のもと，契約関係の終了を前提とする損害賠償請求を認めている。学説における議論状況については古賀・前掲注25)論文47頁以下。

1 手続きの整備と労働者の意思形成

法定合意解約制度では，両当事者の同意の自由を担保するための仕組みとして，手続きが新たに整備された。2008年法以前の合意解約が，（一般に交渉力の不均衡が存在するとされる）当事者間の自由に委ねられていたことに鑑みれば，手続きとして，事前面談において他の従業員が同席できる仕組みや，合意解約書への署名から一定期間を撤回可能期間として設定することは，労働者の意思が，熟慮のうえ，形成されることを確保するものといえるだろう。

もっとも，実態との整合性，あるいは司法審査における合意の取扱いについては以下のような批判もある。

第1は，手続きが形骸化してしまうおそれである。たとえば，ある調査によれば，事前の話し合いに他の従業員が同席したと回答した労働者は1割に満たず，また，別の調査においては，使用者による退職の強要があったと回答した者が29％存在することが指摘されている。さらに，当事者間の合意を担保する役目を担う行政機関による審査も，基本的には形式面の審査にとどまると解されている。

第2は，裁判所における法定合意解約の有効性審査において手続きの整備が労働者にとってむしろ不利に働いてしまうおそれである。すなわち，手続き規制が課された場合においても，交渉力の不均衡や使用者による圧力の余地が依然残りうるにもかかわらず，労働者が撤回権を行使しなかったという事情や，現に行政機関による認可決定を受けているという事情が，司法審査において労働者側による「同意の瑕疵」の立証をむしろ困難にすると予想されるからである。

---

38) C. Minni, Les ruptures conventionnelles de 2008 à 2012, Dares Analyses n° 31 (2013), p. 3.

39) P. Bourieau, Les salariés ayant signé une rupture conventionnelle: Une pluralité de motifs conduit à la rupture de contrat, Dares Analyses n° 64 (2013), p. 3.

40) その理由として，行政機関に提出される合意解約書には，基本的に手続きの実施等に関する客観的な情報しか記載されないことが指摘される。M. Patin, L'évolution du contrôle de la rupture conventionnelle, JCP S, 2012, 1002.

41) G. Auzero, Le différend n'exlut pas la rupture conventionnelle, RDT 2013, p. 481.

個別報告④

このように，手続きを整備するとしても，個別的労働関係に本来的に存在する交渉力の不均衡や使用者による圧力の可能性を本当に排除することができるのかは必ずしも明らかとはいえず，とくに司法審査においては，労働者の「自由意思」について，依然，慎重な判断が求められることには留意しなければならない。

2　経済的保障と労働者の意思形成

　法定合意解約制度では，解約補償金の下限となる水準のほか，失業保険制度との接続関係が明確にされた。従来，合意解約による失業の場合，失業保険の受給資格が不明確だったことに鑑みれば，現在の法定合意解約制度のもとで，労働者は，合意解約にともなう経済的利益ないし不利益，あるいはその確実性をある程度明確に理解したうえで，意思形成することができるようになると推測される。実際，ある調査では，法定合意解約による退職を経験した労働者の68.8％が，法定合意解約により契約関係を終了するに至った理由のひとつとして「失業保険の受給」を挙げており，[43]多くの労働者が合意解約を選択する際に退職後の経済的保障を考慮していることがわかる。労働者の意思形成という観点では，退職にかかる経済的保障を明確にすることによって，労働者の意思が自由に形成されることを確保していると指摘できるだろう。[44]

3　労働契約終了法への影響

　2008年法以前の合意解約に対する判例がそうであったように，従来，フラン

---

42)　手続きの整備の結果，使用者にとっては，むしろ契約関係を確実に終了することができると指摘するものとして，G. Loiseau, Les transformations du droit de la rupture du contrat de travail, JCP S 2015, 1245.

43)　P. Bourieau, op. cit., p. 6.

44)　失業保険制度との接続については，保険原理との適合性や，法定合意解約制度により退職した労働者の失業が長期化することに伴う財政への影響の可能性にも留意が必要である。たとえば，2008年法以前の議論ではあるが，合意解約の法制化についての提言を含む労働法改革に関する報告書（M. Virville, Pour un code du travail plus efficace（La Documentation française, 2004））では，失業保険の受給に関して合意解約と解雇とを同列に扱うことに消極的な姿勢が示されている。

スの労働契約終了法は，解雇法の枠組によって雇用状態にある労働者の「契約上の地位」の保護を図ってきた。換言すれば，解雇法を頂点とする，ひとつの法体系としての労働契約終了法が，判例上，構築され，そして，合意解約もそのなかに位置づけられることによって，合意解約により退職した労働者が解雇法上の保護を享受するに至ったといえる。

これに対して，2008年法では，法文上において「解雇とも辞職とも異なる契約終了方式」として法定合意解約を観念し（L1237-11条），解雇と合意解約とを明示的に区別しているほか，破毀院も，合意解約への解雇法の適用を否定し，契約関係の終了を内容とする当事者間の意思の合致を尊重する立場である[45]。その結果，労働契約終了法の構造としては，2008年法は，労働契約終了法のなかに，解雇法に包摂されない「合意解約法」を新たに構成したと捉えることができ，現在の労働契約終了法では，解雇法と合意解約法とが互いに補完し合うことによって契約終了場面における労働者保護を図っているものといえよう。

もっとも，労働契約終了法における両者のバランスという点では，とくに解雇法の権威が低下してしまうおそれにも留意しなければならない。なぜなら，解雇法の適用が否定された結果として，法定合意解約制度が，その実質において，制約ないし禁止された解雇権の行使に代替する手段となることを使用者に認め，ひいては解雇法の潜脱を労働法典が正面から認めることになるかもしれないからである[46]。

Ⅳ　おわりに

最後に，合意解約への法的規制について，フランス法の分析をとおして得られた示唆について簡単に示しておきたい。

---

45)　合意解約制度を労働契約終了法の「契約化」と指摘するものとして，奥田・前掲注5）論文357頁以下。また，労働契約終了法全体における近年の法改正の視点から，法定合意解約制度を「契約化《contractualisation》」の一側面として捉えるものとして，G. Loiseau, op. cit.

46)　Y. Leroy, Rupture conventionnelle et licenciement: deux mondes à part ?, SSL 2015 n° 1667, p. 7.

個別報告④

　まず，2008年法以前の判例による規制は，労働者の置かれた状態等を理由に合意解約の有効性を厳格に解釈する制限するものであった。このような規制手法は，合意解約の場面において労働者が本当に自由に意思形成できるのか，あるいは解雇法の実効性が担保されるのかという観点からすれば積極的に評価することができるものといえる。しかしながら，このような規制手法は，ときに硬直的な規制となり，その結果として，合意解約に認められる契約当事者間の調整機能を妨げるものでもあった。

　他方，2008年法のように，労働者の「自由な意思形成」を担保するための手続き規制を導入することは，当事者間の自由な意思形成を一定程度確保するものとして評価することができる。もっとも，一般に，交渉力の不均衡が存在するとされる労働契約関係において，手続きの整備が労働者の「自由な意思形成」を本当に担保することができるのかという点では，依然，慎重さが求められることにも留意しなければならない。

（こが　しゅうへい）

回顧と展望

NHK 地域スタッフの労契法上の労働者性及び労契法17条１項の類推適用　　後藤　　究
　　―― NHK 堺営業センター（地域スタッフ）事件・
　　大阪高判平28・７・29労判1154号67頁――

歩合給の計算に当たり割増金相当額を控除する賃金規定の有効性　　松井　良和
　　――――国際自動車事件・最三小判平29・２・28労判1152号５頁――

有期労働契約の大学教員に対する雇止め　　大石　　玄
　　――――福原学園事件・最一小判平28・12・１判タ1435号89頁――

NHK 地域スタッフの労契法上の労働者性及び
労契法17条1項の類推適用
—— NHK 堺営業センター（地域スタッフ）事件・

大阪高判平28・7・29労判1154号67頁 ——

後　藤　　究

（中央大学大学院）

I　事実の概要

　X（原告，控訴人兼被控訴人）は，放送法に基づき設立された法人である Y（NHK）（被告，被控訴人兼控訴人）との間で，平成9年1月29日に放送受信契約の取次等を業務内容とする有期の委託契約（以下「本件契約」）を締結した（Y から上記業務を受託した個人を以下「地域スタッフ」という）。以後，X と Y は契約更新を繰り返し，平成23年4月1日に期間を3年として本件契約を更新したものの，平成24年8月1日，Y は X に対して，X の業績不良を理由として，同年9月1日付けで本件契約を中途解約すること（以下「本件中途解約」）を通知した。そこで，X が Y に対し，自らが労契法上の労働者に当たり，本件中途解約は労契法17条1項に反して無効であること等を主張し，本件契約に基づき，労働契約上の地位確認及び本件中途解約日以降の報酬の支払等を求めたのが本件である。

　一審（大阪地判平27・11・30労判1137号61頁）は，X の労契法上の労働者性を否定したものの，「X は，Y に対し，労働契約法上の労働者に準じる程度に従属して労務を提供して」おり，「契約の継続及び終了において X を保護すべき必要性は，労働契約法上の労働者とさほど異なるところはな」いとして，同法17条1項を類推適用し，本件中途解約を無効とした。その上で，X の請求のうち，本件契約の期間満了日（平成26年3月31日）までの報酬の支払を求める部分について認容した。これに対し，X 及び Y がそれぞれ本件各控訴を提起した。

Ⅱ　判　旨

1　「労働契約法2条1項は，同法における労働者につき，『使用者に使用されて労働し，賃金を支払われる者をいう』と定義している。これは，労働基準法9条の労働者と異なり，事業に使用されているという要件を含まないものの，その余の点では同法の定義をそのまま継承したものと解される。したがって，労働契約法上の労働者性は，労働基準法上の労働者性と同様に，基本的に①……労働が使用者の指揮監督下において行われているか否か……と②……報酬の労務対償性によって判断されることになる……。そして，労働基準法は刑事法でもあるから，その適用対象を画する使用従属性は，明確かつ厳格に解釈しなければならないが，……契約の形式にとらわれるのではなく，……諸要素を総合考慮し，実質的に判断する必要がある」。

2　(1)　Yは，個別に協議することなく，各スタッフの業務従事地域を指定し，地域ごとに契約取次等の目標数を設定している。しかし，YがXに交付した業務従事地域は，約6000以上の世帯が存する規模のものであり，契約取次目標数は，その世帯数の2％に満たない件数を2か月で確保するというものである。そして，各スタッフは，目標数を達成するように努める義務を負うものの，訪問先や日時を自らの裁量で決定することができる。以上によれば，Yが「業務従事地域を指定し，目標数を設定することは，YがXら地域スタッフに対して，包括的に業務を委託していると評価することができ，具体的な仕事の依頼や業務従事の指示等ということはできない。したがって，……Xに具体的な仕事の依頼や業務従事の指示等に対する諾否の自由がないと認めることはできない」。

(2)　①Yは，新規スタッフに対し，基礎講習や研修を実施している。②Yは，地域スタッフに対し，業務計画表を毎月作成させ，その内容を修正するよう指導することもある。③同計画表には，目標数や一斉稼働日等が予め印字されているが，地域スタッフは，その裁量で稼働日と各週の目標数を記入でき，一斉稼働日に稼働せずともYから不利益を課されることはない。④地域スタ

ッフは，訪問区域・ルートを決定する裁量を有する。⑤地域スタッフは，Yに対し，ナビタンと呼ばれる携帯端末から各稼働日の業務報告を送信するほか，週の初日にはYの局・センターにて業務報告を行い，その他，電話等により業務報告を行う。Yは，これらの報告により，各スタッフの稼働状況を把握し，業績不振者には稼働日数等に関する指導・助言を行うこともある。⑥Yは，業績不振者に特別指導を実施しており，来局回数を増やして指導の機会を増やすほか，Yの職員等による帯同指導や受持数の削減が行われることもある。⑦地域スタッフがYの指導・助言や特別指導に応じないとしても，Yが債務不履行責任を問うたり，経済的不利益を課すことはない。⑧地域スタッフの報酬額は，訪問件数，契約取次数，目標達成率等に応じて決定され，Yの裁量に左右される部分はない。上記①〜⑧によれば，「Yは，地域スタッフに対し，継続的に指導・助言を行う体制を敷いているが，地域スタッフがYの指導・助言や特別指導に応じなかったとしても，そのために債務不履行責任を問われたり，経済的不利益を課されたりすることはなく，稼働日，稼働時間，訪問区域，経路等は，地域スタッフの裁量に基づき決定されている」。したがって，地域スタッフが，Yの「業務遂行上の指揮監督を受けているということはできない」。

(3) ①各スタッフの業務の開始・終了時刻及び休憩時間は，契約上定められておらず，各自の裁量に委ねられている。②Yは一斉稼働日を定めるものの，これに従わない者に不利益を課すことはない。③各スタッフがYの局・センターへ出向くのは，基本的に週の初日のみである。④各スタッフの各日の稼働時間及び各月の稼働日数は区々である。⑤各スタッフは，訪問区域・ルートを決定する裁量を有する。⑥ナビタンには，実際の操作時間のみが記録され，業務時間や訪問経路は記録されない。⑦Yは，業績不振者に稼働日数等に関する指導・助言を行うものの，これに従わない者に不利益を課すことはない。上記①〜⑦によれば，「地域スタッフの勤務場所・勤務時間に関する拘束性は極めて緩やかであるということができる」。

(4) 契約上，地域スタッフには業務の再委託が認められ，Xが所属していた営業センターにおいても，再委託の実績がある。

回顧と展望①

(5) 「地域スタッフの報酬は，……基本的に出来高払いであ」り，「業務に従事した時間を基礎として支払額が決定される仕組みは採用されて」いない。「したがって，報酬の労務対償性は乏しいということができる」。

(6) Yは，地域スタッフに対し，ナビタン等の物品を貸与しているが，他方，地域スタッフは，顧客を訪問する際の交通費を自ら負担している。

(7) 契約上，地域スタッフの兼業は禁止されず，実際に兼業を行う者もいる。

(8) その他，地域スタッフの報酬からは給与所得としての源泉徴収が行われず，また，地域スタッフは労働保険やYの就業規則の適用対象とされていない。

3 以上検討したところによると，「使用従属性の存在を認める方向の事実は認められず，地域スタッフのYに対する使用従属性を認めることはできない。したがって，Xが，労働基準法及び労働契約法上の労働者であるということはできないし，本件契約に労働契約法が類推適用されるということもできない」。

Ⅲ 検 討

1 本判決の特徴

本件は，NHKから業務を受託した地域スタッフが，自らが労契法上の労働者に当たるとして，同法17条1項の適用等を求めた事案である。従前から，地域スタッフの労働者性又は当該契約の労働契約性が争われ，そこでは見解の対立が見られる[1]。裁判所の見解が対立する中，本判決及び一審判決は地域スタッフの労契法上の労働者性を否定しており，この点に第1の特徴が認められる。また，一審判決は地域スタッフの労契法上の労働者性を否定しつつ，同法17条1項の類推適用を認めた初の事案であったところ，本判決は，一審判決を覆し，この類推適用についても否定している。この点に第2の特徴が認められる。

2 本判決の法理の検討

(1) 労契法上の労働者性の判断基準 本判決及び一審判決は，定義規定の同一性を根拠に，労契法及び労基法上の労働者概念を同一と解する。その上で，労契法上の労働者についても，1985年の労働基準法研究会報告書[2]が示した労基法上の労働者性に関する判断基準と同一の基準を提示する。かかる理解は多数説及び近時の裁判例の傾向に沿うものといえる[3]。もっとも，かかる理解に対する異論も存する。例えば，労基法及び労契法上の労働者概念を統一的に捉えつつ，使用従属性を判断基準としない説[4]や労基法と労契法の間で労働者概念の相対性を認める説が存する[5]。特に，かかる相対性を認める説は，その論拠として，労契法の規制内容や性格が労基法のそれとは異なることを指摘しているところ[6]，本判決は，法の規制内容や性格に言及することなく労働者概念の相対性を否定しており，その論拠が十分とは言い難い。労基法及び労契法上の労働者が同一

---

1) 労働者性・労働契約性を否定した裁判例として，NHK 盛岡放送局事件・盛岡地判平15・12・26判例集未登載，同事件・仙台高判平16・9・29判881号15頁，NHK 千葉放送局事件・千葉地判平18・1・19労判926号70頁，同事件・東京高判平18・6・27労判926号64頁，NHK 前橋放送局事件・前橋地判平25・4・24労旬1803号50頁。労働者性・労働契約性を肯定した裁判例として，NHK 西東京営業センター事件・東京地八王子支判平14・11・18労判868号81頁及び NHK 神戸放送局事件・神戸地判平26・6・5労判1098号5頁。ただし，いずれも控訴審で判断が覆されている（NHK 西東京営業センター事件・東京高判平15・8・27判時1859号154頁，NHK 神戸放送局事件・大阪高判平27・9・11判時2297号113頁）。

2) 労働省労働基準局編『労働基準法の問題点と対策の方向』（日本労働協会，1986年）53頁以下。

3) 荒木尚志＝菅野和夫＝山川隆一『詳説労働契約法〔第2版〕』（弘文堂，2014年）79頁，荒木尚志『労働法〔第3版〕』（有斐閣，2016年）53頁，土田道夫『労働契約法〔第2版〕』（有斐閣，2016年）53頁，菅野和夫『労働法〔第11版補正版〕』（弘文堂，2017年）166-167頁などを参照。裁判例としては，ソクハイ事件・東京高判平26・5・21労判1123号83頁，前掲・NHK 神戸放送局事件一審判決を参照。

4) 川口美貴『労働法』（信山社，2015年）74-75頁。

5) 川田知子「個人請負・委託就業者の契約法上の地位─中途解約・契約更新拒否を中心に」日本労働法学会誌118号（2011年）19-21頁，和田肇「労働契約の成立と当事者」西谷敏＝根本到編『労働契約と法』（旬報社，2011年）58-59頁，西谷敏＝野田進＝和田肇編『新基本法コンメンタール労働基準法・労働契約法』（日本評論社，2012年）325-326頁［毛塚勝利］，西谷敏『労働法〔第2版〕』（日本評論社，2013年）47頁など。

6) この点については，毛塚・前掲注5)325頁を参照されたい。

の概念なのか，あるいは相対的な概念なのか。この判断にあたっては，労基法と労契法の規制内容や規制の性格の相違をふまえた検討が要請されよう。

(2) 判断基準への当てはめについて　判断基準への当てはめについては，以下の三点を特徴として指摘できる。

第一に，本判決は，複数の要素を総合考慮するにとどまる。適用が問題となる法規の性格や趣旨をふまえ，かかる諸要素の充足を判断するものではない。このような総合考慮を行うことに対しては，例えば，「指揮命令関係の有無・強度は，労基法における労働時間規制との関係では重要な意味をもつが……解雇法理の適用が問題となっているときに，指揮命令関係や時間的・場所的拘束を細かく詮索することは的はずれとさえいえる[7]」との批判が提起されている。かかる批判は本判決にも妥当するといえよう。

第二に，指揮命令関係の有無を判断する際に，Xの就業実態が十分に考慮されていないことが指摘できる。まず，本判決は，Yがスタッフの業務従事地域や目標数を一方的に指定していたことを認めつつ，これは，包括的に業務を委託したことによるものであり，かかる事情からは諾否の自由がないと認めることはできないとする。しかし，業務に従事するためには，Xらはかかる包括的な依頼を受け容れざるをえなかったものと解される。この事実をふまえ，当該地域内での業務委託に対し，Xが諾否の自由を有しなかったと評価することもできたように思われる[8]。また，業務遂行上の指揮監督の有無を判断する際にも，実態が十分に考慮されているとは言い難い。本判決は，Yが業務計画表の作成を指示し，目標数や一斉稼働日を設定し，Xらの業務報告を受けて指導や助言を行っていたことを確認しつつ，これらの指導・助言等に従うことが契約上義務づけられていたわけではないとして，指揮監督の存在を認めていない。しかし，ここで問題とされるべきは，Yの指導や助言が現実に強制

7）　西谷・前掲書注5）45頁。なお，契約不更新の違法性が争われ，その前提として就業者の労働者性が問題となった事案では，指揮命令関係の有無や程度ではなく，契約関係の継続性や就業者が生計を維持するうえで当該契約による収入に依存していたこと等の事情が重視されている（河合塾事件・福岡高判平21・5・19労判989号39頁）。

8）　恐らく同様の見解として，小山敬晴「判批」法時88巻1号（2016年）125-126頁。

力を有しうるものであったのか否かであろう[9]。さらに、勤務時間・場所に関する拘束性の判断についても同様である。確かに、契約上はXの活動日時・場所は決まっておらず、局・センターへの出勤日も限られているものの、このことから、Xに対する拘束が極めて緩やかであったと評するのは早計であろう。特に、ナビタンを通じた業務報告等から、Yは一定程度、Xの活動時間・場所を把握し、助言・指導をなしうる状況にあったものと推測される[10]。その他、就業規則や労働保険の適用、さらに報酬の税法上の取扱いを問題としていることからみても、本判決が就業実態を十分に考慮せずに判断を行っているものと評価できよう。

第三の特徴として、本判決の判示が労基法の規定や民法の雇用契約に関する規定との関係で整合性を欠くことを指摘できる。本判決は、労働者性を否定する事情として、①Xが活動時間の決定に関して裁量を有すること、②報酬が出来高払制であること、③兼業や再委託が認められていたことを指摘する。しかし、労基法が裁量労働制を認めていることからすれば、活動時間の決定に関して裁量を持つ者も労働者たりうる[11]。また、労基法27条が出来高払制を認めていることからすれば、出来高に応じて報酬を支払われる者も労働者たりうる[12]。さらに、労働者であっても一定の範囲で兼業は認められ、また、民法625条2項によれば、再委託を行うことも認められうる[13]。

このように、本判決の当てはめ部分についても疑問が残るものといえる。

(3) 労契法17条1項の類推適用について　　　注目すべきことに、一審判決はXの労働者性を否定しつつ、労契法17条1項を類推適用するアプローチをとった[14]。しかし、その理論構成には不明な点も存した。特に、地域スタッフが個

9）　土田道夫「判批」季労246号（2014年）74頁、竹内（奥野）寿「判批」ジュリ1479号（2015年）226頁は、NHKによる指導・助言等が拘束力・強制力を有すると指摘する。

10）　この点については、萬井隆令「業務委託契約における受託者の労働者性」季労237号（2012年）64頁、小西康之「判批」ジュリ1501号（2017年）123頁等を参照。

11）　萬井・前掲注10）64頁、近藤昭雄「判批」労旬1803号（2013年）35頁、小西・前掲注10）123頁等を参照。

12）　萬井・前掲注10）69頁、近藤・前掲注11）35頁、小西・前掲注10）123頁を参照。

13）　萬井・前掲注10）66頁、土田・前掲注9）75頁を参照。

人であることや本件契約が民法上の労務供給契約にあたることに加え，諾否の自由がないこと等の労働者性を肯定する事情をも指摘したうえで，Xは「労働契約法上の労働者に準じる程度に従属して労務を提供して」おり，「契約の継続及び終了においてXを保護すべき必要性は，労働契約法上の労働者とさほど異なるところはない」として，労契法17条1項の類推適用を認めたものの，なぜ，上記の諸要素を考慮したのかは明らかではなかった。[15]

　他方，本判決は類推適用をも否定する。その論拠は明らかではないものの，「使用従属性の存在を認める方向の事実は認められず，……したがって……本件契約に労働契約法が類推適用されるということもできない」と結論付けていることからすれば，本判決が使用従属性の有無・程度を類推適用の要件あるいは考慮要素として理解したようにも読める。

　労契法の類推適用をめぐっては，①労契法の全規定について統一的な類推適用要件を検討すべきなのか，それとも，②適用が問題となる規定ごとに類推適用要件を個別に検討すべきなのかが明らかにされるべきであろう。この点について，一審判決は，労契法の規定のうち，契約の継続及び終了に関するものについて類推適用が可能か否かを判断し（上記②に近い立場を採り），他方で本判決は上記①の立場を採るものと思われる。このように，一審判決と本判決とでは類推適用要件についての理解が異なるようにも思われる。

　では，この類推適用要件をどのように解すべきか。類推適用というアプローチにおいては，当該就業者に対して労契法の諸規定を全て適用することは要請されておらず，一部の規定について適用が要請されるに過ぎないのであるから，画一的にその類推適用要件を定めるべきではなく，各規定の趣旨と就業者の要保護性に照らし，個別にその要件を検討した方が妥当ではないか。特に，本件のように契約の解約及び終了が問題となるケースにおいては，労契法における契約の解約及び終了に関する規定の趣旨に照らし，契約継続に関して労働者と

---

14)　なお，従前の同種事案のうち，前掲・NHK盛岡放送局事件控訴審判決，前掲・NHK千葉放送局事件控訴審判決及び前掲・NHK前橋放送局事件では，地域スタッフが労契法又は労働契約法理の類推適用を主張したものの，かかる主張は斥けられている。

15)　同様の指摘として，國武英生「判批」法時89巻3号（2017年）129頁を参照。

同程度の要保護性を有する者への類推適用が要請されるべきであろう。[16]

3 その他の検討課題として

本件のように，ある就業者の労契法上の労働者性が否定され，また，労契法の類推適用も否定される場合，その契約相手は何らの制約を受けることなく，自由に契約の解約・更新拒絶をなしうるのであろうか。かかる問題意識の下で，労働法に拠らずに就業者の保護を図るアプローチが模索されつつある。特に委任や請負，あるいは継続的契約における解除権の制約をめぐる議論が注目されている。[17]これらの議論は就業者の保護を検討するうえで重要な視座を提供するものといえよう。他方，継続性原理が働くという点では同じであるものの，経済的利害関係が保護法益として捉えられる継続的契約関係と人格的価値が重要な意味を持つ労働契約とでは，契約の継続を保障することの意味が異なるとの重要な指摘も存する。[18]労働契約における存続保護と他の契約類型における存続保護の性格の違いをも踏まえたうえでの議論が求められるものといえよう。

（ごとう　きわむ）

---

16)　解雇規制について，同規制の趣旨目的を考慮して適用範囲を検討するものとして，西谷敏「労基法上の労働者と使用者」沼田稲次郎ほか編『シンポジューム労働者保護法』（青林書院，1984年）9-11頁，島田陽一「雇用類似の労務供給契約と労働法に関する覚書」西村健一郎ほか編『新時代の労働契約法理論─下井隆史先生古稀記念』（信山社，2003年）58頁以下，大内伸哉「従属労働者と自営労働者の均衡を求めて」中嶋士元也先生還暦記念編集刊行委員会編『労働関係法の現代的展開─中嶋士元也先生還暦記念論集』（信山社，2004年）59頁以下，和田・前掲注5）59頁等を参照されたい。

17)　川田・前掲注5）21頁以下，鎌田耕一「個人請負・業務委託型就業者をめぐる法政策」季労241号（2013年）57頁以下等を参照。

18)　吉田克己「労働契約と人格的価値─労働契約法に寄せて」法時80巻12号（2008年）32頁，山本敬三「民法の現代化と労働契約法」日本労働法学会誌115号（2010年）69頁を参照。

歩合給の計算に当たり割増金相当額を
控除する賃金規定の有効性
——国際自動車事件・最三小判平29・2・28労判1152号5頁——

松 井 良 和

(連合総合生活開発研究所)

I　事案の概要

　Xら（原告・控訴人兼被控訴人・被上告人）は，一般旅客自動車運送事業等を目的とする株式会社Y（被告・被控訴人兼控訴人・上告人）との間で労働契約を締結し，タクシー乗務員として勤務していた。

　Yの就業規則の一部であるタクシー乗務員賃金規則（以下「本件賃金規則」）は，本採用されているタクシー乗務員の賃金につき，1乗務（15時間30分）当たり1万2500円の基本給，タクシーに乗務せず勤務した場合の賃金である服務手当として1時間当たり1200円（従業員に責任がある場合は1000円）を支給していた。

　Yは，割増金及び歩合給を求めるための仮の額として，水揚高から足切り額を控除したものに歩合率をかけた対象額Aを，（所定内揚高−所定内基礎控除額）×0.53＋（公出揚高−公出基礎控除額）×0.62で算出し，対象額A−{割増金（深夜手当，残業手当及び公出手当の合計）｜交通費｝で算定される歩合給(1)を支給するとしていた。また，従前支給していた賞与に代えて支払う賃金として，歩合給(2)が定められていた。

　割増金の一部である残業手当については，{(基本給＋服務手当)÷(出勤日数×15.5時間)}×0.25×残業時間　と（対象額A÷総労働時間）×0.25×残業時間の合計額とされ，深夜手当及び休日労働に当たる公出手当についても，固定給に当たる基本給と服務手当に対する部分と対象額Aの部分から算出されていた。交通費については，非課税限度額の範囲で実費支給するとされていた。

Ｘらは，歩合給の計算に当たり残業手当等に相当する金額を控除する旨定めた本件賃金規則上の定めが無効であり，Ｙは，控除された残業手当等に相当する金額の賃金の支払義務があるとして未払賃金等の支払を求めた。

一審（東京地判平27・1・28労判1114号35頁）は，「本件規定のうち，歩合給の計算に当たり対象額Ａから割増金に見合う額を控除している部分は，法37条の趣旨に反し，ひいては公序良俗に反するものとして，民法90条により無効というべきである」とした。原審（東京高判平27・7・16労判1132号82頁）も，歩合給の計算に当たり対象額Ａから割増金に見合う部分を控除する部分は，労基法37条の規制を潜脱するものであるから，同条の趣旨に反し，ひいては公序良俗に反するものとして民法90条により無効であると判断し一審判決を維持したため，Ｙが上告した。

Ⅱ　判　旨（破棄差戻し）

労基法37条は，同条等に定められた方法で算定された額を下回らないことを義務付けるにとどまり，「使用者に対し，労働契約における割増賃金の定めを労働基準法37条等に定められた算定方法と同一のものとし，これに基づいて割増賃金を支払うことを義務付けるものとは解されない。」

そして，労基法37条に定める割増賃金が支払われたか否かを判断するには，「労働契約における賃金の定めにつき，それが通常の労働時間の賃金に当たる部分と同条の定める割増賃金に当たる部分とに判別することができるか否かを検討した上で，そのような判別をすることができる場合に，割増賃金として支払われた金額が，通常の労働時間の賃金に相当する部分の金額を基礎として，労働基準法37条等に定められた方法により算定した割増賃金の額を下回らないか否かを検討すべきであり……上記割増賃金として支払われた金額が労働基準法37条等に定められた方法により算定した割増賃金の額を下回るときは，使用者がその差額を労働者に支払う義務を負うというべきである。」

他方において，対象額Ａから割増賃金に相当する額を控除したものを通常の労働時間の賃金とする旨定めても，「当該定めに基づく割増賃金の支払が同

回顧と展望②

条の定める割増賃金の支払といえるか否かは問題となり得るものの，当該定め
が当然に同条の趣旨に反するものとして公序良俗に反し，無効であると解する
ことはできないというべきである。」

　原審は，「本件賃金規則における賃金の定めにつき，通常の労働時間の賃金
に当たる部分と同条の定める割増賃金に当たる部分とを判別することができる
か否か，また，そのような判別をすることができる場合に，本件賃金規則に基
づいて割増賃金として支払われた金額が労働基準法37条等に定められた方法に
より算定した割増賃金の額を下回らないか否かについて審理判断することなく，
Ｘらの未払賃金の請求を一部認容すべきとしたものである。そうすると，原
審の判断には，割増賃金に関する法令の解釈適用を誤った結果，上記の点につ
いて審理を尽くさなかった違法があるといわざるを得ない。」

　なお，「Ｘらに割増賃金として支払われた金額が労働基準法37条等に定めら
れた方法により算定した割増賃金の額を下回らないか否かについて審理判断す
るに当たっては，Ｘらの時間外労働等のうち法内時間外労働や法定外休日労
働に当たる部分とそれ以外の部分とを区別する必要があるというべきである。」

　以上によれば，原審の判断は破棄を免れず，「Ｘらに支払われるべき未払賃
金の有無及び額等についてさらに審理を尽くさせるため，上記部分につき本件
を原審に差し戻すこととする。」

Ⅲ　検　　討

1　本判決の位置づけ

　本件のようなタクシー業や運輸業においては，水揚高や営業収入に応じて賃
金を支給する歩合給制を採ることが多く見られ，これまでの裁判例においても
労基法37条違反をめぐってその適法性がしばしば問題になることがあった。[1]

---

1 ）　組合との間で締結された協定書等における賃金体系が実質歩合制であった徳島南海タク
　シー事件・最三小判平11・12・14労判775号14頁，トラック運転手につきオール歩合給制が
　採られていた大虎運輸事件・大阪地判平18・6・15労判924号72頁，タクシー運転手につき
　オール歩合給制であった朝日交通事件・札幌地判平24・9・28労判1073号86頁など。

歩合給制における割増賃金の支払に関し，労基法施行規則19条1項6号でその計算方法が定められているものの，行政解釈（昭和24・1・28基収3947号）及び裁判所は，「同条所定の額以上の割増賃金の支払がなされるかぎりその趣旨は満たされる」と解し[2]，「定額制や直接は他の算定基礎を用いて算出する手当を支給する方法も許容されている」とし[3]，本判決も従来の裁判例の立場に従う。

本判決は続けて，対象額Aから割増賃金相当額を控除する規定を民法90条により無効とした原審の判断を破棄し，①通常の労働時間の賃金に当たる部分と割増賃金に当たる部分とに判別することができるか否か（明確区分性）を検討した上で，②割増賃金が労基法37条等所定の方法で算定した額を下回らないか否か（金額適格性）を検討すべきであるとして事案を原審に差し戻した。

一審及び原審が，仮の歩合給である対象額Aから割増賃金相当額を控除する旨定めた規定は，歩合給の支払方法に関する部分であるとして，民法90条により無効としたのに対し，本判決は労基法37条違反を問題にしている。原審の判断に対して学説からは，労基法37条違反として処理する考え方もありうると指摘されていたところ[4]，付加金の支払が認められる余地が生じる点で，本判決が労基法37条違反の問題としたのは妥当であると思われる。

上記①及び②の枠組みを示す際，本判決は，高知県観光事件及びテックジャパン事件[5]を引用しているように[6]，小里機材事件以降[7]，いわゆる固定残業代をめぐって，割増賃金に当たる部分が明確に区分されていなければならないとする一連の最高裁判決の判断を踏襲したものと位置づけられる。

固定残業代をめぐる訴訟ではさらに，明確区分性に加え，固定残業代として支給された賃金が法所定の金額を下回らないという金額適格性が問題とされてきた。しかし，そもそも固定残業代と歩合給は，賃金制度として異なる目的で

2） 関西ソニー事件・大阪地判昭63・10・26労判530号40頁。

3） 国際情報産業事件・東京地判平3・8・27労判596号29頁。

4） 梶川敦子「タクシー乗務員の歩合給から残業手当を控除して支給する旨の賃金規定の適法性」臨増ジュリ1492号（2016年）218頁。

5） 最二小判平6・6・13集民172号673頁。

6） 最一小判平24・3・8集民240号121頁。

7） 最一小判昭63・7・14労判523号6頁。

設計されているはずである。前者は割増賃金等を固定の額で支払うのに対し，後者は水揚高や営業収入に応じて賃金を支払うよう設計されている。仕事の成果が賃金に結びつく歩合給制では，時間と賃金が直接には結びつかないにしても，労働者としては時間外等労働に比例して水揚高や営業収入が増加し，賃金総額が増えることを期待するだろう。

また，労基法施行規則19条1項6号によると，歩合給制においては，賃金総額について時間外労働を含めた総労働時間で除して基礎時給を得るとされる。そして，時間外労働に対する賃金本体は歩合給によって支払済とする特殊な計算方法となっている。このような歩合給制という賃金支払方法の特性からすると，時間外労働に比例して歩合給の額は増えると一般に考えられるため，狭義の固定残業代とは異なり，適法性を判断する際には，本判決にいう①明確区分性及び②金額適格性とは別の指標も考慮する必要があるのではないだろうか。

2 歩合給における適法性の基準

これまで，固定残業代を「法定外の割増賃金の支払方法の総称[8]」と広く捉え，基本給及び各種手当に割増賃金を組み込んで支払う，狭義の意味での固定残業代と歩合給は同列に扱われることが多いように思われる。従来，これらの賃金支払方法の適法性を判断する基準に挙げられたのは，明確区分性や金額適格性のほか，割増賃金としての実質・性質を備えているという対価性である[9]。

固定残業代や歩合給制において，適法に割増賃金が支払われているか否かを判断する前提として，いずれのタイプの支払方法でも明確区分性は要求されよう。しかし，明確区分性以外の判断指標については，裁判例において必ずしも統一されておらず明確ではない。近時の固定残業代をめぐる訴訟の増加を鑑みると，賃金支払方法ごとに重視すべき基準を整理する必要があると思われる[10]。

---

8) 渡辺輝人「固定残業代に関する実務対応の検討—国際自動車事件最高裁判決（平29・2・28）を受けて」労旬1886号（2017年）21頁。

9) これら適法性の判断指標・判断基準の整理については，浜村彰「歩合給の算定に際しての割増賃金の控除—国際自動車事件最高裁判決をめぐって」労旬1886号（2017年）13頁や岩出誠「みなし割増賃金をめぐる判例法理の動向とその課題」荒木尚志＝岩村正美＝山川隆一編『労働法学の展望』（有斐閣，2013年）342頁を参照。

例えば，テックジャパン事件及びその他の裁判例に見られるような割増賃金[11]を基本給に組み込んで支払う類型（定額給制）であれば，第一に明確区分性が問題になり，法所定以上の割増賃金が支払われているかどうか，金額適格性が問題になる。また，割増賃金を基本給とは区別された各種手当として支給する類型（定額手当制）では，当該手当が割増賃金としての実質を備えていたかという対価性の判断が重視されることになる[12]。

　本件のような歩合給制が問題となる類型，すなわち，支給される賃金の各項目を計算した結果，固定給＋歩合給もしくはオール歩合給となる，「実質歩合給制」ともいえるタイプの場合，例えば，高知県観光事件では明確区分性と併せて，歩合給の額が時間外及び深夜労働を行った場合にも増額されるものではない点に言及されており，時間比例性が歩合給制における適法性判断の1つに挙げられていた。前述した歩合給制の特性からすると，賃金・各手当を固定的に支払う狭義の固定残業代とは異なり，本件のような歩合給制が問題となる類型では時間比例性が適法性判断の重要な指標になると考えられる。

3　割増賃金の明確区分性について

　通常の労働時間の賃金の部分と割増賃金の部分の明確区分性を考える際，本件において，通常の労働時間の賃金に当たる部分は，固定給に当たる基本給及び服務手当と歩合給(1)であり，これらを基礎に割増賃金を算定することとなる。しかし，歩合給に係る割増賃金の算定の基礎とされているのは対象額Aとなっている。通常の労働時間の賃金に該当するのは歩合給(1)なのか対象額Aな

---

10)　梶川敦子「割増賃金」土田道夫＝山川隆一『労働法の争点』（有斐閣，2014年）109頁では，法所定の割増賃金が支払われたとされる具体的要件について，判例上，統一・明確化されていないとの指摘がある。

11)　前掲小里機材事件，テックジャパン事件の他，類設計室事件・大阪地判平22・10・29労判1021号21頁，HSBCサービシーズ・ジャパン・リミテッド（賃金等請求）事件・東京地判平23・12・27労判1044号5頁。

12)　こうした類型は数多くあるが，近時の裁判例として，アクティリンク事件・東京地判平24・8・28労判1058号5頁，イーライフ事件・東京地判平25・2・28労判1074号47頁，マーケティングインフォメーションコミュニティ事件・東京高判平26・11・26労判1110号46頁がある。

のか不明確で解釈を要する時点で，明確区分性の要求を満たしていないとも思われるが，Ｙ側は一貫して対象額Ａから割増賃金に相当する額を控除した歩合給(1)を通常の労働時間の賃金と理解している。

　この理解の下，本判決は，歩合給(1)に係る定めも当然に無効であると解することはできないとするが，Ｙが主張するような時間外労働に対する抑止効果が実際にあるか疑わしく，また，かかる理解は，割増賃金の支払によって労働者の身体的・精神的な過重負担を補償するとともに長時間労働を抑止しようとする労基法37条の趣旨に合致しないと考えられる[13]。

　ところで，明確区分性の要件に関して第２事件では，「割増賃金の計算方法が明確に示されている被告賃金規則によれば，通常の労働時間の賃金に当たる部分と割増賃金に当たる部分とを判別することができる」としている[14]。

　他方，田口運送事件では，残業手当としている給与には，通常の労働時間に相当する部分が含まれており，割増賃金に当たる部分と明確に区別することができないとして[15]，明確区分性を厳格に解している。明確区分性は，金額適格性を判断する前提となるため，本件も同事件と同様，厳格に解すべきだと考えられる。同事件の理解によれば，割増賃金に当たる部分に通常の労働時間の賃金が含まれている場合，明確区分性の要件を満たさないと解されるのではないだろうか。

　一審及び原審によると，本件の割増賃金の中には，法定外休日労働に係る公出手当と法内残業に係る残業手当が含まれている可能性があると指摘されていた。これらの手当は，割増賃金の部分ではなく，通常の労働時間の賃金に該当する部分である。本判決においても，「時間外労働等のうち法内時間外労働と法定外休日労働に当たる部分とそれ以外の部分を区別する必要がある」と指摘しており，この区分ができない以上，明確区分性の要件を満たしていないと解される。

---

13)　水町勇一郎「時間外労働等をしても時間数に応じた賃金増額がない出来高払賃金の適法性」ジュリ1506号（2017年）５頁。

14)　国際自動車（第二・歩合給等）事件・東京地判平28・４・21労判1141号25頁。

15)　横浜地相模原支判平26・４・24労旬1820号77頁。

なお，明確区分性の判断に関連して，テックジャパン事件の櫻井裁判官の補足意見では，支給時に「支給対象の時間外労働の時間数と残業手当の額」が労働者に明示されることを要求し，ファニメディック事件では，明確区分性の趣旨は，「時間外及び深夜の割増賃金に当たる部分が労基法所定の方法で計算した額を上回っているか否かについて，労働者が確認できるようにすることにある」とされる。明確区分性の判断の際には，賃金規定上通常の労働時間の部分と割増賃金の部分が明確に区分されているかという判断に加え，労働者が確認可能であったか否かを考慮する必要があると思われる。

4　時間比例性について

時間外労働等に対して賃金額が増加すること考慮する時間比例制という指標に関しては，学説上，歩合給制の適法性を判断する補助的な基準として位置付けられてきた[17]。このことは，高知県観光事件の判旨を反対解釈し，時間外・深夜労働により賃金が増額される場合，歩合給の支払により割増賃金を支払済とすることに対する懸念があったと思われる。

繰り返しになるが，歩合給制では，時間外労働をすれば水揚高が上がり，水揚高が上がれば賃金額も増えることが考えられることからすると，歩合給制の適法性を判断するうえで時間比例性は指標の1つとなりうる[18]。特に，本件や三和交通事件[19]のような歩合給制を採る際，賃金規則上，割増賃金は支給されているとされる事案が散見されることから，支給された割増賃金が労基法37条等所定の方法で算定した額を下回らないという金額適格性の要件が，適法性判断の指標として上手く機能しないことも想定される。

これらのことを踏まえると，賃金制度全体から時間比例性を加味して適法性を検討する必要があり，具体的には，時間外等労働を行った場合に，賃金総額

---

16)　東京地判平25・7・23労判1080号5頁。

17)　浜村彰「歩合給と時間外・深夜割増手当─高知県観光事件」『平成6年度重要判例解説』臨増ジュリ1068号（1995年）199頁。

18)　時間比例性に着目する見解として，渡辺輝人「裁判事例から見る固定残業代の許容性」労旬1824号（2014年）13頁。

19)　札幌高判平24・2・16労判1123号121頁。

が増額されず，減額することすらありうる場合，労基法37条の趣旨を潜脱するものとして，問題となる賃金規則は同条に違反すると考えられる。本件では，一審及び原審が述べるように，対象額Ａから割増賃金相当額を控除することにより，水揚高が同じである限り，時間外労働をしていた場合もしていなかった場合も賃金は同じであるため，割増賃金相当額を控除する部分は，労基法37条の趣旨を潜脱し，同条に違反し無効となる。

なお，時間比例性を適法性判断の補助的なものと位置づける見解においても，「時間外労働等を行っても賃金額が増額しないときには割増賃金の不払いが推定される」とし，使用者がこの推定を覆す主張立証を有効に行わなければならないとの主張がある。[20] 時間比例性を補助的な判断指標と位置づけても，上記の推定機能を認める立場によれば，結論的に私見と大きな違いはない。

（まつい　よしかず）

---

20)　浜村・前掲注9）論文16頁。

有期労働契約の大学教員に対する雇止め

——福原学園事件・最一小判平28・12・1判タ1435号89頁——

大 石 玄

(釧路工業高等専門学校)

I 事実の概要

　第一審被告Y学園は，Q短大を含む3つの大学と付属幼稚園を経営する学校法人であり，第一審原告XはYと1年単位の有期労働契約を締結してQ大学の講師として勤務していた者である。

　Q大学では平成23年度から既設学科を発展統合してJ学科を新設することとして教員を募集し，Xがこれに応じた。平成22年1月に行われた面接においてYの事務局長は，契約期間は3年であって1年ごとの更新であることや，「契約の更新は，契約職員の勤務成績，態度及び学園の業務上の必要性により判断する」ものであることを定めた旧契約職員規程を読み上げて本件労働契約について説明した。

　XとYは，平成23年4月1日に，契約期間を1年間（平成24年3月31日まで）とする本件労働契約を締結した。J学科の開設に伴いXと同時に採用された者は7名いるが，特任教員である1名を除く全員が契約職員であった。なお，職員規程は平成23年4月1日に改定されている。新規程において契約職員の雇用期間は，契約職員が希望し，かつ，当該雇用期間を更新することが必要と認められる場合は「3年を限度に更新することがある」と改められた。

　平成24年3月19日，YはXに対し，同月31日をもって本件労働契約を終了することを通知した（雇止め①）。Yが雇止めをした理由として挙げるのは，〈a〉Xには持病に由来する体調の悪化があったこと，〈b〉Xは育児のため午後5時前に帰宅することがあって午後5時以降に行われる打ち合わせ等に支障

回顧と展望③

を来していたこと，〈c〉出張旅費について不当な請求があったこと等である。
これを不服とするXは，平成24年11月に本件地位確認請求訴訟を提起した。

　翌平成25年2月，Yは，仮に本件労働契約が雇止め①によって終了していないとしても，同年3月末をもって終了するものであることを予備的に通知した（雇止め②）。第一審の口頭弁論は平成25年11月に終結し，判決は平成26年2月に言い渡された。平成26年1月，Yは，講師の契約期間について新規程では更新の限度を3年としているのであるから，本件労働契約は平成26年3月末をもって終了する旨を通知した（雇止め③＝本件雇止め）。

　Q大学を含めYの3つの大学において平成13年度から23年度までの6年間に新規採用された契約職員は10名いるが，このうち8名については3年目の労働契約の満了後に期間の定めのないものとなっている。

　第一審（福岡地小倉支判平26・2・27労判1094号45頁）は，本件労働契約が少なくとも3年間は継続されるものと期待することについて合理的な理由があると認められるとして，雇止め①について解雇権濫用法理の類推適用を認めた（なお，雇止め法理を法定化するなどした改正労働契約法が公布されたのは，雇止め①が行われた後の平成24年8月10日である）。そして本件雇止めの有効性に関しては，〈a〉Xの健康状態によってYの業務に重大な支障が生じたとは認められないこと，〈b〉Xが長男を幼稚園まで迎えに行くため午後5時前に帰宅することがあったことはXも認めるところであるが，平成23年12月に子どもをより長い時間預けられる保育所に長男を移してからは午後5時以前に職場を退出することはなかったのであるし，午後5時以降に急ぎの仕事等について打ち合わせ等をする必要があったのであれば連絡方法について取り決めておけば足りるものであり，Xの育児によりYの業務に特段の支障が生じたとは認められないこと，〈c〉Xが旅費や日当を過大に得る目的で申請したものとは認められないし，旅費等の請求について指摘を受けたものは内容を訂正していること等からすれば，Xの勤務成績および勤務態度が不良であったということはできず，本件雇止めは客観的に合理的な理由を欠き，社会通念上相当でないとして，雇止め①の有効性を否定し，2年目（平成24年度）についても従前と同一の労働条件で更新されたものとした。また，雇止め②についても効力を否定し，3年

目（平成25年度）については労契法19条2号により，従前と同一の条件で再度更新されたものであるとした（なお，雇止め③については口頭弁論終結後のことであるため第一審では判断されていない）。

控訴審（福岡高判平26・12・12労判1122号75頁）は，本件労働契約は少なくとも3年間は継続するものとの期待があったと認め，雇止め①ならびに②の効力を否定した。そして，Yの契約期間3年に対する認識や更新の実態等に照らせば，「上記3年は試用期間であり，特段の事情なき限り期間の定めのない雇用契約に移行するとの期待に客観的な合理性がある」としたうえで，Xが雇止め②に反対の意思表示をしたことにより期限の定めのない契約への移行を希望するとの申込みをしたものと認めるのが相当であり，Yには「期限の定めのない雇用契約への移行を拒むに足りる相当な事情が認められない」として，XY間の契約は「期限の定めのない雇用契約に移行した」ものであると結論づけた。

II 判 旨 （一部破棄自判，控訴認容）

「本件労働契約は，期間1年の有期労働契約として締結されたものであるところ，その内容となる本件規程には，契約期間の更新限度が3年であり，その満了時に労働契約を期間の定めのないものとすることができるのは，これを希望する契約職員の勤務成績を考慮してYが必要であると認めた場合である旨が明確に定められていたのであり，Xもこのことを十分に認識した上で本件労働契約を締結したものとみることができる。」

大学の教員の雇用については，〈i〉一般に流動性のあることが想定されているところ，〈ii〉Yが運営する3つの大学において3年の更新限度期間の満了後に労働契約が期間の定めのないものにならなかった契約職員も複数に上っていることに照らせば，「本件労働契約が期間の定めのないものとなるか否かは，Xの勤務成績を考慮して行うYの判断に委ねられているものというべきであり，本件労働契約が3年の更新限度期間の満了時に当然に無期労働契約となることを内容とするものであったと解することはできない」。そして，Yが本件

回顧と展望③

労働契約を期間の定めのないものとする必要性を認めていなかったこと，ならびに，Ｘが労契法18条の要件を満たしていないことも明らかである。

「以上によれば，本件労働契約は，平成26年4月1日から期間の定めのないものとなったと解すべき事情を見いだすことはできない」のであり，「同年3月31日をもって終了したというべきである。」

Ⅲ　検　　討

1　本判決の意義

平成24年の労働契約法改正により，有期労働契約を無期労働契約へと転換する規程が新設された。平成25（2013）年4月1日に施行された労契法18条は，同一の使用者の下で，有期労働契約が通算で5年を超えて反復更新された場合には，労働者の申込みにより，無期労働契約に転換するものと定めている。もっとも，本件においてＸ－Ｙ間の労働契約が締結されたのは労契法施行前となる平成23年4月1日のことであり，労契法18条の適用対象となる事案ではない。加えて，平成26年4月施行の「大学の教員等の任期に関する法律」7条1項で特例が設けられており，大学教員等については通算契約期間が10年とされている。もし仮に本件が労契法18条の施行後に生じた事案だったとしても，大学教員等については労契法18条による救済を受けることは，当面，阻まれている。

本件に限ってみれば上述のような事情を抱えているが，労契法18条の施行から5年を経過する日は平成30（2018）年4月1日である。今後，有期労働契約から無期労働契約への転換をめぐる紛争が現れてくることであろう。

いわゆる「5年ルール」の適用を回避しようと思えば，まさに本件においてＹが行っていたように，有期雇用契約の繰り返し回数について使用者が上限を定めるという手法を採るであろうことは想像に難くない。シャノアール〔カフェ・ベローチェ〕事件（東京地判平27・7・31労判1121号5頁）は無期労働契約への転換制度が国会で審議されていた時期に生じた事案であるが，使用者が有期雇用アルバイトについての更新制限（上限15回）を導入したことを受け，そ

れまで期間3か月の有期雇用を33回にわたって更新されてきた労働者を雇止めにするという裁判例も現に生じている。[1]

有期契約を反復更新している労働者の雇用をいかにして守るのかという問題は，東芝柳町工場事件（最一小判昭49・7・22民集28巻5号927頁）や日立メディコ事件（最一小判昭61・12・4判タ629号117頁）を筆頭として議論が交わされてきたところであるが，平成24年の労契法改正により雇止め法理が明文化されるに至った。有期労働契約の次なる問題としては，更新回数に上限を設けたうえ，かかる上限を超える更新は行わないと使用者が一方的に定める不更新条項の有効性が争いとなるであろうことが懸念されており[2]，まさしく本件はその憂慮が現実化した事案といえよう。

本判決は事例判断であるものの，有期雇用契約の雇止めについて様々な論点を含む事案であることから，検討を試みるものである。[3]

2　控訴審判決の検討

まず最初に，控訴審においては原告労働者の請求を認容する判断が示されていたものが最高裁において覆された理由をみておこう。控訴審判決は，本件労働契約は「少なくとも3年間は継続するものと期待するもの」であったとしたうえ，この3年間を試用期間であると判断したものである。

明示的に参照されていないものの，本件控訴審判決は，雇用期間を1年とし

1）　東京地裁は更新制限による雇止めを適法と判断したが，その後の平成28（2016）年2月16日に東京高裁で和解が成立し，会社から労働者に対し和解金が支払われることになったと新聞各紙が報じている。

2）　更新上限制・不更新上限をめぐる問題については数多くの裁判例が存在し，多くの論者が論じているところである。最近の議論状況については橋本陽子「労働契約の期間」日本労働法学会編『講座労働法の再生　第2巻』（日本評論社，2017年）82頁以下を，裁判例の動向については道幸哲也「不更新特約と労働契約法19条」労判1089号（2014年）5頁以下を参照されたい。

3）　本判決についての判例評釈としては，控訴審段階のものとして山下昇「有期雇用の短大講師に対する雇止めの法的救済」法セミ738号（2016年）127頁が，上告審については森戸英幸「有期労働契約の無期契約移行の可否」ジュリ1502号（2017年）4頁，竹内（奥野）寿「有期労働契約の更新限度期間満了時の無期労働契約への変更」ジュリ1507号（2017年）139頁が公刊されている。

回顧と展望③

て雇用された高校教諭の当初の１年間について試用期間であると捉えた**神戸弘陵学園事件**（最三小判平２・６・５民集44巻４号668頁）の枠組みに沿って判断をしたものと推察される。神戸弘陵学園事件最判では，「使用者が労働者を新規に採用するに当たり，その雇用契約に期間を設けた場合において，その設けた趣旨・目的が労働者の適性を評価・判断するためのものであるとき」には，「期間の満了により右雇用契約が当然に終了する旨の明確な合意が当事者間に成立しているなどの特段の事情が認められる場合」を除いて，この期間を試用期間と捉えるべきものとしていた。

ただ，神戸弘陵学園の場合，当初は期限の定めのない契約を締結しようとしていたものの，労働者の能力・適性をみるために「一応」の期間を設けることにした，という経緯がある。これに対して本件は，有期雇用であることが当初から当事者間で合意されているという大きな相違がある。Ｙでは，新規に雇い入れる者について期間の定めのない雇用契約とすることはせず，まず３年の有期雇用契約を経ているという実態からすれば，当該３年という期間は試用的な性格を多分に帯びているものといえるにしても，本件事案が神戸弘陵学園事件最判の射程に収まるかどうかは疑わしい。Ｘ－Ｙ間の労働契約は雇止め③の時点で期限の定めのない雇用契約に「移行」したとする控訴審の判示は，かなり無理のあるものであったと言わざるを得ないであろう。

3　更新上限をめぐって

本件を考えるうえでは，**日本航空〔雇止め〕事件**（東京高判平24・11・29労判1074号88頁）も参考になろう。この事件は，客室乗務員の雇用を１年単位の有期とし，更新限度は２回としつつも，「３年経過後は，本人の希望・適性・勤務実績を踏まえて正社員への切り替え」が行われることを募集要項において明示していたというものである。

このような採用形態が採られている場合には，有期雇用が更新されて契約当初に明示的に合意していた更新上限に到達したとしても，有期契約から無期契約に改められたうえで雇用関係が存続するであろうと労働者が期待を抱くのは当然である。更新上限到達時において使用者は，当該労働者の適性判断を適切

に行う義務が生じるものであろう。

　これを本件についてみるに，本件でYが設定した3年という更新上限が強固なものであったかは疑わしい。Yにおいて直近の時期に期間の定めのない雇用契約に就いた教員の大多数（10人中8人）は3年の有期雇用を経た後に無期契約に切り替わっているというのである。本件における3年という更新上限は，実際の労使慣行に照らしてみれば，それほど強固なものであったわけではなさそうである。[4]

　有期雇用契約の反復更新をめぐる議論においては，使用者が不更新条項を設けたり，契約不更新を一方的に通告したりしたとしても，それは単なる雇止めの予告にすぎず，「雇止め事態の効力はそうした予告の有無とは関係なく判断されるべき」[5]ものとされている。

　Xが雇用継続の期待を抱いたことの合理性を判断するためには，更新上限を超えて雇われた例はあるのか？　更新上限に到達したところで労働者の側が雇用継続を希望したが使用者側が雇止めにしたのはどのような場合であったのか？　等の実態をみて検討することが必要となる。しかしながら下級審の事実認定では同種労働者の雇用実態が明らかにされておらず，本件における3年の更新上限設定が効力を認めるに足るものであるとするには判断材料が不足していると思われる。

4　試論：テニュアトラック的な有期雇用に対する保護の必要性

　本件訴訟の構造を一歩引いて考えてみたとき，事案の解決として適切な着地点であったかというと多分に疑問が残る。

　ここで指摘しておきたいのは，研究職や教育職のキャリア形成についてである。櫻井龍子判事の補足意見には，「教員という仕事の性格上，その能力，資質等の判定にはある程度長期間が必要である」とのくだりがある。大学教員等

4）　森戸・前掲注3）は，3年経過後無期契約に移行しなかった契約職員の数を上告審判決が「複数」と表現していることにつき，「2名なので確かに「複数」であるが，決して「多数」ではない」のであり，最高裁の判示は「それほど説得的ではない」と指摘している。

5）　西谷敏『労働法〔第2版〕』（日本評論社，2013年）446頁以下。

については，正規雇用で採用する前段階として，数年間の任期を付して採用して教育・研究に従事させ，当該教員の資質を判定するということも行われている。教育研究職等については一般労働者の採用過程とは異なる考慮が行われていることがある点は櫻井判事の指摘するとおりであろう。

だが，それであれば，教育研究職としての能力・資質を判定するために要するであろうと見込んで設定された期間については，雇用関係の存続を認めて賃金の支払いを命じるだけでは足りず，キャリアの形成にかかる期間としての実質を保障することも必要なのではないだろうか。

本件で顕著に示されたように，大学教員の任用にあっては入口段階で不安定な立場に置かれることが多くなっており，ある調査によれば25〜34歳の年齢層における非正規雇用の比率は50％を超えていたという[6]。正規雇用の教育研究職に就こうと志している者にとっては"履歴書に書ける"経歴を積める機会が得られたかどうかに大きな価値がある。

本件では，不当な理由によって雇止めが行われ，キャリア形成のためのステップとして用意された3年の評価期間のうち最初の1年間しか活用できなかったのである。もし，Ｘ－Ｙ間において雇用期間を3年とする合意が真正に成立していたとしても，キャリアの形成に活かせなかった残る2年ぶんを充足するまでの間，有期雇用の形態のままで契約を更新継続するという解決策もあったのではないかと考えられる。

もっとも，Ｘの側においては有期雇用から無期雇用へと移行した労働契約の存否について確認を求める訴えしか提起しておらず，更新上限を超えた後にも有期の雇用契約が継続するとの主張を行っていないようであるから，民事訴訟の当事者主義に従えば，上告審の結論は妥当とせざるを得ないところである。

（おおいし　げん）

6）　小林淑恵「若手研究者の任期制雇用の現状」日本労働研究雑誌660号（2015年）27頁。

《特別寄稿》

30余年に及ぶ友の思い出
──Roger Blanpain と Bob Hepple の早すぎた逝去を悼んで──

上智大学名誉教授 花 見 忠

1 掛け替えなき二人の友を失って

Bob Hepple と Roger Blanpain は何れも70年代の後半から急速に親しくなり，仕事仲間としては二人とも国際的に第一級の法学者として教えられるところ大であったが，同時に親しい友人としても掛け替えない存在であり続けた。しかも，偶然二人とも2，3年下だった上に，矍鑠とした偉丈夫で，暫く振りに会えば毎度のように Belgian kiss と称する抱擁で暖かく包み込まれた感覚を忘れることが出来ず，「二人揃って文字通り，早すぎるよ!!」の感を否めない所以である。

2 『赤いネクタイの若者』との遭遇

本稿の執筆に当たり机上には2冊の書物がおかれている。

第一は，2013年に出版された Bob Hepple のメモアールとされている Young Man With Red Tie と題された書物である。筆者は，Bob からの寄贈でこの本を手にする迄，不明にして彼が生まれ故郷の南アから，イギリスに渡った経緯がまさに血沸き肉躍る007流の伝説的ストーリーであることを夢想だにしなかったが，これは仲間内ではひそかに Blanpain Mafia などと称して，joke の連発でワイワイ騒いでいたような雰囲気の中で，Bob だけは何時も一歩下がって温顔に笑みを湛えながら見守っていた佇まいや，名門 Cambridge の Clare College の Master という肩書に相応しい知的英国紳士の典型といった彼の姿からは，殆ど想像出来ないようなアパルトヘイトに対する若き弁護士の命を的にしたチャレンジの物語である。

即ち，1962年8月に国家反逆罪で起訴された Nelson Mandela の救済運動に弁護士として関与した結果，Bob 自身が逮捕の憂き目に遭遇，マンデラの反アパルトヘイト組織 ANC（African National Congress）の地下ルートを通じて命辛々イギリスに亡命，乳飲み子二人を抱えて別ルートで亡命した夫人とロンドンで数ヶ月後に再会を果たし，改めてケンブリッジで労働法学者としての再出発を遂げたという経緯が，この書物で初めて明

特別寄稿

らかにされたということである。

　Bob が亡くなったのは2013年8月であるが，その後この書物で明らかにされた，ANC
と Bob の因縁については，2015年8月付の Catherin Barnard と Simon Deakin の長文
の追悼文が The Gardian 紙に掲載されており，そこにはこの脱出劇の何と33年後に
Mandela が南アの大統領として国賓の資格でバッキンガム宮殿を訪れた折に，接客側の
人々の中に Bob を見つけて熱い抱擁を交わしたと記載されている。

　また，この記事には，Bob は Cambridge で初めて社会学的・実証的視角を労働法の
分野に取り入れると共に，当時のイギリスでは全く新しい試みであった（がドイツその他
の欧大陸諸国では一般的であった—筆者）労働裁判や労働審判制度などのイギリスへの導入
に大きな役割を果たした旨を指摘しているが，この点はまさしく以下3に述べるように，
Roger を中心として，70年代から80年代にかけて我々が結成・発展させた「第2次比較
法グループ」の手法の特色がイギリスにおいて花開いたということに外ならない。

3　"Mafia" 仲間と過ごした70，80年代

　筆者は1959〜60年のドイツ留学，64〜65年のアメリカ留学を経て，上智大学で法学部
の講義に加え，占領軍の GI 達の南部なまりの英語の質問に悩まされながら，心臓だけ
は強くなった若者（と言っても40代）に過ぎなかったが，1977年にヨーロッパきっての名
門とされるルーバン大学法学部の客員教授として招聘されて以来，今日まであっという
間の30年余の間に International Encyclopedia of Law を初めとする優に数百冊の執筆・
出版を行うに至った自称 "Blanpain Mafia" の面々は，Roger Blanpain を筆頭に，Bob
Hepple, Manfred Weiss, Tiziano Treu,（若くして赤の旅団の凶弾に倒れた）Malco Biaggi,
St. Antoine, Jack Rojot などで結成された，所謂「第2次比較法グループ」の中核で仕
事をするという幸運に恵まれることになった。

　筆者がこのグループを第2次比較法グループと呼ぶのは，戦後初期から60年代末に至
るまで，欧米主要国の労使関係について注目すべき一連の研究を行っていた Benjamin
Aaron, Clyde Summers, Thilo Ramm, Folke Schmitt, Jino Jeummy, Blank Jyuuban 等
の第1次比較法研究グループとの対比においてである。

　この二つのグループを対比して見ると，第一に共通点としては，主として労働法学者
のグループであり，（特に第一次グループの）主な業績としては労使関係における紛争処理
の制度と機能の比較研究であり，第2次グループの最初の纏まった業績としては全く同
様であることが注目に値する（第1次グループの業績については，日本労働協会雑誌144〜148号
に連載された筆者による詳しい紹介があり，第2次グループのそれについては，T. Hanami and R.
Blainpain (ed.), Industrial Conflict Resolution in Market Economies, 1984, Kluwer, Ibid II, 1987等,
参照）。

この二つのグループには，それぞれ1950/60年代，70/80年代と活動の時期に相違があるが，どちらも法学者のグループであり，先に指摘した様に両グループによる代表的な仕事は，共に*法解釈や制度の比較研究に留まらず*，対象国それぞれの労使紛争処理の機能の比較研究を主要課題としたものである点が注目に値する。

だが，この二つのグループには，一点大きな相違のあることを強調しておきたい。第一次グループのメンバーは全て例外なしに欧米の主要国の代表的法学者ばかりで，非西欧からの参加者は皆無であった。これに対し，第二次グループには当初から西欧外から筆者が参加しており，しかも先に触れたこのグループの最初の業績である2冊の単行本は筆者と Blanpain が共同編集者となっており，この一連の仕事に続いて80/90年代には，Blanpain の強力な主導権によって International Encyclopedia を初めとする無数の出版物の執筆者の中核としてこの第2次グループは目覚ましい活躍を続けることとなった。

4 "What can I do for you ?" —— Memoirs of Roger Blanpain

筆者の机上におかれている，もう一冊の書物の書名は，我が友 Roger の生きざまを文字通り的確に表していると言えよう。半世紀弱に及ぶ彼との関係を今振り返ってみると，筆者の方はいつも受け身で，仕事でも遊びでも彼の方の主導によるのが常であった。

Roger の大学時代からの友人で，ルーバン大法学部の同僚でもあり，共に国会議員を務めた上，ベルギー王国の首相まで務めた Mark Eyskens は，この書物に詳しい解説を書いているが，以下に引用する彼の言葉は，この類稀な学者兼社会活動家の生涯の特質を的確に表現したものということが出来る。

「この書物には，ルーバン大学を初めとする豊かにして多彩なアカデミーと社交界，ベルギーのみならず戦後のヨーロッパ全体の社会問題に関与し，EU. OECD, ILO, In'l Society of Labor & Social Security Law, IIRA 等々の国際学会において主導権を発揮してきた事実が的確に記述されている。」「読者は，この本を通じて，Badger Case, Bolkstein Directive, Volkswagen Case 等を含む重要事件のベルギー，ヨーロッパ及び国際的な戦後社会における貴重な示唆を与えられ，」「更に，スポーツ選手のトレード，煙草ロビー対禁煙運動，ホワイト対ブルーカラーの apardheid system に関する奥深い見識に接することが出来る。」

M. Eyskens による以上のような，評価は西欧の視点からはまことに的確，且余すところなく網羅的なものと言えようが，非西欧の人間としての筆者の立場からは以下の2点を付け加えておきたい。

第一は，Roger と筆者の30余年に及ぶ交流の間では，時として意見の相違がなかったわけではないが，彼の "What can I do for you" の "you" には，西欧人のみならず全人

特別寄稿

類が入っており，筆者の30年余に亘る彼との交わりにおいては，二人の人種の相違は全く意識に上ることがなかったということである。この点では，例えば彼が IIRA の President として南アと台湾の団体加入を一部の反対を押し切って実現した経緯がこの書物においてさり気なく記述されているのを読むことが出来る。

Roger の生涯は，このような社会貢献を如何にもさり気なく気さくにやり遂げてきたことから，ともすれば正当に評価されにくい面があり，この点ではいい年をしながら兎角悪童ぶりたいという点でも，我々二人はケミストリーが合ったコンビだったといえよう。

こう見てきたところで，我々二人を長年横から眺めてきた「第三の男」に最後に登場してもらうことにしよう。

5 「第三の男」

本稿は，本誌の編集担当者よりのご依頼に従って，Roger と Bob についての追悼文として筆を執ったものであるが，筆者がこの二人に勝るとも劣らぬ尊敬を払いつつ，親しくしてきたもう一人の外国の友人に，「第三の男」として，ウイーンではなく，スウェーデンはルント大学の Reinhold Fahlbeck 教授に最後にご登場ねがうことにする。Reinhold は，Roger の逝去に当たり，長年に亘る Roger と筆者の関係をどのように見てきたかを率直に書いたメールを送ってきた。以下，これを紹介して本稿を閉じることにする。

「Roger Blanpain はもうこの世におられない。彼は類稀な活動家であり，至る所で活動し，何処にでも顔を見せ，やり遂げた業績は並みはずれており，あれ程やれる人間はざらにはおらず，彼の業績を受け継ぐ人が現れれば幸いだが，かなり難しいでしょう。

貴兄は，彼の最も親しい友人の一人であると同時に，二人は互いに競争者であると同時に，お互い広告塔の様な役割をして来たと言えるだろう。Roger は貴兄の多くの業績の宣伝係を務めたが，これは正しいことで，世界はこのことで彼に感謝すべきだろう。

私自身の Roger との関係は，表面的なものに過ぎなかった。彼は好き嫌いのはっきりした男だという定評があり，自分はあまり好かれてはいなかったと思うけれども，何れにせよ空虚感は否定すべくもなく，Roger の居なくなったこの世はより貧しく感じられる。」

以上の引用から，読者は Roger とは対照的に生真面目な，学者らしい学者であり，貴重な二人の友を失った今日，来年80歳になる Reinhold とは是非近いうちに会って思い出を語り合いたいと思いつつ筆をおくこととしよう。

（はなみ　ただし）

◆日本労働法学会第133回大会記事◆

　日本労働法学会第133回大会は，2017年5月28日（日）に龍谷大学深草キャンパスにおいて，個別報告，特別講演，ミニ・シンポジウムの三部構成で開催された（以下，敬称略）。

一　個別報告
〈第1会場〉
(1)テーマ：「公益通報者保護制度の役割と制度活用に向けた課題」
　　報告者：日野勝吾（淑徳大学）
　　司　　会：鎌田耕一（東洋大学）
(2)テーマ：「労働者の個人情報の収集をめぐる規制—犯罪歴の調査に関する米仏の
　　　　　　規制を中心に」
　　報告者：河野奈月（明治学院大学）
　　司　　会：荒木尚志（東京大学）
〈第2会場〉
(1)テーマ：「労働保険における労働者の「従前業務」に対する法的評価—アメリカ
　　　　　　法を参考に」
　　報告者：地神亮佑（大阪大学）
　　司　　会：水島郁子（大阪大学）
(2)テーマ：「フランスにおける合意解約法制化の意義」
　　報告者：古賀修平（早稲田大学大学院）
　　司　　会：島田陽一（早稲田大学）

二　特別講演
　　テーマ：「労働政策の時代に思うこと」
　　報告者：菅野和夫（東京大学名誉教授）

三　ミニ・シンポジウム
〈第1会場〉
　「委託型就業者の就業実態と法的保護」
　　司　　会・趣旨説明：鎌田耕一（東洋大学）

日本労働法学会誌130号（2017.10）　215

報告者：長谷川聡（専修大学）

　　　　田中建一（東洋大学）

　　　　内藤忍（労働政策研究・研修機構）

〈第2会場〉

「不当労働行為救済法理を巡る今日的課題」

　司　会・趣旨説明：石田眞（早稲田大学名誉教授）

　報告者：川口美貴（関西大学）

　　　　古川景一（弁護士）

　　　　田中誠（弁護士）

〈第3会場〉

「女性活躍推進と労働法」（ワークショップ方式）

　司　会：野川忍（明治大学）

　趣旨説明：小畑史子（京都大学）

　コメント：山極清子（非会員・昭和女子大学客員教授）

四　総　　会

1　2016年度の会計報告について

　2016年度決算について，川田知子事務局長より報告がなされた。また，竹内（奥野）寿監事より，監査済みである旨が報告された。以上を受け，総会において，同決算が承認された。

2　2017年度の予算について

　2017年度予算案について，川田知子事務局長より報告がなされた。2017年10月1日からの新会計年度移行に伴い，今回は，従来の会計年度と新会計年度の間の移行期にあたる2017年4月1日から同年9月30日までの予算案が編成された旨が報告された。そして，収入面について2016年度と同額の会費収入を計上していること，支出面について概ね従来1年分の予算として計上していた金額を2で割った額を計上したこと等が説明された。以上を受け，総会において，2017年度予算が承認された。

3　134回大会およびそれ以降の大会について

　土田道夫企画委員長より，今後の大会予定に関し，以下の通り報告がされた。

◆第134回大会について◆

（1）　期日：2017年10月15日（日）

（2）　会場：小樽商科大学（社会保障法学会と同会場）

（3）　大シンポジウム

　　統一テーマ：「雇用社会の変容と労働契約終了の法理——攻撃的雇用終了の時
　　　　　　　　　代——」

　　内容：野田進（九州大学名誉教授）：「攻撃的雇用終了の時代」

　　　　　龔敏（久留米大学）：「労働者の適性判断と労働契約終了法理」

　　　　　柳澤武（名城大学）：「労働契約終了における人選基準法理」

　　　　　所浩代（福岡大学）：「労働契約終了過程における説明・協議義務の意義
　　　　　　　　　　　　　　　と構造」

　　　　　山下昇（九州大学）：「解雇のルールの明確化と金銭解決制度」

　　　　　川口美貴（関西大学）：「労働契約終了法理の課題と再構成（仮）」

◆第135回大会について◆

（1）　期日：調整中

（2）　会場：早稲田大学

（3）　個別報告について

　個別報告につき，エントリー希望があれば，日本労働法学会ホームページに掲載
されている申込書に記入の上，2017年10月10日（火）までにお送りいただきたい。

（4）　ワークショップについて

　ワークショップにつき，エントリー希望があれば，日本労働法学会ホームページ
に掲載されている申込書に記入の上，2017年10月10日（火）までにお送りいただき
たい。

（5）　大シンポジウムについて

　統一テーマの候補として「労働法と知的財産法の交錯——守秘義務・競業避止義
務・職務発明等を素材として——」が挙がっており，次回企画委員会において，引
き続き検討することとされた。また，同テーマ以外にも引き続き企画案を募集して
いる。

◆第136回大会について◆

（1）　期日：未定

（2）　会場：未定

（3）　大シンポジウムについて

　統一テーマの候補として「普通取引約款法理からみた労働法上の一方的決定と合
意に対する司法的審査の可能性と限界」が挙がっており，次回企画委員会において，
引き続き検討することとされた。また，同テーマ以外にも引き続き企画案を募集し
ている。

◆その他として◆

(1) 2018年以降の大会におけるワークショップについて

ワークショップのテーマについては以下①～⑤のカテゴリーが例示され，⑤その他のカテゴリーのひとつとして「科研費課題」といった案も示された。

①判例のカテゴリー（具体例：労働契約法20条（長澤運輸事件）など）

②法改正のカテゴリー（具体例：同一労働同一賃金など）

③基礎理論のカテゴリー（具体例：（将来的な）労働法の要否・存在意義など）

④実務上の課題のカテゴリー（具体例：パワー・ハラスメントなど）

⑤その他のカテゴリー

(2) 企画委員の交代について

2017年7月で桑村裕美子委員（東北大学）が任期満了となることに伴い，竹内（奥野）寿会員（早稲田大学）が新たに企画委員に就任することが報告された。

(3) 企画委員の増員について

企画委員の2名の増員を受け，労働弁護団と経営法曹会議より，それぞれ水口洋介会員（弁護士），石井妙子会員（弁護士）が選任され，次回企画委員会から参加することが報告された。

4 学会誌について

奥田香子編集委員長から，以下の内容について報告がなされた。

(1) 編集委員の交代について

坂井岳夫委員（同志社大学）及び神吉知郁子委員（立教大学）の任期満了に伴い，2017年5月1日より，烏蘭格日楽会員（大阪経済法科大学）及び河野奈月会員（明治学院大学）が編集委員に就任したことの報告がなされた。

(2) 学会誌第129号は学会前に刊行済みであることが報告された。2017年秋刊行予定の学会誌第130号については，ミニ・シンポジウム（「委託型就業者の就業実態と法的保護」，「不当労働行為救済法埋を巡る今日的課題」，「女性活躍推進と労働法」），個別報告，特別講演，回顧と展望を掲載する予定であることが報告された。2018年春刊行予定の学会誌第131号については，大シンポジウム（「雇用社会の変容と労働契約終了の法理――攻撃的雇用終了の時代――」），回顧と展望及び定例記事を掲載する予定であることが報告された。

(3) 学会誌の年1回発行について

学会誌の年1回発行に向けた方針としては，基本的には，現在の掲載内容を変更せず，継続する方向で検討を進めていることが報告された。

(4) 追悼文について

わが国に縁のある海外の労働法学者が逝去された場合については,「特別寄稿」として追悼文を掲載することが報告された。

5 国際労働法社会保障法学会について

荒木尚志理事より,以下の報告がなされた。

(1) 昨年度の本国際学会関係会議について

2016年6月19〜25日にイタリア(ベネチア)で第3回比較労働法国際セミナーが,2016年9月26〜30日に第10回アメリカ地域会議(パナマ)が行われたほか,2017年3月27日に東京にてアジア地域比較労働法 executive seminar が開催された。これは,2009年のシドニー世界会議以降,アジア地域会議が開催されない状況が続いていたことから,地域会議に代替するセミナーとして JILPT と共催で企画されたもので,トレウ国際学会会長,ゴルディン前会長,カサーレ事務局長のほか,アジア地域から日本,台湾,韓国,ニュージーランド,フィリピン,インド,タイの理事が参加して実施された。

(2) 今後開催予定の本国際学会関係会議

本国際学会関係の会議として

- 第4回国際比較労働法国際セミナー 2017年6月18〜24日(イタリア・ベネチア)
- 第1回アフリカ地域会議 2017年9月7日(南アフリカ・サン・シティ)
- 第12回欧州地域会議 2017年9月20〜22日(チェコ・プラハ)
- 第22回世界会議 2018年9月4〜7日(イタリア・トリノ)

が予定されている。詳細については下記の本学会のホームページ参照。

http://islssl.org/category/meetings-events/

(3) その他の国際学会等

- LLRN 第3回会議2017年6月25〜27日(カナダ・トロント)

本国際学会(ISLSSL)とは別の組織であるが,世界の労働法研究所が主体となって Labour Law Research Network(LLRN)という国際労働法研究ネットワークが立ち上がり,2013年6月13〜15日にスペイン(バルセロナ)で第1回会議が,2015年6月25〜27日にオランダ(アムステルダム)で第2回会議が開催され,その第3回会議が2017年6月25〜27日にカナダのトロントで開催される。

- 菅野和夫会員に第3回 Bob Hepple 賞授与決定

LLRN では,世界の比較労働法研究に顕著な業績を上げた研究者に賞を授与することとしており,第1回バルセロナ会議では Bob Hepple 教授(イギリス)と

Harry Arthurs 教授（カナダ）が，第2回アムステルダム会議では，Manfred Weiss 教授（ドイツ）と Silvana Sciara 教授（イタリア）が受賞された。そして，第2回会議の直後に，初回受賞者である Bob Hepple 教授が逝去されたことから，同賞は Bob Hepple 賞と称されることとなった。

第3回（Bob Hepple 賞と改称して最初）の受賞者として Katherine Stone 教授（アメリカ）とともに菅野和夫教授（日本）が選出された。アジアからは初の受賞者となる。第3回トロント会議で授与式と記念スピーチが予定されている。

(4) 本国際学会日本支部では，会員の外国語著書・論文リストの作成・提供，各種国際学会・セミナー情報の提供等も行っている。本国際学会日本支部への問い合わせは下記まで。

〒113-0033　東京都文京区本郷7-3-1
東京大学法学部荒木研究室内
国際労働法社会保障法学会日本支部
Tel & Fax: 03-5841-3224
E-mail: laborlaw@j.u-tokyo.ac.jp

6　新労働法講座について

和田肇理事より，新労働法講座『労働法の再生』全6巻のうち，1～3巻が第133回大会前に刊行されたことが報告された。また，残る4～6巻についても，6月以降の刊行を予定していることが報告された。

7　奨励賞審査委員会について

(1) 浜村彰代表理事より，石田眞奨励賞審査委員長が委員長職及び委員職を退任したこと，盛誠吾審査委員が委員職を退任したこと，これに伴い，和田肇理事が新たに奨励賞審査委員長に就任すること，唐津博前代表理事が新たに奨励賞審査委員に就任することが報告された。

(2) 和田肇奨励賞審査委員長より，2017年5月27日現在，奨励賞の推薦が1件も提出されていないことが報告された。加えて，推薦の締切を2017年6月30日までに延長し，引き続き，自薦・他薦ともに推薦を受け付けることが報告された。

8　入退会について

川田知子事務局長より，退会者9名・物故者4名及び以下の13名から入会の申込みがあったことが報告され，理事会にて承認された（50音順，敬称略）。

井寄奈美（社会保険労務士），及川勝洋（法政大学大学院），岡本舞子（九州大学

大学院），加藤裕也（東京都労働委員会事務局），桑島良彰（弁護士），酒井敬太（弁護士），櫻井洋介（独立行政法人日本貿易振興機構），田島潤一郎（弁護士），千谷真美子（慶應義塾大学），中川勝之（弁護士），丹羽聡子（弁護士），丹羽崇史（弁護士），弘中章（弁護士）

また，3年以上の会費未納会員であって，2017年2月28日までに会費の納入がなかった3名につき，第119回大会前日理事会での決定事項（学会誌第116号195頁参照）に基づき，退会したものとみなすことが理事会において承認された旨，報告がなされた。

9 学会事務委託先の変更について

川田知子事務局長より，これまで事務局業務を委託してきた大学生協学会支援センターの事業終了に伴い，3月23日付で一般社団法人学会支援機構との間で新たな業務委託契約を締結し，今後は同機構に事務局業務を委託することが報告された。

10 その他

川田知子事務局長より，第133回大会では，託児サービスを株式会社タスク・フォースに依頼し，子ども4名分の申込みがあったこと等の報告がなされた。

◆日本労働法学会第134回大会案内◆

1 　日時：2017年10月15日（日）
2 　会場：小樽商科大学（社会保障法学会と同会場）
3 　大シンポジウム
統一テーマ：「雇用社会の変容と労働契約終了の法理」
司会：中窪裕也（一橋大学）
司会・趣旨説明：野田進（九州大学名誉教授）
報告：
　(1) 　野田進（九州大学名誉教授）
　　「雇用社会の変容と労働契約終了の法理──３つの視角」
　(2) 　山下昇（九州大学）
　　「雇用終了のルールの明確化とその紛争解決制度の課題」
　(3) 　龔敏（久留米大学）
　　「労働者の適性評価と雇用終了法理」
　(4) 　柳澤武（名城大学）
　　「雇用終了における人選基準法理」
　(5) 　所浩代（福岡大学）
　　「雇用終了過程における説明・協議義務」
　(6) 　川口美貴（関西大学）
　　「労働契約終了と合意」

（敬称略）

日本労働法学会規約

第1章 総　　則

第1条　本会は日本労働法学会と称する。

第2条　本会の事務所は理事会の定める所に置く。（改正，昭和39・4・10第28回総会）

第2章　目的及び事業

第3条　本会は労働法の研究を目的とし，あわせて研究者相互の協力を促進し，内外の学会との連絡及び協力を図ることを目的とする。

第4条　本会は前条の目的を達成するため，左の事業を行なう。

　1，研究報告会の開催

　2，機関誌その他刊行物の発行

　3，内外の学会との連絡及び協力

　4，公開講演会の開催，その他本会の目的を達成するために必要な事業

第3章　会　　員

第5条　労働法を研究する者は本会の会員となることができる。

　本会に名誉会員を置くことができる。名誉会員は理事会の推薦にもとづき総会で決定する。

　（改正，昭和47・10・9第44回総会）

第6条　会員になろうとする者は会員2名の紹介により理事会の承諾を得なければならない。

第7条　会員は総会の定めるところにより会費を納めなければならない。会費を滞納した者は理事会において退会したものとみなすことができる。

第8条　会員は機関誌及び刊行物の実費配布をうけることができる。

　（改正，昭和40・10・12第30回総会，昭和47・10・9第44回総会）

第4章　機　　関

第9条　本会に左の役員を置く。

　1，選挙により選出された理事（選挙理事）20名及び理事会の推薦による理事（推薦理事）若干名

2．監事　2名

（改正，昭和30・5・3第10回総会，昭和34・10・12第19回総会，昭和47・10・9第44回総会）

第10条　選挙理事及び監事は左の方法により選任する。

1．理事及び監事の選挙を実施するために選挙管理委員会をおく。選挙管理委員会は理事会の指名する若干名の委員によって構成され，互選で委員長を選ぶ。

2．理事は任期残存の理事をのぞく本項第5号所定の資格を有する会員の中から10名を無記名5名連記の投票により選挙する。

3．監事は無記名2名連記の投票により選挙する。

4．第2号及び第3号の選挙は選挙管理委員会発行の所定の用紙により郵送の方法による。

5．選挙が実施される総会に対応する前年期までに入会し同期までの会費を既に納めている者は，第2号及び第3号の選挙につき選挙権及び被選挙権を有する。

6．選挙において同点者が生じた場合は抽せんによって当選者をきめる。

推薦理事は全理事の同意を得て理事会が推薦し総会の追認を受ける。

代表理事は理事会において互選し，その任期は2年とする。

（改正，昭和30・5・3第10回総会，昭和34・10・12第19回総会，昭和44・10・7第38回総会，昭和47・10・9第44回総会，昭和51・10・14第52回総会，平成22・10・17第120回総会）

第11条　理事の任期は4年とし，理事の半数は2年ごとに改選する。但し再選を妨げない。

監事の任期は4年とし，再選は1回限りとする。

補欠の理事及び監事の任期は前任者の残任期間とする。

（改正，昭和30・5・3第10回総会，平成17・10・16第110回総会，平成22・10・17第120回総会）

第12条　代表理事は本会を代表する。代表理事に故障がある場合にはその指名した他の理事が職務を代行する。

第13条　理事は理事会を組織し，会務を執行する。

第14条　監事は会計及び会務執行の状況を監査する。

第15条　理事会は委員を委嘱し会務の執行を補助させることができる。

第16条　代表理事は毎年少くとも1回会員の通常総会を招集しなければならない。

代表理事は必要があると認めるときは何時でも臨時総会を招集することができる。総会員の5分の1以上の者が会議の目的たる事項を示して請求した時は，代表理事は臨時総会を招集しなければならない。

第17条　総会の議事は出席会員の過半数をもって決する。総会に出席しない会員は書面により他の出席会員にその議決権を委任することができる。

第5章　規約の変更

第18条　本規約の変更は総会員の5分の1以上又は理事の過半数の提案により総会出席会員の3分の2以上の賛成を得なければならない。

平成22年10月17日第120回総会による規約改正附則
第1条　本改正は，平成22年10月1日より施行する。
第2条　平成22年10月に在任する理事の任期については，次の通りとする。
　　一　平成21年5月に就任した理事の任期は，平成24年9月までとする。
　　二　平成22年10月に就任した理事の任期は，平成26年9月までとする。
第3条　平成21年5月に在任する監事の任期は，平成24年9月までとする。

学会事務局所在地
　　〒192-0393　東京都八王子市東中野742-1　中央大学法学部
　　川田知子研究室
　　e-mail：rougaku@gmail.com

SUMMARY

《Symposium I》

Toward Promoting Adequate Protection to Contract Workers: Purpose and Summary of the Symposium

Koichi KAMATA

The term "contract worker" means person who performs work for a user enterprise personally under actual conditions of dependency on or subordination to the user enterprise and these conditions are similar to those that characterize an employment relationship.

We argue in this symposium that Japanese government shall take legal measures (1) to promote adequate protection in relation to the payment of amounts due to contract workers for the work performed, (2) to ensure that contract workers receive compensation in case of injury or disease resulting from the performance of contract work, and (3) to prevent any Harassment to contract workers in the workplace.

Legal Protection for "Contract Workers": Especially in Regard to Minimum Remuneration Guarantee and Termination of Contract

Satoshi HASEGAWA

The diversification of working style makes the current labor law system unworkable. This article aims to suggest a model of legal protection, in particular minimum remuneration guarantee and termination of contract, for "contract workers" which current labor law system doesn't cover. In this article, contract worker is defined as a person who is in the discrepancy in the negotiating power to the other party, business operator, and integrated in the one. According to our internet survey, contract works tend to be a cheap and precarious work. Contract workers who are players in the market and have fundamental rights should be protected in three legal perspectives — fair competition, right to work and live, and respect of individuals. In relations to a minimum remuneration guarantee, one of the possible ways to calculate the amount of minimum remuneration is using "standard working hours" which a standard contract worker takes to complete the relevant tasks. Termination of contract should be regulated like dismissal.

Industrial Accident Compensation for Contract Workers

Ken-ichi TANAKA

I　Introduction

  1　Background of the problem

  2　Ploblem presentation

II　The Needs of Industrial Accident Compensation for Contract Workers and the Problems of Special Enrollment Insurance

  1　The current state of industrial accident compensation for "contract workers"

  2　The problems of special enrollment insurance

III　Discussion about what Industrial Accident Compensation for Contract

SUMMARY

Workers should be
1 Three choices about what industrial accident compensation for contract workers should be
2 Introduction of third category through the revised Industrial Accident Compensation Insurance Act in Korea

Ⅳ A Tentative Assumption about the Founding of "Specific Contract Workers' Industrial Accident Compensation Insurance Institution"
1 A basic design of "Specific Contract Workers' Industrial Accident Compensation Insurance Institution"
2 The definition and concrete job category of "specific contract workers"
3 The enactment of "Specific Workers' Industrial Accident Compensation Insurance Act"

V In Place of a Conclusion

Legal Protection from Harassment for Contract Workers

Shino NAITO

I Introduction

Ⅱ Interview Survey on Harassment of Contract Workers

Ⅲ Current Remedies for Harassment of Contract Workers and Issues

Ⅳ Recommendation on User Enterprise's Duty to Establish Necessary

日本労働法学会誌130号(2017.10) 229

Measures regarding Harassment

V   Conclusion

《Symposium II》

Current Problems of Legal Theory for Remedying Unfair Labor Practice: Purpose and Summary of the Symposium

Makoto ISHIDA

The current unfair labor practice system, which attempts to remedy unfair labor practices through remedial procedures by the Labor Commission, is nearly 70 years old. It is widely known that Japan's system for remedying unfair labor practices was enacted on the basis of Japan-specific system design, although it was influenced by US law, in particular the 1935 National Labor Relations Act (Wagner Act). Japan's legal theory for remedying unfair labor practices, which developed under these systemic conditions, has come to occupy an important position in the Industrial Relations Law as an area in which theory and practice are closely associated.

However, in recent years, the legal theory for remedying unfair labor practices has not been subject to extensive debate and research. Some factors that can be cited for this are the declining unionization rate and the attendant weakening influence of organized workers. But, although changing times have altered the problem circumstances, this does not mean there is a diminished need to remedy unfair labor practices in the real world of industrial relations and labor law practice. If anything, this raises new theoretical questions about, for example, the scope of the term "employer" in legal provisions that is prohibited unfair labor practices, and about the nature of relief orders and the inadequacy of their specific terms, as well as their legality. At the same time, there are calls from front-line labor law practitioners to reexamine issues which have yet to be settled despite many years of debates, such as questions on the significance and contents of the intention to commit unfair labor practices.

To examine these problems and construct a legal theory for remedying unfair labor practices which would sufficiently guarantee the worker right to organize under the current social circumstances and labor law system, it is essential to have joint research and debate by scholars and practitioners who are intimately familiar with specific, real-world problems of industrial relations and labor law practice.

The presenters at this symposium are a scholar (Professor Miki Kawaguchi) and two practitioners (Attorney Keiichi Furukawa, Attorney Makoto Tanaka) who have, from the perspective of the concerns outlined above, conducted joint research on the contemporary challenges facing legal theory for remedying unfair labor practices.

The Employer of Article 7, Item 2 of the Labor Union Act — the Person Receiving the Provision of Worker Dispatching Services and the Parent Company

Miki KAWAGUCHI

I   Introduction

II   The Criteria of the Employer of Article 7, Item 2 of the Labor Union Act

  1   The meaning of the employer of Article 7 of the Labor Union Act

2 The criteria of the employer of Article 7, item 2 of the Labor Union Act

(1) The employer of Article 7, item 2 of the Labor Union Act: the person to exercise the right to bargain collectively

(2) The meaning of the right to bargain collectively and the subjects of collective bargaining

(3) The subjects of collective bargaining and the criteria of the employer of Article 7, item 2 of the Labor Union Act

Ⅲ The Person Receiving the Provision of Worker Dispatching Services (Client) and the Employer of Article 7, Item 2 of the Labor Union Act

1 The matters concerning the obligations based on the labor laws and regulations

2 The matters conerning the rights and obligations based on labor relations

3 The matters concerning maintaining and improving employments and working conditions

4 The matters concerning collective labor relations

5 The collective-bargaining obligation of the dispatching business operator and that of the person receiving the provision of worker dispatching services

Ⅳ The Parent Company and the Employer of Article 7, Item 2 of the Labor Union Act

1 The parent company

(1) The concept and the criteria of the parent company

(2) The control of decisions on the finacial and business policies of subsidiary company, etc.

(3) The development of systems to ensure the properness of operations of group of entreprises and the preparation of consolidated financial statements

2　The matters concerning the rights and obligations based on labor relations

3　The matters concerning maintaining and improving employments and working conditions

4　The matters concerning collective labor relations

5　The collective-bargaining obligation of the subsidiary company and that of the parent company

V　Conclusion

To guarantee the right to bargain collectively of dispatched workers and workers of the subsidiary companies, the persons receiving the provision of worker dispatching services and the parent companies should be affirmed as the employer of Article 7, item 2 of the Labor Union Act concerning a certain subjects of collective bargaining.

The Intent Requirement for an Unfair Labor Practice

Keiichi FURUKAWA

I　Introduction

II　Interpretation of the Wording "NOYUEWOMOTTE (by reason of)" in the Article of Disadvantageous Teatment (Labor Union Act Article 7 (ⅰ))

1　The semantic content of the wording "NOYUEWOMOTTE (by reason of)"

2　An anti-union purpose or motive of the employer

3　The "predominant factor"

Ⅲ The Intent Requirement for an Unfair Labor Practice and the Substance thereof Regarding Control (Domination) or Interfere (Labor Union Act Article 7 (iii))

1 Gap between the theories and judicial precedents

2 Purpose and object of Article 7 (iii)

3 An anti-union purpose or motive of the employer

4 Analysis on typical examples of control (domination) or interfere and a framework for judgment

Ⅳ Conclusion

In the precedents of Supreme Court of Japan and many precedents of lower courts regarding unfair labor practices, an intent for an unfair labor practice, anti-union purpose or motive, or predominant factor is not treated as a standard of judgment for whether a case falls under unfair labor practices or not. In contrast, not a few theories argue that those items should be treated as a standard of judgment for whether a case falls under unfair labor practices or not. However, these theories are wrong because there is no rationality or necessity on adding requirements for judgment which are not stipulated in the letter of the law.

The Effectiveness of Remedial Orders by Labor Relations Commission (LRC) and Insufficient Remedial Orders Deviate from LRC's Discretionary Authority: Taking "The Restoration-of-the-Status-Quo-Ante Approach" Seriously

Makoto TANAKA

Ⅰ Introduction

SUMMARY

1 The point of issue and the purpose of this Article

2 The actual conditions of remedial orders of LRC in recent times

Ⅱ The Basis and the Limitations of LRC's Discretionary Authority with Respect to Remedial Orders: A review from the Viewpoint of Supreme Court Decisions

Ⅲ The Restoration of the Status Quo Ante, the Lowest Limit of LRC's Discretionary Authority and Unlawful Insufficient Remedies

1 The importance of "the-restoration-of-the-status-quo-ante", and the lowest limit of LRC's discretionary authority

(1)The reason why it is needed to take the-restoration-of-the-status-quo-ante approach seriously at the present time

(2)LRC doesn't have discretion not to restore the status quo ante

(3)Comparison with diverse and flexible remedial orders of NLRB

(a)Typical remedies including posting notices

(b)Reimbursement or compensation remedies

(c)Conclusion of this section

2 Insufficient remedies for restoration of the status quo ante deviate from the lowest limit of LRC's discretion and such orders are unlawful

Ⅳ Conclusion

《Symposium III》

"The Act on Promotion of Women's Participation and Advancement in the Workplace" and Labour Law: Purpose and Summary of the Symposium

Shinobu NOGAWA

I The Act on Promotion of Women's Participation and Advancement in the Workplace established in 2015 makes business owners grasp the situation such as the ratio of female workers to the workers in the administrative position, analyzes the circumstances to be improved, formulate and announce the action plan. Then, they have also an obligation to strive to achieve the targets set in the plan.

In this symposium, It was discussed, whether this law really can improves the position of women in the workplace, realize the balance between employment and living, and achieve the objectives stated in Article 1 reliably or not.

II As this symposium decided to adopt the workshop system, instead of placing a few ordinary reports in front of them, Professor Obata explained explanation of the problem raising problem from the standpoint of the researcher, and in response to that, at the practice site Professor Yamagiwa gave a very careful introduction on the history, seeking and results of the personnel system for female success in Shiseido.

III After moving on to the discussion, we first took charge of the commentator to three participants. That is, Mr. Sakamoto from the management side, Mr. Inoue from the labor side, Professor Ouchi as a researcher made a comment.

After that, a very lively discussion was developed at the floor. As a

SUMMARY

main point, how the labor union can be involved in the implementation of this law, whether women want not to be promoted or want to become a manager should also be researched, how about women's role model playing an active part Whether to build, etc., were discussed.

It was the first attempt to do a mini-symposium in the form of a workshop, but a very substantial discussion was held. We should make use of this experience for the future.

"Act to Promote Women's Participation and Advancement in the Workplace" and Japanese Employment System: Working Hours and the Rate of Female among Supervisors

Fumiko OBATA

"Act to Promote Women's Participation and Advancement in the Workplace" enacted in 2015 provides that larger employers (300 employees or more) must study and analyze the situation of their female employees, including (a) the rate of female among the newly hired, (b) the differences in the length of service by sex, (c) the conditions of working hours, and (d) the rate of female among supervisors and managers.

And the act provides that the employers must make an action plan to improve the current situation and submit it to the governmental office. The action plan must include the goal decided in a "numerical" manner as for the four elements mentioned above, although each employer may choose any number in accordance with the practical conditions of its own.

The act also provides that the employers must publicize relevant information regarding the conditions of female employees. There is a system for certification of excellent employers as encouragement and incentive.

These measures adopted by the Act are different from those of Labour Standard Law. The discussion point of this workshop is whether "Act to Promote Women's Participation and Advancement in the Workplace" can change the Japanese employment system based on a male, breadwinner model in which the husband worked to sustain the household while his wife took care of the children and chores at home. We also discuss whether the act can take an active role to shorten long working hours.

Examples of Practices for Promoting Women's Success in Shiseido

Kiyoko YAMAGIWA

I   Foreword

II   The Beginning of Innovation: the Processes to Promote Females 1872 -1986

III   Initiation of Shiseido's Female Promotions to the Management Positions 1987-1996

IV   The Foundation Stage: Shiseido's Female Promotions to the Management Positions 1997-2004

V   The Development Stage: Shiseido's Female Promotions to the Management Positions 2005-2012

VI   The Mature Stage: Shiseido's Female Promotions to the Management

SUMMARY

Positions 2013-January 2017

Ⅶ Conclusion

《Article》

Role of Problems with the Whistleblower Protection Act, with a Focus on the Current Situation, Problems and an Outlook to the Future of the Act

Shogo HINO

This paper considers the actual meaning of and issues concerning the Whistleblower Protection Act, and examines what the Act might be like in the future.

In recent years, there has been a series of cases in which corporate misdeeds, such as the false labeling of food products have exposed the public to danger, and betrayed the trust of consumers. Many of the corporate misdeeds were revealed by information provided by people within the corporations concerned.

Eleven years have passed since the Whistleblower Protection Act was enacted. The Whistleblower Protection Act came into force (in April, 2006) in order to protect whistleblowers by ensuring that workers will not suffer from disadvantages, such as dismissal, for disclosing information for public interest reasons, and in order to ensure that business enterprises comply with the laws and regulations concerning the protection of people's lives and bodies, and the protection of consumers' interests.

The purpose of this Act is to protect whistleblowers by providing them with immunity against dismissal on the grounds of whistleblowing. It states the measures that business operators and administrative organa should take concerning whistleblowing, to promote compliance with the laws and regulations concerning the protection of life, body, property, and other interests of citizens, thereby contributing to the stabilization of the general welfare of the citizens and the sound development of the socio-economy.

This paper seeks to verify whether or not the objective provisions of the act are in fact being linked in with the actual state of Japanese society.

I Introduction

II The Whistleblower Protection Act Legislated as Part of Consumer Protection Policy

III Merits and Demerits by the Appearance of the Whistleblower Protection Act

IV Specific Examination for Utilization of the Whistleblower Protection Act

V Conclusions

Collection of Employees' Personal Data: Regulations of Criminal Background Checks in the U.S. and France

Natsuki KOHNO

I Introduction

II Different Approaches to the Regulation of the Collection of Employees' Personal Data

III Regulations of Criminal Background Checks

SUMMARY

1　Criminal Records Database
　(1)U.S.
　(2)France

2　Criminal Background Checks for Employment
　(1)Regulations Promoting Investigation
　　(a)U.S.
　　(b)France
　(2)Regulations Restricting Investigation
　　(a)U.S.
　　(b)France

Ⅳ　Conclusion

"Suitable Work" in Workers' Compensation and Unemployment Insurance Law in the United States

Ryosuke JIGAMI

Ⅰ　Introduction

Ⅱ　Suitable Work in Disability Benefits
　1　An Overview of Disability Benefits
　2　The Relationship between Requirements for Payment of Disability Benefits and Suitable Work
　3　The Relationship between "Refusal of Reasonable work" Provision and Suitable Work

Ⅲ　Suitable Work in Unemployment Benefits

日本労働法学会誌130号(2017.10)　241

1 An Overview of Unemployment Benefits
2 "Refusal of Suitable Work" Provision
3 The Relationship between "Available for Work" Requirement and Suitable Work

Ⅳ Conclusion

Légifération de la rupture conventionnelle en France et ses significations

Shuhei KOGA

Ⅰ Introduction

Ⅱ Histoire de la restriction juridique de la convention de rupture en droit du travail
  1 Avant la consécration du droit du licenciement
  2 Après la consécration du droit du licenciement
  3 Consécration du droit de la rupture conventionnelle

Ⅲ Significations de la légifération de la rupture conventionnelle
  1 Aménagement de la procédure par rapport à la formation de la volonté
  2 Garantie économique par rapport à la formation de la volonté
  3 Influence sur le droit de rupture du contrat de travail

Ⅳ Conclusion

編 集 後 記

◇　本号は，2017年5月に龍谷大学で開催された第133回大会におけるミニシンポジウムおよび個別報告を中心に構成されている。ミニシンポジウムでは，委託就業者の就業実態と法的保護，不当労働行為救済法理を巡る今日的課題，女性活躍推進と労働法の3テーマが採り上げられた。また，個別報告では，個人情報の収集，労働保険および合意解約について，比較法的研究の成果が報告されるとともに，公益通報者保護制度に関する研究報告もなされた。

◇　「労働政策の時代に思うこと」と題する菅野和夫会員の特別講演は，雇用システムや労働政策がダイナミックに変化するなかでの労働法の役割を説くものである。その内容は，今後もかかる変化が加速してゆくであろうことが予想されるなかでは，われわれ後進の学会員の研究にとり極めて有益な道標となろう。なお，回顧と展望では，最近下された重要な最高裁判例として，国際自動車事件および福原学園事件を採り上げるとともに，労働契約法上の労働者性に関する高裁判決を1件採り上げている。

◇　例年のことながら，本号の執筆にあたっては，執筆者の方々には，非常にタイトなスケジュールのなか，厳格な文字数制限のもとで，ご執筆をお願いし，また鎌田耕一査読委員長および各査読委員の先生方には短期間での査読をお願いした。にもかかわらず，各位には事情を理解いただいたうえ，しっかりと対応いただけたことに，心から感謝申し上げる（なお，かかる執筆・査読期間の短さの問題は，学会の一回化に伴って，今後は解消される方向へ進むこととなろう。）。

◇　本号の刊行にあたり，奥田編集委員長には常に温かいサポートをしていただいた。また，本号の編集には法律文化社の小西英央氏と瀧本佳代氏に大変お世話になった。改めて深く感謝申し上げる。　　　　　　　　　　　　　　　　　　　　　　　　　　　　（山本陽大／記）

《学会誌編集委員会》
奥田香子（委員長），池田悠，植村新，大石玄，烏蘭格日楽，河合塁，川口美貴，河野奈月，榊原嘉明，早川智津子，原昌登，水島郁子，山本陽大（2017年7月現在）

委託型就業者の就業実態と法的保護
不当労働行為救済法理を巡る今日的課題
女性活躍推進と労働法
　　　　　　　　　　　　　　　　　　　　　　　日本労働法学会誌130号

　　　2017年10月20日　　印　　刷
　　　2017年10月30日　　発　　行

　　　　　　　　　　　　　　　　　編 集 者　日 本 労 働 法 学 会
　　　　　　　　　　　　　　　　　発 行 者

印刷所　株式会社　共同印刷工業　〒615-0052 京都市右京区西院清水町156-1
　　　　　　　　　　　　　　　　　　　電　　話　(075)313-1010

発売元　株式会社　法律文化社　〒603-8053 京都市北区上賀茂岩ヶ垣内町71
　　　　　　　　　　　　　　　　　電　　話　(075)791-7131
　　　　　　　　　　　　　　　　　F A X　(075)721-8400

2017 © 日本労働法学会　Printed in Japan
装丁　白沢　正
ISBN978-4-589-03879-1